大学生健康教育

主编 刘立祥 周宏峰

上海大学出版社
·上海·

图书在版编目(CIP)数据

大学生健康教育 / 刘立祥,周宏峰编著. —上海:
上海大学出版社,2023.8
　　ISBN 978-7-5671-4793-5

Ⅰ.①大… Ⅱ.①刘… ②周… Ⅲ.①大学生-健康教育 Ⅳ.①G647.9

中国国家版本馆 CIP 数据核字(2023)第 157967 号

责任编辑　王悦生
封面设计　柯国富
技术编辑　金　鑫　钱宇坤

大学生健康教育

主编　刘立祥　周宏峰
上海大学出版社出版发行
(上海市上大路 99 号　邮政编码 200444)
(https://www.shupress.cn　发行热线 021-66135112)
出版人　戴骏豪

*

南京展望文化发展有限公司排版
上海华业装璜印刷厂有限公司印刷　各地新华书店经销
开本 710mm×1000mm　1/16　印张 20　字数 337 千
2023 年 8 月第 1 版　2023 年 8 月第 1 次印刷
ISBN 978-7-5671-4793-5/G·3536　定价　48.00 元

版权所有　侵权必究
如发现本书有印装质量问题请与印刷厂质量科联系
联系电话:021-56475919

本书编委会

主　　编　刘立祥（复旦大学）
　　　　　　周宏峰（上海大学）

参编人员　（以姓氏笔画为序）
　　　　　　王晗曦（华东师范大学心理与认知科学学院）
　　　　　　邓　娟（上海大学）
　　　　　　朱星宇（上海海事大学）
　　　　　　许　芹（华东师范大学）
　　　　　　李盈懿（上海财经大学）
　　　　　　李琳怡（华东师范大学心理与认知科学学院）
　　　　　　李梅玲（上海交通大学医学院）
　　　　　　色桐玉（华东师范大学）
　　　　　　陈迎春（复旦大学）
　　　　　　陈晶晶（上海工艺美术职业学院）
　　　　　　周秀华（上海财经大学）
　　　　　　寇丽茹（上海大学）

前言

健康是人生的第一财富,有了健康并不等于有了一切,但没有健康就等于没有一切。当代大学生是国家的希望和民族的未来,健康对他们来说更是学业有成、为国家做贡献的基础。

高等教育阶段是高校学生身心成长成熟、健康素养形成的重要时期,同时高校学生也是传播健康理念、引领健康生活方式的重要人群。健康教育基于引导大学生提高健康知识水平,树立正确的健康理念,形成有益于个人、集体和社会的健康行为和生活习惯。通过"知、信、行"三位一体的概念,不断丰富大学生健康知识水平,增强大学生自我保健能力、对社会健康的责任感和预防心理疾病的信念,帮助大学生自觉选择健康的行为和生活方式,消除或减少危险因素的影响,从而促进身心健康,提高生活质量。

为贯彻落实《"健康中国 2030"规划纲要》对学校健康教育提出的工作要求,2017 年 6 月教育部印发《普通高等学校健康教育指导纲要》,指导各高校全方位、多途径、多形式开展高校健康教育和健康促进,充分发挥健康教育在培育和践行社会主义核心价值观、推进素质教育中的综合作用,帮助学生树立健康意识,掌握维护健康的知识和技能,形成文明、健康生活方式,提高自身健康管理能力,增强维护全民健康的社会责任感,促进学生身心健康和全面发展。根据《普通高等学校健康教育指导纲要》要求,我们组织大学生健康教育工作有特色的部分上海市高校的健康教育教师,编写了《大学生健康教育》一书,可供各大专院校作为教材使用,也可供从事相关工作的人员作为参考用书使用。

目录 CONTENTS

第一章　绪论 ……………………………………………………………………… 1
　　第一节　健康的概念 …………………………………………………………… 1
　　第二节　影响健康的危险因素 ………………………………………………… 2
　　第三节　健康管理和健康体检 ………………………………………………… 4
　　第四节　健康教育与健康促进 ………………………………………………… 4
　　第五节　当代大学生常见的健康问题 ………………………………………… 5

第二章　大学生行为与健康 …………………………………………………… 7
　　第一节　营养、饮食与健康 …………………………………………………… 8
　　第二节　运动与健康 ………………………………………………………… 27
　　第三节　环境与健康 ………………………………………………………… 34
　　第四节　睡眠与健康 ………………………………………………………… 45
　　第五节　常见不健康的生活方式 …………………………………………… 53

第三章　慢性非传染性疾病 …………………………………………………… 64
　　第一节　慢性非传染性疾病概述 …………………………………………… 64
　　第二节　高血压 ……………………………………………………………… 66
　　第三节　睡眠障碍 …………………………………………………………… 72
　　第四节　冠心病 ……………………………………………………………… 76
　　第五节　恶性肿瘤 …………………………………………………………… 80

第六节　糖尿病 ··· 84

第四章　心理健康与心理援助　93
　　第一节　心理健康概述 ································· 93
　　第二节　青年期心理特点及同一性建立 ··············· 97
　　第三节　合理调节情绪 ································· 103
　　第四节　大学生常见心理问题及求助渠道 ············ 110
　　第五节　异常心理的识别与处理 ······················ 115
　　第六节　心理危机的觉察与干预 ······················ 122

第五章　性健康　128
　　第一节　性健康与性健康教育概述 ··················· 128
　　第二节　性生理及性心理健康 ························ 131
　　第三节　性道德 ··· 140
　　第四节　科学避孕及优生优育 ························ 146
　　第五节　艾滋病 ··· 156
　　第六节　常见的性传播疾病 ··························· 168

第六章　现场初级救护　177
　　第一节　现场初级救护的概念 ························ 178
　　第二节　现场初级救护的原则 ························ 184
　　第三节　气道异物梗阻 ································· 191
　　第四节　外伤与外伤救治的四项基本技术 ············ 197
　　第五节　心肺复苏 ······································ 213

第七章　传染病的防治　226
　　第一节　传染病的常识及流行趋势 ··················· 226
　　第二节　传染病的预防 ································· 233
　　第三节　肺结核 ··· 238
　　第四节　病毒性肝炎 ···································· 242
　　第五节　麻疹 ··· 250

第六节　狂犬病 ··· 254
　　第七节　水痘 ··· 262
　　第八节　新型冠状病毒感染 ································· 268
　　第九节　诺如病毒感染 ·· 275
　　第十节　计划免疫 ·· 280

第八章　无偿献血 ··· 297
　　第一节　无偿献血的目的和意义 ··························· 297
　　第二节　血液生理知识 ·· 298
　　第三节　无偿献血 ·· 300

绪 论

第一节 健康的概念

随着人类社会的发展、科学技术的创新、医学模式的转变,健康的概念也在不断的丰富和完善。在生产力低下、物质匮乏的年代,人们穿不暖吃不饱,生存都受到威胁,在这样的背景下健康意味着"无病、无伤、无残"。随着经济的发展、生产力的大幅提升,人们的物质生活水平得到极大的改善,然而,社会生活节奏的加快使得人们的压力愈来愈大,失眠、焦虑、抑郁等精神心理问题逐渐增多,心理健康备受关注。1948年,世界卫生组织(WHO)在成立宪章中提出了对健康的较为全面的定义:"健康乃是一种生理、心理和社会适应都日臻完满的状态,而不仅仅只是没有疾病和虚弱的状态。"1989年,WHO将健康的定义更新为:"健康不仅仅是身体没有缺陷和疾病,而是身体上、精神上和社会适应上的完好状态。"在随后的几年中,WHO又进一步丰富了健康的概念:真正意义上的健康,还应包括道德健康和生殖健康。

生理健康指身体结构和功能正常,表现为:体重适中,体型匀称,眼睛明亮,头发有光泽,肌肉皮肤有弹性,睡眠良好等。生理健康是人们正常生活和工作的基本保障。心理健康指人的精神、情绪的良好状态,表现为:智力发育正常,情绪稳定,意志坚强,精力充沛,能正确认识自我、环境,善于适应环境。社会适应良好指一个人的各种行为都能适应当时环境的变化,为他人所理解,为大家所接受,行为与社会规范协调一致。道德健康主要指能够按社会道德行为规范严于律己,并支配自己的思想和行为,有较强的辨别是非观念的能力,表现为有理想、有道德、守纪律。每个人不仅对个人健康负有责任，同时也对社会健康承担义务，这是健康的全局观；生殖健康指生殖系统及其功能和在整个生殖过程中的体质、精神和社会适应性等方面处在良好状态，包括生育调节、母婴安全健康、生殖系统疾病预防、性保健及性病防治等方面。

健康是人生的第一财富，有了健康并不等于有了一切，但没有健康就等于没有一切。当代大学生是国家的希望，民族的未来，健康更是他们学业有成、为国家做贡献的基础。

第二节　影响健康的危险因素

WHO统计资料显示：人类的健康和长寿，遗传因素占15%，社会因素占10%，医疗条件占8%，气候条件占7%，生活方式占60%。当影响健康的因素作用于人体并超过了机体的防御能力时，健康体系被破坏，人体就生病了。概括起来，影响健康的危险因素主要有：环境因素、行为与生活方式、健康服务和生物遗传因素。

一、环境因素

环境因素包括自然环境和社会环境。

自然环境中的生物包括动物、植物和微生物，它们都是在相互依存、相互制约中生存的。某些生物可以成为人类疾病的致病因素或传播媒介，如病原微生物可以导致霍乱、肝炎、结核、新冠肺炎等传染病；猫、狗等啮齿类动物可以传播狂犬病；蚊子可以传播疟疾；钉螺可以传播血吸虫病。有些生物可以产生毒素，给人类带来一定的危险，比如毒蛇、毒蜂和某些有毒植物。自然环境还包括阳光、空气、水、气候等，这些都是人类赖以生存和发展的物质基础，是人类健康的根本。大量废气的超标排放是造成空气污染的主要原因，而空气污染是慢性阻塞性肺病、哮喘等疾病的重要危险因素。

社会环境包括了社会制度、法律、经济、文化、教育等，社会制度、社会文化和经济水平等影响着人们的营养状况、居住条件、接受教育的机会等，这些都是环环相扣的，是健康的影响因素之一。

二、行为与生活方式

行为和生活方式因素指因自身不良行为和生活方式给健康带来的直接或间接的危害。慢性非传染性疾病是一类与不良行为和生活方式息息相关的疾病，包括高血压、糖尿病、慢性阻塞性肺病、心脑血管病、肿瘤等。根据国家卫计委《中国居民营养与慢性病状况报告（2015 年）》，吸烟、过量饮酒、身体活动不足和高盐、高脂等不健康饮食是慢性病的主要行为危险因素，心脑血管病、癌症和慢性呼吸系统疾病是死亡的主要原因，占总死亡的 79.4%。1992 年，WHO 在《维多利亚宣言》中首次提出健康四大基石概念，即合理膳食、适量运动、戒烟限酒、心理平衡。由此可见，行为和生活方式对健康具有举足轻重的作用。

三、健康服务因素

健康服务，又称为卫生保健服务。2016 年以来，我国制定实施《"健康中国 2030"规划纲要》等一系列文件。党的二十大报告指出，人民健康是民族昌盛和国家强盛的重要标志，要推进健康中国建设，把保障人民健康放在优先发展的战略位置。健全的医疗卫生机构、完备的服务体系、一定的卫生经济投入以及合理的医疗资源配置，都对人群健康有促进作用。

四、生物遗传因素

父母通过细胞内的染色体把祖先的许多生物特征，如机体的构造、形态、感觉器官和神经系统的结构和技能特征等传递给子女，这些遗传的生物特征即遗传素质，遗传素质是身心健康发展的必要物质前提。遗传性疾病是由于生殖细胞或受精卵的遗传物质发生突变而引起的疾病，它对人类健康的影响日益突出。预防遗传性疾病主要包括避免近亲结婚和开展遗传咨询。

在影响人类健康的危险因素中，环境因素、健康服务因素、生物遗传因素往往都不是个人自身能改变的，唯有行为和生活方式，是我们自己能够选择和控制的，因此，选择良好的行为和生活方式，就是牢牢掌握自身健康的主动权。

第三节 健康管理和健康体检

根据2009年发表的《健康管理概念与学科体系的中国专家初步共识》,健康管理是以现代健康概念(生理、心理和社会适应能力)和新的医学模式(生理、心理和社会)以及中医"治未病"为指导,通过采用现代医学和现代管理学的理论、技术、方法以及手段,对个体或群体整体健康状况及影响健康的危险因素进行全面检测、评估、有效干预与连续跟踪服务的医学行为及过程。其目的是以最小投入获取最大的健康效益。健康管理是在健康管理医学理论指导下的医学服务;主体是经过系统医学教育或培训并取得相应资质的医务工作者;客体是健康人群、亚健康人群(亚临床人群)以及慢性非传染性疾病早期康复期人群;重点是非传染性疾病;核心理念是"病前主动防,病后科学管,跟踪服务不间断";健康体检是基础,健康评估是手段,健康干预是关键,健康促进是目的。

健康管理包括三个步骤:第一步,健康状况的信息采集,即发现健康危险因素的过程——健康体检;第二步,健康状况评价和预测,即认识健康危险因素的过程;第三步,健康促进行为干预及咨询指导,即解决健康危险因素的过程。健康体检是在身体健康时(大部分人可能存在影响健康的风险因素),主动对整个身体进行检查,主要目的是通过检查了解自己的健康状况,获得健康的信息,知道自己在健康方面还存在哪些问题,对自己的健康趋势有一个预估,并且为正确地养生保健、强身健体、合理运动指明方向,一旦发现潜在的危害健康的风险因素,及时采取预防和干预措施,设计更为科学的健康生活方式,使自己用药健康生活。

第四节 健康教育与健康促进

健康教育是通过信息传播和行为干预,帮助个人和群体掌握健康知识,树立健康观念,促使人们自愿地改变不良的行为和生活方式,消除或减轻影响健康的危险因素,预防疾病,促进健康和提高生活质量。

健康教育的核心是促使个体或群体改变不健康的行为和生活方式,实质上是一种干预,它提供人们行为改变所必需的知识、技术与服务,包括使个体获得充足的资源、有效的社会支持以及自我帮助的技能,最终使得个体在面临疾病的预防、治疗、康复等各个层次的健康问题时,有能力做出行为抉择。所以,健康教育必须是有计划、有组织、有系统的教育过程,只有这样,才能达到预期目的。

1995年WHO西太区发表《健康新地平线》,其中指出:"健康促进是指个人及其家庭、社区和国家共同采取措施,鼓励健康的行为,增强人们改进和处理自身健康问题的能力。"其内涵包括个人行为的改变和政府行为即社会、政治、经济等的社会环境的改变,要求建立起从政策、立法、财政、组织、社会开发等方面的支持系统,同时,重视并发挥社会各方面积极因素促进健康。

健康教育和健康促进是一项低投入、高产出、高收益的保健措施。在疾病的三级预防中,健康教育和健康促进强调一级预防,即避免暴露于行为、心理、社会环境的危险因素之中,精确高效地避免疾病的发生。

第五节 当代大学生常见的健康问题

大学生的身心发展具有一定的规律,随着现代社会的迅猛发展,当代大学生心理与生理的发展都表现出一定的独特性。近些年大学生体质水平日趋下降,健康问题凸显,国家与社会对此高度关注。

在心理发展方面,当代大学生呈现出以下几个比较鲜明的特征:抽象思维快速发展但比较主观、片面;自我意识增强但不成熟;情感丰富,情绪波动明显;性意识增强;意志水平提升但缺乏稳定性。大学生处于人生发展的关键时期,随着生活节奏的加快和日趋激烈的竞争,大学生不仅要面对学业、专业和人际交往的压力,还面临着就业、经济和情感的压力,导致心理健康问题日益突出,心理健康教育愈发显得重要和急切。

在生理健康方面,大学生的年龄普遍分布在18~24岁之间,这个年龄段的大学生处于青年中期,其体格、体型与成年人接近,运动系统、消化系统、呼吸系统、泌尿系统、脉管系统(包括心血管系统和淋巴系统)、内分泌系统的发育基本完善。大脑神经系统的功能愈发成熟,皮层细胞活动增强,神经元突触之间的联系增多。生殖系统性器官和性机能不断趋于成熟,男性、女性的性别特征愈发明显,好奇、吸引、关注、爱慕等情感出现在异性之间。从近些年大学生体质测试结果看,偏重、肥胖的大学生比例不断增加。21世纪全球普遍存在的公共卫生问题就包括超重、肥胖,而超重、肥胖是多种慢性病如高血压、糖尿病、冠心病的重要危险因素,2019年我国因慢性病导致的死亡占总死亡的88.5%,因此对大学生普及生活方式与健康的关系、慢性非传染性疾病的防治显得尤为重要。大学生属于聚集性群体,常见传染病如新冠肺炎、结核病、肝炎的防治也需要引起足够的重视。除此以外,意外伤害、性健康以及无偿献血也是与大学生息息相关的健康问题。

参考文献

[1] 穆亚宏,杨斌.大学生健康教育与健康促进[M].3版.西安:西北工业大学出版社,2015.

[2] 何敏.大学生健康教育[M].上海:上海财经大学出版社,2022.

[3] 李娟.健康管理学[M].哈尔滨:哈尔滨工程大学出版社,2022.

[4] 杨丽,侯惠如,石海燕.健康体检与健康管理[M].北京:科学出版社,2021.

[5] 白书忠.健康管理概念与学科体系的初步专家共识[C].浙江省医学健康管理学会第二届学术年会论文集.温州[出版者不详],2009:5-13.

[6] 杨学峰.大学生卫生与健康教程[M].3版.长沙:中南大学出版社,2017.

[7] 图解:中国居民营养与慢性病状况报告(2015年)[EB/OL].(2015-06-30)[2023-05-22]. http://www.nhc.gov.cn/jkj/s5879/201506/4505528e65f3460fb88685081ff158a2.shtml.

[8] 中国居民营养与慢性病状况报告(2020年)[J].营养学报,2020,42(6):521.

第二章

大学生行为与健康

　　WHO指出:"影响人类健康的因素,行为与生活方式占60%,遗传因素占15%,社会因素占10%,医学因素占8%,气候因素占7%"。可见,60%的健康影响因素可以通过人们科学合理的生活方式和行为来实现。为此,我国制定的《"健康中国2030"规划纲要》指出:坚持以人民为中心的发展思想,以提高人民健康水平为核心,以体制机制改革创新为动力,以普及健康生活、优化健康服务、完善健康保障、建设健康环境、发展健康产业为重点,把健康融入所有政策,加快转变健康领域发展方式,全方位、全周期维护和保障人民健康,大幅提高健康水平,显著改善健康公平。到2030年实现主要健康危险因素得到有效控制,全民健康素养大幅度提高,健康生活方式得到全面普及,有利于健康的生产生活环境基本形成。

　　健康的生活方式应从儿童及青年开始,尽管大多数发病在中年,但许多与之有关的不良生活方式在儿童、青少年时期就已经形成。2019年,教育部等部门开展了第八次全国学生体质与健康调研工作。调研按照分层整群随机抽样调查方法,在全国31个省(自治区、直辖市)和新疆生产建设兵团的93个地市1 258所学校进行调研,调研学生374 257人,覆盖全日制普通中小学、普通高等学校学生。这次调研主要关注身体形态、生理机能、身体素质、健康状况四个方面的24项指标。调研结果显示,2019年全国6~22岁学生的总体体质健康达标优良率为23.8%,优良率较高的地区为东部经济发达和沿海地区。

　　大学阶段是健康知识获取、健康观念形成和健康生活方式养成的重要阶段,培养大学生的健康素养,关系个人、家庭成员身心的健康发展和国家人口素质水平的提高。选择健康的生活方式是大学生获取健康、减少疾病最简便、最经济、最有效的途径。在高校开展大学生健康教育,有助于大学生素质的全面发展。大学生健康教育还能促进整个社会健康知识的普及,是社会主义文明建设的基础。通过健康教育提高学生自身的健康素质,同时经由他们将卫生知识辐射到家庭和社会,影响周围人群,从而形成人人重视健康的社会氛围和风尚。这对于提高全民族的健康素质、增强综合国力具有重要的现实意义。

第一节　营养、饮食与健康

大学生处于青春发育后期向成年期过渡的阶段,生长发育尚未完全停止。大学时期的学生新陈代谢旺盛,消化吸收能力强,正值活泼好动、运动量大、脑力活动量大的时期,需要消耗足够多的食物来提供能量和维持生长发育和健康。因此,合理的膳食、均衡的营养对大学生的健康极其重要。

然而,大学生脱离了高中相对规律的生活,迎来了丰富多彩而且全新陌生的大学生活。大学生需要开始独立管理自己的生活与健康,没有家长在身边协助,他们需要自己掌控与计划生活方式,才能获得良好的健康状态。同时,大学的学习、生活环境等,让大学生有着区别于中小学的独特的健康困扰。相对独立的生活、用餐自由、缺乏营养学基本的知识,让大学生的饮食结构不合理,进餐时间无规律,偏食、节食等不良饮食习惯屡屡发生。

一、营养与大学生健康

(一) 我国大学生的营养与饮食状况

自 2014 年教育部颁布实施《国家学生体质健康标准》以来,我国学生体质健康达标优良率总体呈上升趋势,13～22 岁年龄段学生优良率从 2014 年的 14.8% 上升到 2019 年的 17.7%,上升了 2.9 个百分点。13～15 岁、16～18 岁、19～22 岁学生体质健康达标优良率分别上升 5.1、1.8 和 0.2 个百分点。2019 年我国大中小学生的健康情况有了明显改善,学生总体身高水平也有所提升。学生营养不良检出率进一步下降。但同时在超重和肥胖率上,中小学生却有一定程度的上升,大学生整体身体素质也有所下滑。

虽然大学生营养不良检出率呈下降趋势,但现状依旧不容乐观。不健康的饮食行为包括不吃早餐、偏食、节食、挑食、过多吃零食、油炸、烧烤类食物等,而合理营养素摄入不足。为此,我国近期出台了一系列促进学生营养与健康的政策和措施,包括编著《中国儿童青少年营养与健康指导指南2023:优化学校供餐呵护儿童成长》,为青少年健康饮食行为习惯的养成提供政策和环境保障。我国一直把保障儿童青少年健康成长作为一项战略性、基础性工作,坚持儿童优先原则,大力发展儿童事业,逐步完善儿童营养健康相关的法律法规和政策体系。

(二) 不健康的饮食习惯和膳食不合理对大学生的危害

大学生的饮食行为和生活方式,不但影响目前的健康状况和学习能力,对其终生的生活方式都会产生影响。而青年学生养成的不健康的饮食习惯和饮食行为会造成本身的营养不良,从而影响国家的人口质量。不健康饮食行为、超重、肥胖已被WHO列为造成慢性病的共同危险因素,是造成全球疾病负担的重要原因之一。

WHO发布的《2022世界卫生统计报告》显示:2000年60.8%的患者死亡病例归因于慢性非传染性疾病,到了2019年这一占比上升到了73.6%。2019年,癌症、心血管疾病、糖尿病和慢性呼吸系统疾病导致的死亡总数约为3 320万人,比2000年增加了28%。2019年高收入国家中绝大多数(87.8%)的死亡归因于非传染性慢性疾病,心脏病、痴呆和卒中是主要的死亡原因。而在低收入国家,传染病、孕产妇围产期疾病、营养问题、下呼吸道感染、腹泻、疟疾、结核病和艾滋病仍然是导致死亡的主要原因。2019年,中国30~69岁人群死于心血管疾病、癌症、糖尿病和慢性肾病这四种主要的非传染性疾病的概率为15.9%(近1/6)。

二、食物与营养素

科学的膳食营养指的是能给人体提供所需营养素种类齐全、数量充足,并且能够保证机体各种生理活动的膳食。在平常的饮食中,对各种营养元素的摄取不仅要保质保量,而且不同营养素之间要保持一定的比例,合理均衡营养,从而来保证我们肌体所需要的各种营养素。

(一) 营养与营养素

1. 营养

人体从外界环境摄取食物,经过消化、吸收和代谢,利用其有益物质供给能量,构成和更新身体组织,以及调节生理功能的全过程称为营养。

2. 营养素

食物中具有特定生理作用,能维持机体生长、发育、活动、生殖以及正常代谢的物质称为营养素。营养素主要包括蛋白质、脂类、糖类、矿物质、维生素和水六大类,还包括一些其他膳食成分。人体生存必需的但体内不能合成或合成不足,需要从食物中获得的营养素称为必需营养素。人体内含量和需要量相对较多的营养素称为宏量营养素,包括蛋白质、脂肪和糖类。它们是人体能量的主要来源,故又称产能营养素。人体内含量及需要量相对较少的营养素称为微量营养素,主要是矿物质和维生素。其中,在人体内的含量占体重0.01%以上的矿物质称为常量元素,包括钙、磷、钾、硫、钠、氯、镁七种;含量占体重0.01%以下的称为微量元素。每种营养素既有各自的生理功能,如构成机体细胞成分、提供能量和调节生理功能,又与人体生理活动密切联系,共同维持和调节生命活动过程。

(二) 营养与健康

合理营养是健康的基础。只有摄入数量适宜、比例适当的营养素,才能促进人体生长发育,提高对疾病的抵抗力和免疫力,预防和治疗疾病,保证人体健康。营养素摄入不足或过多,都会对人体健康产生不良影响,甚至出现疾病。由于能量、蛋白质及其他营养素不足或过剩造成的组织、形体和功能改变及相应的临床表现称为营养不良。长期过量摄入产能营养素引起的不健康状态称为营养过剩,早期表现为超重,进一步发展为肥胖。已有大量数据表明,慢性病如心脑血管疾病、内分泌代谢疾病等都与营养过剩有关。而营养素摄入不足会导致生长发育迟缓及免疫功能下降等,如蛋白质和能量摄入不足可导致儿童生长发育迟缓,成人精力下降、抵抗力下降等;维生素的摄入不足如维生素C缺乏可导致维生素缺乏症(坏血病),维生素D缺乏可导致佝偻病。因此,大学生科学认知饮食与健康的关系有深远的意义。

根据合理营养的相关要求,蛋白质、脂肪、糖类三大营养素提供的热能占总热能的百分比分别如下:蛋白质占10%～15%,脂肪占20%～30%,糖类(碳水化合物)占 60%~70%。

1. 蛋白质

蛋白质维持肌体细胞的相关生命活动,严重缺乏引起营养不良性水肿。肉、蛋、奶、豆等食物是该类营养素的主要来源。

(1) 蛋白质的生理功能

1) 调节正常的生理功能。人体内具有重要生理活性的物质如酶、激素、抗体、血红蛋白等,都是以蛋白质及其行生物构成的,它对代谢、免疫、遗传等生命活动起着重要作用。

2) 维持机体内环境的稳定。人体内环境的稳定,如体液的酸碱平衡、细胞内外渗透压的调节、体内抗氧化损伤的酶,都需要相应的蛋白质参与。

3) 供给热能。蛋白质在体内氧化分解释放出人体活动所需的热能。1 g 蛋白质在体内可产生 4 kcal 热量。

(2) 蛋白质的组成与营养价值

蛋白质最基本的组成单位是氨基酸。组成人体蛋白质的氨基酸有 20 多种,其中 8 种氨基酸是人体不能合成或合成速度远不能满足机体需要,必须从每日膳食中摄取的,称为"必需氨基酸"。

组成蛋白质的氨基酸种类、数量及相互间比例等因素决定了食物中蛋白质的营养价值。凡是食物蛋白质所含氨基酸种类和数量及相互比例关系越接近人体需要的,其营养价值越高。

根据蛋白质的营养价值,可把各类食物中的蛋白质分为优质蛋白质和非优质蛋白质。由于各种蛋白质中必需氨基酸的含量和比例不同,故可将富含某种必需氨基酸的食物和缺乏该种必需氨基酸的食物互相搭配而混合使用,使混合蛋白质的必需氨基酸构成更接近合适比例,从而提高蛋白质的食用价值,这又称为蛋白质的互补作用。

(3) 蛋白质的供给

一般成人每天每千克体重约需 1.4 g 蛋白质。

人类日常食物中蛋白质的主要来源是动物性蛋白质及植物性蛋白质。肉类、鱼类的蛋白质含量一般为 10%~30%,奶类为 1.5%~3.8%,蛋类为 11%~14%。这类蛋白质的营养价值较高,容易为人体吸收。植物性蛋白质以豆类含量较高,一般为 20%~45%,谷类为 6%~16%,薯类为 2%~3%,干果类为 15%~26%。

2. 碳水化合物

维持大脑和肌肉等的正常生命活动,摄入不足会出现生长发育迟缓和易疲劳等症状,五谷杂粮是该类营养素的主要来源。

(1) 碳水化合物的生理功能

1) 供给热能。碳水化合物是我国膳食中热能的主要来源,约占总热能的 60%～70%。1 g 碳水化合物在体内燃烧,能够提供 4 kcal 热能。

2) 构成人体组织和参与代谢。碳水化合物是构成机体的重要物质。例如,糖脂参与细胞膜的构成,黏蛋白参与结缔组织的构成,糖类与多种酶结合参与机体代谢。

3) 促进肠胃蠕动。纤维素及果胶可促进胃肠蠕动和消化腺的分泌,增加粪便体积,促进排便,可使一些有害代谢物较快排出体外。但过多的膳食纤维也会影响矿物质的吸收。

(2) 碳水化合物的供给

膳食中碳水化合物的供给量主要根据饮食习惯、生活水平、劳动强度和环境因素调整,但一般应占每天总热量的 60%～70% 为宜。

碳水化合物大部分来源于淀粉,小部分来源于单糖或双糖。膳食中碳水化合物主要由粮食供给,粮食中碳水化合物含量达 70%～80%,根茎类食物中含量也较高,叶菜和动物性食物中含量很少。

3. 脂类

脂类供给肌体热能,促进脂溶性维生素的吸收。过多摄入会引起动脉硬化和肥胖等病症。油脂类食物为主要来源。

(1) 脂类的组成与营养价值

脂类包括脂肪和类脂。前者主要是脂肪和油。脂肪由甘油与脂肪酸组成,脂肪酸可分为饱和脂肪酸、单不饱和脂肪酸和多不饱和脂肪酸三种。多不饱和脂肪酸中的亚油酸在体内不能合成,必须由食物供给,称为必需脂肪酸。类脂是指性质与脂肪类似,与脂肪代谢密切相关的物质,如磷脂、胆固醇、脂蛋白等。

脂肪的营养价值高低,取决于脂肪酸的组成和维生素含量及消化率等因素。油脂中不饱和脂肪酸含量越高,其熔点就越低,消化吸收率也就越高。如花生油、棉籽油、菜籽油等含不饱和脂肪酸高,其消化吸收率为 98%～99%;动物脂肪含饱和脂肪酸多,如羊脂、牛脂、猪脂的熔点为 36℃～55℃,其消化率分别为

81%、89%和94%。

（2）脂类的生理功能

1）机体贮能、供能的重要物质。1 g 脂肪在体内氧化可提供 9 kcal 热能，是食物中产生热量最高的一种营养素。人在饥饿时首先动用体脂产生能量，以避免体内蛋白质的消耗。

2）促进脂溶性维生素的吸收。维生素 A、D、E、K 是脂溶性维生素。膳食中的脂肪可作为这类维生素的溶剂，可提高脂溶性维生素的吸收。

3）供给必需脂肪酸。必需脂肪酸在体内有极重要的生理功能。它参与细胞膜和线粒体中的磷脂合成，影响和参与胆固醇的代谢，也是前列腺素在体内合成的重要物质。

4）维持体温，保护脏器。体脂有隔热保温作用，并在体内可起到支持、保护、润滑各脏器及关节的作用。

（3）脂类的供给

脂肪主要来源于烹调用的油脂及动物性食品中的脂肪，坚果和种子植物中的含量亦较高，谷类的胚芽也含有一定量的脂肪。

4. 微量营养素

人体内的各种元素，除碳、氢、氧和氮主要以有机化合物的形式存在外，其余各种元素，不论其存在的形式如何，统称为无机盐。国际公认的维持正常生命活动必不可少的微量营养素有铁、锌、碘、硒、铜、钼、铬、钴八种。

微量营养素的作用有抗炎、抗氧化应激、参与细胞免疫、促进创面愈合、辅助造血系统等。微量营养素的缺乏对固有免疫组成部分有影响，并会导致上皮细胞组成的免疫屏障受损，影响淋巴细胞增殖和成熟，导致含有特殊结构的免疫递质活性降低，从而影响病人抗感染疗效和预后。对于危重症患者来说，微量营养素除对固有免疫有促进作用外，还有抗炎和抗氧化应激作用。对发生肺炎的重症病人，可以缩短机械通气时间、减少感染并发症、促进肺炎治愈、缩短治疗时间和降低死亡率。

由于人体的新陈代谢，每天有一定量的微量营养素排出体外，因而有必要通过膳食予以补充。从人体对微量营养素的吸收率、需要量以及微量营养素在食物中的分布考虑，比较容易缺乏的有钙、铁、锌、碘。

（1）钙的生理功能及吸收利用

钙是构成骨骼和牙齿的主要成分。

钙缺乏主要影响骨骼的发育和结构,表现为婴儿的佝偻病和成年人的骨质软化症及老年人的骨质疏松症。

(2) 铁的生理功能及吸收利用

铁在体内主要参与氧的运输,组织呼吸,促进生物氧化还原反应。

世界各地缺铁性贫血发病率较高,尤其是早产儿、儿童、女青年及孕妇,这类人群主要是由于体内需要量增加而摄入不足或慢性失血及铁吸收障碍造成贫血。

铁的吸收还受人体需要量影响。例如,患缺铁性贫血时,对铁的吸收率可比正常时高几倍;生长发育期、怀孕期,铁的吸收率较高;体内铁储备丰富时,吸收率降低。一般正常人的铁吸收率为10%左右,女性铁的吸收率比男性高。

富含铁的食物有动物肝脏、血、肉类、海带、木耳等,绿色蔬菜的含铁量也较多。蛋黄中虽含铁较高,但吸收率低。动物性食品中铁的利用率高于植物性食品。

(3) 碘的生理功能与缺乏症

碘的生理功能是参与甲状腺素的合成来发挥其重要的生理作用。如促进蛋白质的合成,可以活化100多种酶,调节能量的转换,加速生长发育,维持中枢神经系统的结构,保持正常的精神状态、身体形态以及新陈代谢等重要机能。

成人身体中的正常含碘量约为20~50 mg,其中20%存在甲状腺中。我国很多内陆山区的土壤、水、食物中,碘含量较少。缺碘地区由于人体摄碘不足,可引起地方性甲状腺肿和克汀病流行。地方性甲状腺肿是以甲状腺组织代偿障碍为主的慢性地方病,俗称"大脖子病",女性多于男性。

我国推荐每天膳食中碘供给量标准为:成人每天150 mg,孕妇175 mg,婴儿40~50 mg,儿童70~120 mg。海产品的含碘量丰富,海带最高,为260 mg/kg。

(4) 锌的生理功能及吸收利用

锌是许多酶的组成部分,在组织呼吸、蛋白质合成中起重要作用,为正常生长发育所必需。锌是众多酶反应的辅助因子,在非特异性免疫状态时发挥抗氧化作用,保护细胞免受氧自由基影响。在特异性免疫时,锌与胸腺结合形成构象变化,促进T细胞成熟、白细胞介素Ⅱ生存。锌作为细胞内调节信号,条件感染相关细胞的细菌吞噬、分解。足够的锌含量减少感染性疾病包括金黄色葡萄球菌感染的发生率,并可抑制细菌毒性。

长期缺锌致儿童生长发育受阻,性发育迟缓,自发性味觉减退,易感染等。锌还参与维生素 A 的合成,对视觉有一定作用。

我国推荐的每天膳食中锌的供给量为:成人 25 mg。动物性食品是锌的主要来源,牡蛎、鱼贝类、肝、肉、蛋等含锌量丰富;干豆、粮食也含锌较多,但吸收率较低。

5. 维生素

维生素是维持机体生长和代谢所需的一类微量有机化合物,可分为水溶性和脂溶性两大类。脂溶性维生素包括维生素 A、D、E、K。因在体内排泄较慢,摄入过多可因积蓄而对人体有害。水溶性维生素主要是维生素 B 族和维生素 C。

根据维生素在体内的重要性,我们介绍脂溶性维生素中的维生素 A 和水溶性维生素 B_1、B_2 和维生素 C。

(1) 维生素 A 的生理功能及缺乏症

维生素 A 又名视黄醇,它只存在于动物性食物中,如动物内脏、乳类、蛋黄等。植物中不含维生素 A,但在有色果蔬如菠菜、胡萝卜、韭菜、杏、柿子等中含有类胡萝卜素,它们被人体吸收后,可以在体内转化成有生理活性的维生素 A。维生素 A 对热、酸、碱稳定,但遇到空气易被氧化,而紫外线有促进这种氧化的作用。

维生素 A 存在于一切上皮细胞中,有保护上皮细胞构造的功能,有促进机体生长发育的作用。缺乏维生素 A 常引起皮肤干燥、毛发角化,如泪腺和角膜上皮细胞组织受损,可表现出角膜、结膜干燥等干眼病特征。维生素 A 与视网膜功能密切相关,维生素 A 不足可影响视紫红质的合成,使眼睛对黑暗的适应时间延长,严重的可患夜盲症。

(2) 维生素 B_1 的生理功能与缺乏症

维生素 B_1 又名硫胺素,主要来源于植物性食物如粮食、豆类、酵母及动物内脏、瘦肉、蛋黄中。硫胺素对神经细胞膜传导起重要作用,如果缺乏,则影响正常的神经传导,使胃肠蠕动减慢,分泌减少。硫胺素缺乏还可造成脚气病,主要表现为神经系统和循环系统的异常。

(3) 维生素 B_2 的生理功能及缺乏症

维生素 B_2 又名核黄素,主要存在于动物性食品中,如内脏、蛋和奶中,其次是豆类及新鲜绿叶蔬菜中。若维生素 B_2 缺乏,则导致物质和能量代谢紊乱,可患阴囊炎、舌炎、口角炎、脂溢性皮肤炎等疾病。

(4) 维生素 C 的生理功能及缺乏症

维生素 C 又名抗坏血酸,主要来源是蔬菜和水果,特别是绿色蔬菜。野菜、野果等野生植物中抗坏血酸含量很高。它参与细胞间质的形成,维持血管、肌肉、骨骼、牙齿的正常生理功能;具有抗感染和防病作用;通过阻断致癌物亚硝酸胺的生成,预防癌症;有助于铁的吸收和叶酸的利用,从而促进造血功能。如果维生素 C 严重缺乏,将导致坏血病。坏血病有不同的临床表现:成人坏血病表现为衰弱、易疲劳、皮肤干燥、毛囊角化、毛囊周围出血、齿龈肿胀出血、牙齿松动甚至脱落、血尿、黑便、关节疼痛及内脏出血等。

(三) 人体需要的能量

人要从食物中获取能量,以满足机体生长、发育,维持正常生理功能和从事日常生活及工作的需要。获得能量是人体的首要任务,机体如果得不到足够的能量,体内各种营养素很难发挥它们应有的作用。因此,在膳食营养安排中,能量是首先需要考虑的因素。

1. 能量单位和能量系数

(1) 能量单位

营养学上常用千卡(kcal)作为能量单位。1984 年改用国际单位制,以焦耳(Joule,J)或兆焦(MJ)作为单位。千焦与千卡之间的换算关系如下:

$$1 \text{ kcal} = 4.184 \text{ kJ}, \ 1 \text{ kJ} = 0.239 \text{ kcal}$$

(2) 能量系数

能量系数是每克蛋白质、脂肪、糖类在体内氧化后实际产生的热能值,它们的值分别为 16.7 kJ(4.0 kcal)、36.7 kJ(9.0 kcal)、16.7 kJ(4.0 kcal)。

2. 人体的能量消耗

成人消耗的能量主要用于维持基础代谢、身体活动和食物热效应。胎儿的生长发育,孕妇子宫、乳房、胎盘的生长发育和体脂储备,乳母合成乳汁,婴幼儿、儿童、青少年生长发育,创伤病人康复期间都需要消耗额外的能量。

(1) 基础能量消耗

基础能量消耗是基础代谢消耗的能量,即无任何身体活动和紧张的思维活动,全身肌肉放松时所需的能量消耗。此时能量消耗仅用于维持体温、心跳、呼吸、各器官组织和细胞功能等最基本的生命活动状态。在一般情况下,基础代谢消耗的能量占总能量的60%～70%。

(2) 身体活动的能量消耗

身体活动消耗的能量是人体能量消耗中变动最大的部分,占总能量的15%～30%,决定了人体能量消耗量的个体差异。身体活动的能量消能高低用身体活动水平来表示,它是每天总能量消耗与基础能量消耗的比值,主要取决于身体活动的强度和持续时间。中国营养学会根据身体活动的水平将身体活动分为轻、中、重三个等级。学生日常活动属于中等活动水平。

(3) 食物热效应的能量消耗

食物热效应指人体摄食过程引起的额外能量消耗,又称食物的特殊动力作用。其中蛋白质热效应最强,糖类其次,脂肪最弱。一般混合型食物因热效应额外消耗的能量约相当于基础能量消耗的10%。

(4) 生长发育的能量消耗

处于生长发育期的婴幼儿、儿童、青少年需要能量来构建新的组织。一般每增加1 g新组织,约需消耗4.78 kcal能量。

(5) 人体的能量需要

人体需要的能量主要是指能长期保持良好健康状态,维持良好体形、机体构成以及理想活动水平的个体或群体,达到能量平衡时所需要的能量摄入量,其主要受年龄、性别、孕期和哺乳、身体活动等影响。

三、中国居民膳食指南与平衡膳食

近年来,我国居民膳食质量明显提高,国民营养状况和体格发育明显改善,人均预期寿命不断增长。但与此同时,随着经济发展、城镇化、工业化进程加快,不健康生活方式的广泛流行,我国仍面临营养不足与营养过剩的双重负担,营养相关慢性病仍然呈现上升趋势,严重威胁人民群众生命健康。自1989年以来,我国已先后发布四版居民膳食指南,在不同时期对指导居民通过平衡膳食改变营养健康状况、预防慢性病、增强健康素质发挥了重要作用。《中国居民膳食指南(2022)》针对近年来我国居民膳食模式改变和膳食营养主要问题,致力于适应居民新时期的营养健康需求和国家粮食安全要求,将有效帮助居民科学选择食物、合理搭配膳食,预防和减少慢性病发生,切实提升人民群众健康水平。

(一)《中国居民膳食指南(2022)》平衡膳食准则八条

1. 食物多样,合理搭配

平衡膳食模式是最大程度上保障人类营养需要和健康的基础,食物多样是平衡膳食模式的基本原则。多样的食物应包括谷薯类、蔬菜水果类、畜禽鱼蛋奶类、大豆坚果类等。建议平均每天摄入12种以上食物,每周摄入25种以上食物。谷类为主是平衡膳食模式的重要特征,建议平均每天摄入谷类食物200～300 g,其中全谷物和杂豆类50～150 g,薯类50～100 g。每天的膳食应合理组合和搭配,平衡膳食模式中碳水化合物供能占膳食总能量的50%～65%,蛋白质占10%～15%,脂肪占20%～30%。

2. 吃动平衡、健康体重

体重是评价人体营养和健康状况的重要指标,运动和膳食平衡是保持健康体重的关键。各个年龄段人群都应该坚持每天运动、维持能量平衡、保持健康体重。体重过低和过高均易增加疾病的发生风险。推荐每周应至少进行5天中等强度身体活动,累计150分钟以上;坚持日常身体活动,主动身体活动最好,每天6 000步;注意减少久坐时间,每小时起来动一动,动则有益。

3. 多吃蔬果、奶类、全谷、大豆

蔬菜、水果、奶类和大豆及其制品是平衡膳食的重要组成部分,坚果是膳食的有益补充。蔬菜和水果是维生素、矿物质和膳食纤维的重要来源,奶类和大豆类制品富含钙、优质蛋白质和B族维生素,对降低慢性病的发病风险具有重要作用。推荐餐餐有蔬菜,每天摄入不少于300 g蔬菜,深色蔬菜应占1/2。推荐天天吃水果,每天摄入200～350 g新鲜水果,果汁不能代替鲜果。吃各种各样的奶制品,摄入量相当于每天300 mL以上液态奶。经常吃全谷物、豆制品,适量吃坚果。

4. 适量吃鱼、禽、蛋、瘦肉

鱼、禽、蛋和瘦肉可提供人体所需要的优质蛋白质、维生素A和B族维生素等,有些也含有较高的脂肪和胆固醇。但过多摄入对健康不利,应当适量食用。动物性食物优选鱼和禽类,鱼和禽类脂肪含量相对较低,鱼类含有较多的不饱和脂肪酸。蛋类各种营养成分齐全,瘦肉脂肪含量较低。过多食用烟熏和腌制肉类可增加部分肿瘤的发生风险,应当少吃。推荐成年人平均每天摄入动物性食物总量 120～200 g,相当于每周摄入鱼类 2 次或 300～500 g、畜禽肉 300～500 g、蛋类 300～350 g。

5. 少盐少油,控糖限酒

我国多数居民食盐、烹调油和脂肪摄入过多,是目前肥胖、心脑血管疾病等慢性病发病率居高不下的重要因素,因此应当培养清淡饮食习惯,推荐成年人每天摄入食盐不超过 5 g、烹调油 25～30 g,避免过多动物性油脂和饱和脂肪酸的摄入。过多摄入添加糖可增加龋齿和超重的发生风险,建议不喝或少喝含糖饮料,推荐每天摄入糖不超过 50 g,最好控制在 25 g 以下。儿童青少年、孕妇、乳母不应饮酒,成年人如饮酒,一天饮酒的酒精量不超过 15 g。

6. 规律进餐,足量饮水

规律进餐是实现合理膳食的前提,应合理安排一日三餐,定时定量、饮食有度,不暴饮暴食。早餐提供的能量应占全天总能量的 25%～30%,午餐占 30%～40%,晚餐占 30%～35%。水是构成人体成分的重要物质并发挥着多种生理作用。水摄入和排出的平衡可以维护机体适宜水合状态和健康。建议低身体活动水平的成年人每天饮 7～8 杯水,相当于男性每天喝水 1 700 mL,女性每天喝水 1 500 mL。每天主动、足量饮水,推荐喝白水或茶水,不喝或少喝含糖饮料。

7. 会烹会选,会看标签

食物是人类获取营养、赖以生存和发展的物质基础,在生命的每一个阶段都应该规划好膳食。了解各类食物营养特点,挑选新鲜的、营养素密度高的食物,学会通过食品营养标签的比较,选择购买较健康的包装食品。烹饪是合理膳食的重要组成部分,学习烹饪和掌握新工具,做好一日三餐。如在外就餐或选择外卖食品,按需购买,注意适宜分量和荤素搭配,并主动提出健康诉求。

8. 公筷分餐,杜绝浪费

日常饮食卫生应首先注意选择当地的、新鲜卫生的食物,不食用野生动物。食物制备生熟分开,储存得当。多人同桌,应使用公筷公勺、采用分餐或份餐等卫生措施。勤俭节约是中华民族的文化传统,人人都应尊重和珍惜食物,在家在外按需备餐,不铺张不浪费。从每个家庭做起,传承健康生活方式,树饮食文明新风。社会餐饮应多措并举,倡导文明用餐方式,促进公众健康和食物系统可持续发展。

"中国居民平衡膳食宝塔(2022)"如图 2-1 所示。

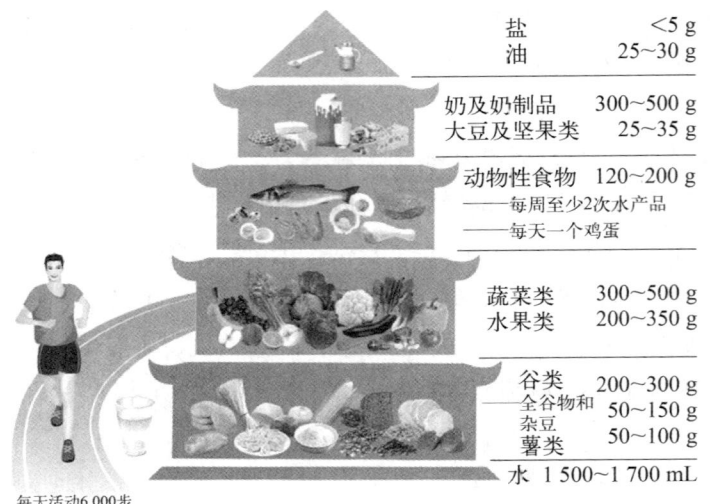

图 2-1 "中国居民平衡膳食宝塔(2022)"

资料来源：《中国居民膳食指南(2022)》。

四、大学生良好的膳食行为与方法

《中国居民营养与慢性病状况报告(2020年)》显示,全国 18 岁及以上居民超重率和肥胖率分别为 34.3% 和 16.4%,比 2012 年分别上升了 4.2 和 4.5 个百分点;6~17 岁儿童青少年超重率和肥胖率分别为 11.1% 和 7.9%,比 2012 年均上升了 1.5 个百分点。中国学生体质与健康抽样调查也发现,青少年的超重、肥胖呈明显上升趋势。不论成人还是儿童青少年,超重和肥胖率均显著增加。

但过去的 40 年间,我国居民每标准人日能量摄入量呈下降趋势,但相对于身体活动状况,我国居民能量摄入量是较高的。蛋白质摄入量总体变化不大,碳水化合物摄入量呈下降趋势,脂肪摄入量呈上升趋势。膳食脂肪功能比在 2010~2012 年达到了 32.9%,2015~2017 年更是达到了 34.6%,已经超过脂肪合理功能比的上限值。

(一) 平衡并合理的膳食模式

平衡并合理的膳食模式对人体生长发育、健康长寿的功能早已得到证实。

2022年版《中国居民膳食指南》纳入191篇文献作为主要证据,提出平衡并合理的膳食模式应具有食物多样性、以谷类食物为主、高膳食纤维摄入、低盐低糖低脂肪摄入的特点。遵循平衡并合理的膳食模式可以显著降低糖尿病等内分泌代谢综合征、冠心病等心脑血管疾病、脂肪肝等内脏脂肪堆积以及结直肠癌等恶性肿瘤的发病风险;有助于维持正常体重、延缓体重增长,降低全因死亡发生风险。因此,建议从小培养健康饮食行为,做到食物多样,吃全谷物为主,改善营养状况,增强抵抗力。

(二) 吃动平衡,维持健康体重

1. 完成吃动平衡

成年人能量代谢的最佳状态是达到能量摄入与能量消耗的平衡。这种平衡能使机体保持健康并胜任必要的生活活动和社会活动。能量代谢失衡,即能量过剩或缺乏都对身体健康不利。体重变化是判断一段时期内能量平衡与否最简便易行的指标,也是判断吃动是否平衡的指标。每个人可根据自身体重的变化情况适当调整食物的摄入量和身体活动量。如果发现体重持续增加或减轻,就应引起重视。根据《中国居民膳食营养素参考摄入量(2013版)》,我国成年人(18~49岁)低身体活动水平者能量需要量男性为9.41 MJ(2 250 kcal),女性为7.53 MJ(1 800 kcal)。

2. 注重健康体重

目前常用的判断健康体重的指标是体质指数(Body Mass Index,BMI),也称体重指数。它的计算方法是用体重(kg)除以身高(m)的平方。一般人群 BMI 和人体脂肪含量之间有很好的相关性,可以间接反映人体脂肪含量。人的体重包含身体脂肪组织的重量和骨骼、肌肉、体液等非脂肪组织的重量。对于大多数人而言,BMI 的增加大体反映体内脂肪重量的增加。我国健康成年人(18~64岁)的 BMI 应在 $18.5 \sim 23.9 \text{ kg/m}^2$。

(三) 注意饮食卫生

1. 选择新鲜食物

新鲜食物是指近期生产或加工、存放时间短的食物,例如收获不久的粮食、蔬菜和水果,新近宰杀的畜、禽肉或刚烹调好的饭菜等。选择新鲜食物是从源头上注意饮食卫生的第一关,学会辨别和采购新鲜、卫生的食物,是保证饮食卫生的关键。

(1) 首选当地当季食物

选择本地种植生产的当季食物能最大限度保障食物的新鲜度和营养。食物从生产地或加工点到销售点，需要经过一段运输距离，路途中会增加贮藏时间。如果储运距离远，耗时长，会导致食物中水分丢失，还增加食物自身的代谢时间，同时腐败性微生物会大量生长繁殖，造成食物中营养物质被降解或分解，食物新鲜度减低，感官品质变差，严重时腐败性微生物的发酵还可导致食物腐败变质。因此，选择本地、当季食物，保证新鲜卫生，也是节能、低碳、环保的重要措施。

(2) 学会辨别食物的新鲜程度

预包装食品可以通过看食品标签上的生产日期了解食物的新鲜程度；当无法获得生产日期等信息时，食物是否新鲜，可以用看、触、闻等手段通过食物的外观、色泽、气味等感官指标加以辨别。不同食物，新鲜程度不同，其感官性状不同，辨别方法也不相同。蔬菜水果等植物性食物比较容易识别，动物性食物新鲜程度的辨别方法如下：

1) 畜肉类。鲜肉的肌肉有光泽、红色均匀、脂肪白色（牛肉、羊肉或为淡黄色），外表微干或微湿润、不粘手，指压肌肉后的凹陷立即恢复，具有畜肉应有的正常气味。有筋腱的肉，筋腱富有弹性、坚韧。在自然光下观察肉的外部状态、色泽和有无干膜，注意有无血块、霉菌和蝇蛆的污染，并确定肉深层组织的状态和发黏的程度。不新鲜肉的肌肉无光泽，脂肪灰绿，外表极度干燥或黏手，指压后的凹陷不能复原，留有明显痕迹，可能有臭味。

2) 禽肉类。鲜禽肉表皮和肌肉切面光泽自然，表面不黏手，具有正常固有气味，肌肉结实有弹性。不新鲜禽肉体表无光泽，皮肤表面湿润或发黏，呈暗红、淡绿或灰色，或有霉斑，肉质松散，手指按压肌肉有明显指痕，可能有霉味或腐败味。

3) 蛋类。鲜蛋的蛋壳坚固、完整、清洁，常有一层粉状物，手摸发涩，手感沉，灯光透视下可见蛋呈微红色。新鲜鸡蛋的蛋黄成形且蛋黄多，稠蛋白多，稀蛋白少。不新鲜蛋的蛋壳呈灰乌色或有斑点、有裂纹，手感轻飘，灯光透视时不透光或有灰褐色阴影，打开常见黏壳或者散黄。"坏"蛋的产生，是由于蛋壳上有许多类似人皮肤上汗毛孔一样的小孔，而蛋壳表面常带有细菌、霉菌等微生物。当外界环境温度剧变，蛋壳上有水凝结或有机械损伤后，这些微生物就通过壳上的小孔进入蛋内。在微生物和蛋中酶的作用下，蛋白质被分解。购买鸡蛋要看标签时间,一周内的鸡蛋最好。鸡蛋应在 2℃~5℃冷藏,最好在 20 天内食用。在室温下一天,相当于一个鸡蛋在冰箱一周的时间,初冬自然保存,尽量 15 天内食用。鸡蛋冷藏可以预防沙门菌污染,也会阻碍鸡蛋成分老化过程。而在无霜冰箱里,鸡蛋不易坏而更容易干涸。

4) 鱼类。鲜鱼的体表有光泽,鳞片完整、不易脱落,眼球饱满突出,角膜透明清亮,鳃丝清晰呈鲜红色,黏液透明,肌肉坚实有弹性,手指按压后凹陷立即消失,腹部正常,肛孔白色、凹陷。不新鲜的鱼体表颜色变黄或变红,眼球平坦或稍陷,角膜浑浊,鳃丝粘连,肌肉松弛、弹性差,腹部膨胀,肛孔稍突出,有异臭气味。

5) 乳类。新鲜乳为乳白色或微黄色,呈均匀的流体,无沉淀、凝块和机械杂质,无黏稠和浓厚现象,具有特有的乳香味,无异味。不新鲜乳为浅粉红色或显著的黄绿色,或是色泽灰暗,呈稠而不匀的溶液状,有乳凝结成的致密凝块或絮状物,有明显的异味。若常温保存的液态奶出现胀包现象,会存在变质风险,建议放弃食用。酸奶、奶酪比较耐储藏,但酸奶和奶酪其实始终处于发酵过程中,时间太长了也会变酸、变质,所以需要冰箱储存。

6) 其他。富含蛋白质的豆制品,也容易被细菌和病毒污染。不新鲜的豆腐呈深灰色、深黄色或者红褐色,表面发黏,有不良气味,组织结构粗糙而松散,块形不完整。用手触易碎,无弹性。

2. 食物处理得当

(1) 水果蔬菜要洗净

清洗是清除水果和蔬菜表面污物、微生物的基本方法,对去除农药残留也有一定的效果,尤其当直接生吃水果和蔬菜时,更需要清洗。水洗是最常用的方法,一般先简单冲洗后浸泡,浸泡时间不少于 10 分钟,然后再用清水冲洗即可。清洗时也可选用洗涤剂和消毒剂,按照说明书使用范围和要求正确使用。无论是清洗还是消毒,食物已经变质产生的有害物质并不能够被完全消除,例如腐烂白菜中的亚硝酸盐等。因此,一旦发现食物腐败变质后,应予丢弃。

(2) 生肉处理防飞溅

不要在水龙头下直接冲洗生的肉制品,防止溅撒污染。生肉需要低温保存,肌肉本身又富含丰富的含水量,是病毒的温床。如果生肉已经被病毒污染,在用水冲洗生肉表面时,水滴可能会带着病毒飞溅到各处,让厨房的台面、水龙头、餐具等也沾染病毒,也可能会带着病毒直接飞溅到人的面部、眼睛、口鼻等。所以不建议用水冲生肉。那生肉怎么处理呢? 一般来说,规范屠宰、符合检验检疫标准、运输销售环节符合卫生要求的生肉不需要清洗,直接加工烹饪即可。如果有清洗生肉的习惯,或者确实需要清洗,可以考虑以下步骤:① 先用盆盛满清水;② 将生肉浸入清水搓洗,不要用流水冲洗;③ 搓洗之后可以用厨房纸擦干肉表面的水分;④ 加工生肉之后,用洗洁剂洗净水盆、菜板、菜刀之后晾干;⑤ 用肥皂洗手至少20秒;在洗手前的各个加工环节中,不要用手触摸眼睛、口鼻等部位。

(3) 食物生熟要分开

需要均衡营养的每个家庭都会用到厨房,而厨房又是细菌病毒容易滋生的场所。

在食物清洗、切配、储藏的整个过程中,生熟都应分开。处理生食物要用专用器具。家中的菜刀、砧板、容器均应生熟分开,包括洗菜的盆和洗肉的盆也应分开,避免可能的交叉污染。在烹饪中,应常常洗手,避免蛋壳、生肉的污染。加工生食和熟食的菜板刀具严格区分,存放保持一定距离,定期清洗加工生食使用的菜板菜刀。在冰箱存放生熟食品,应分格摆放;直接可食用的熟肉、火腿肠、即食的凉菜等应严格与生食物分开,并每样独立包装。

(4) 食物加热和煮熟

适当温度的烹调可以杀死几乎所有的致病微生物。在对食物卫生状况没有确切把握的情况下,彻底煮熟食物是保证饮食安全的一个有效手段,尤其对于畜、禽、蛋和水产品等微生物污染风险较高的食品。

一般中餐烹饪时,在进行彻底煮熟食物的同时,还应检查以下方面:肉类和家禽应确保一定的煮、煨、炖时间,观察肉的外观不是淡红色;切开已煮熟的肉时,不应带血丝,汤汁是清的;对于蛋类,应确保蛋黄已经凝固;烹煮海鲜或炖汤、炖菜时,要把食物煮至沸腾,并持续煮沸至少1分钟。西餐中,描述牛、羊肉烹调程度的术语一般有三种,即生、半生半熟和熟透,可以用温度、颜色、时间来辨识其成熟度。

隔顿、隔夜的剩饭在食用前须彻底再加热,以杀灭储存时增殖的微生物。致病菌在熟食品中比在生食品中更易繁殖,因此决不能忽视熟食的二次加热过程。但如果发现食品已经变质时,则应弃去,因为一些微生物产生的毒素靠加热是消除不了的。

(5) 食物储存要得当

食物合理储存的目的是保持新鲜,避免污染。粮食、干果类食品储藏的基本原则是低温、避光、通风和干燥。经常采取的措施是防尘、防蝇、防鼠、防虫及防止霉变。储放食物,特别要注意远离有毒有害物品,如农药、杀虫剂、杀鼠剂、消毒剂和亚硝酸盐等,防止污染和误食。

动物性食物蛋白质含量高,容易发生腐败,应特别注意低温储藏。一般低温储藏分为冷藏和冷冻。新鲜蔬菜若存放在潮湿和温度过高的地方容易产生亚硝酸盐,腐烂后亚硝酸盐含量更高,所以也有必要将其存于低温环境并尽快食用。但是,有些食物是不适宜冷藏的,如热带水果(香蕉、荔枝、火龙果、芒果等)在冰箱冷藏,会有冻伤的表现;黄瓜在冰箱放置三天以上表皮会有水浸状表现,失去原有风味;一些焙烤食品(如面包等)在冰箱放置时间过长,会逐渐变硬或变陈,影响食物的口感和风味。因此上述食物尽量现买现吃。烹煮好的食物也应尽快食用。如果需要存放 2 小时以上,特别是在气温较高的夏、秋季节,应控制存放温度,以减慢微生物的生长速度,防止致病菌的大量繁殖。

冰箱不要塞太满,冷空气需要足够的循环空间来保证制冷效果;生、熟食物别混放,熟食在上,生食在下;剩饭菜在冰箱中存放后尽快吃完,重复加热不能超过一次;定期检查冰箱,发现食物有变质腐败迹象要马上清除;定期清洗冰箱,擦洗冰箱内壁及各个角落。

(6)冷冻食品恰当储存

冷冻条件下大多数微生物处于休眠状态,因此食品冷冻能保存较长时间。考虑到有些微生物在低温环境下也可以存活繁殖,建议冷冻食品在储存时,应关注生产日期、保质期,保证食品在保质期内尽快食用;冷冻散装食物时可分成若干小包装,每次食用一份,避免反复冻融,增加食品安全风险。

在超市或市场选购冷冻冰鲜食品时,可佩戴一次性塑料袋套挑选,避免用手直接接触;如果网购境外冷冻食品,也要关注海关食品检疫信息,给外包装消毒后食用。

3. 不吃野生动物

无论是出于药食同源的传统观念,还是出于对新鲜食物的猎奇心理,许多人错误地认为野生动物的肉和产品味道更好,而且有滋养和某些药用功效。为了全面禁止和惩治非法野生动物交易行为,革除滥食野生动物的陋习,维护生物安全和生态安全,有效防范重大公共卫生风险,切实保障人民群众生命健康安全,加强生态文明建设,促进人与自然和谐共生,2020 年 2 月 24 日,全国人大常委会决定,全面禁止食用包括人工繁育、人工饲养类在内的陆生野生动物。随后,我国各地都陆续修订了野生动物保护条例,明确规定禁止商场、超市、农贸市场等商品交易场所、网络交易平台,为违法买卖陆生野生动物及其制品等提供交易服务。酒楼、饭店、民宿、食堂等餐饮服务提供者不能购买、储存、加工、出售或提供来源加工野生动物及其制品。我们每一个人都应该遵守规定,拒绝食用野生动物。

4. 使用公筷公勺分餐

根据 WHO 统计,疾病的各类传播途径中,唾液是最主要的途径之一。唾液可传播甲型肝炎、流感、肠道病毒及幽门螺杆菌等。

采用分而食之的"分餐"方式,就餐时一人一小份,每个人餐具相对独立,或者使用公筷公勺,可以有效地降低经口、唾液传播传染性疾病的发生和交叉感染的风险;分餐制还有利于明确食物种类、控制进餐量,实现均衡营养,培养节约、卫生、合理的饮食"新食尚"。

(1) 在家吃饭、公筷公勺,鼓励分餐

家人一起共餐,共用碗筷也存在着细菌、病毒传播的饮食安全风险。因此,提倡在家也要分清"你我",多准备一些筷子和勺子作为公筷公勺,做到夹菜盛汤用公筷公勺,相互不乱用碗筷。如果有条件的话,还可以选购一些不同颜色、不同大小的菜碟饭碗,分别用于家庭每位成员,待烹调好饭菜后分装其中,采用分餐的方式减少饭菜、手、唾液等相互之间的接触。这样,从每个家庭开始,逐渐改变在家用餐习惯,树立文明用餐新风。

(2) 餐馆餐饮,多措并举,提高卫生供餐服务水平

在外就餐时,应尽量选择卫生信誉度在B级及以上的餐饮单位。餐馆就餐,多人围桌聚餐,互相夹菜,唾液接触,也凸显出饮食卫生问题。公共餐饮作为"膳食革命和新食尚"的推行者和实践者,应积极推动文明餐桌,提供公筷公勺;或者提供上菜前分餐、份餐上桌的服务;实行按位上菜、一人一份等措施,在保证饮食卫生方面起到良好导向作用,更重要的是促进健康文明的饮食文化的形成。

无论是在家吃饭,还是餐馆就餐,无论从现代文明出发,还是从疾病预防、公共卫生角度而论,使用公筷公勺、推行分餐制都应是一场积极推行的"餐桌革命"。

5. 珍惜食物、杜绝浪费、学会看标签

不浪费食物,涉及多个环节,应做到以下几点:按需选购,合理储存;小份小量,光盘行动;合理利用剩饭剩菜;外出就餐,按需点菜;主动查阅食品标签,学习读懂营养标签,慎选高盐、高油、高糖食品。

6. 人人做食物系统可持续发展的推动者

食物系统是指涉及生态、社会、经济生活方方面面的关于食物的整体,包括

农林水产业、农业相关产业、加工制造业、批发业、零售业、餐饮业和消费行业等一起构成的一个相互作用、相互影响的体系。

对于一般个体或家庭而言,推动食物系统可持续化发展最直接的方式之一是改变饮食结构和就餐方式,并杜绝食物浪费,因为我们吃过食物后会排放温室气体,会对地球环境产生影响。排放温室气体的量,被称为"碳足迹",不同食物类型的碳足迹不同,常见食物导致的温室气体排放量从高到低依次为:羊肉、牛肉(奶牛)、猪肉、禽类、养殖鱼类、鸡蛋、牛奶、粮谷类、豆类、蔬菜、水果、坚果。此外,食物在土地使用、生产加工、运输等过程中也会产生温室气体的排放。因此,从推动食物系统可持续发展的角度,提倡增加水果、蔬菜、全谷物等有益健康的植物性食物消费,减少油、盐、糖、超加工食品和畜肉类食物的过度消费,向平衡并合理的膳食转变,也有利于社会可持续发展。减少碳排放,对生物多样性、土地、水、养分和气候会产生积极影响。

食物系统的可持续发展还意味着我们要珍惜食物、不浪费食物。针对目前我国食品浪费现象广泛存在的问题,厉行节约、反对浪费,既是保障国家粮食安全的迫切需要,也是弘扬中华民族勤俭节约传统美德、落实膳食指南、推进文明餐饮、促进"新食尚"的重要举措。

第二节　运　动　与　健　康

运动是健康的源泉,是治愈一切的良药,是对抗岁月的最好的武器。第八次全国学生体质与健康调研报告显示,每天能够保证 1 小时以上在校体育锻炼时间的学生体质健康达标优良率为 27.4%,显著高于体育锻炼时间不足的学生的 17.7%。目前,我国城乡居民从事中等和重度职业身体活动的人数和劳动时间大大减少,参加体育锻炼的程度明显不足。1991—2009 年,中国成年人平均身体活动总量从 385.9 MET-h/周下降到了 212.8 MET-h/周[①]。男性职业活动量 1991—2011 年间下降了 31.0%,女性的趋势类似。静态行为时间从 1991 年的平均每周 15.1 小时增加至 2009 年的每周 20.0 小时。预计 2030 年中国成年人平均身体活动总量将继续下降至 188.5 MET-h/周,静态行为时间将增至

---

① MET(Metabolic Equivalent of Energy),能量代谢当量。

每周 25.2 小时。

目前,我国大多数居民身体活动不足,成年人超重和肥胖率达 50.7%。充足的身体活动不仅有助于保持健康体重,还能够增强体质,同时也有助于调节心理平衡,缓解抑郁和焦虑,改善认知、睡眠和生活质量。总体而言,运动能预防并降低心血管疾病、癌症等慢性病发生风险。即使对于已患心血管疾病的人们来说,运动也是降低患者血压的主要非药物方式之一,可降低人群的全因死亡风险。2023 年欧洲心脏病学会和欧洲预防心脏病学协会在欧洲心脏病学杂志联合发表一份共识,建议应根据个人当前的血压水平进行特定运动。

一、运动方式与运动量

(一) 运动方式

1. 有氧运动

有氧运动,也称耐力运动,如慢跑、游泳、骑自行车等,是一种身体大肌肉群参与的持续性有节奏的运动。运动中的能量来源主要由有氧代谢供给。有氧运动可有效地增强心肺耐力、减脂及控制体重。

2. 抗阻运动

抗阻运动,也称力量运动,是利用自身重量、哑铃、水瓶、沙袋、弹力带和健身器械等进行的抗阻力运动形式。抗阻运动可增加肌肉力量和质量,降低体重,强壮骨骼和关节,预防摔倒。

3. 柔韧性运动

柔韧性运动,指轻柔、屈曲伸展的运动形式,如太极拳、瑜伽、舞蹈等,可增加关节活动度,预防肌肉损伤,消除肌肉疲劳,提高运动效率。对保持身体活动功能及灵活性具有重要作用。

(二) 运动量

1. 运动量

运动量指人体在运动中所承受的生理、心理负荷量以及消耗的热量,由完成运动的强度、持续时间和运动频率决定。运动量的标准单位可以用 MET‑min/周和 kcal/周表示。低运动量:<600 MET‑min/周;中等运动量:600~3 000 MET‑min/周;高运动量:>3 000 MET‑min/周。

2. 运动强度

运动强度指运动对人体生理刺激的程度。可以用能量代谢当量(MET)、最大吸氧量(VOg)、心率和自觉疲劳程度(RPE)表示。

3. 运动频率

每周参加体育锻炼或活动频率3次及以上，每次体育锻炼或活动持续时间30分钟及以上，每次体育锻炼的运动强度达到中等及以上，称为"经常参与体育锻炼"。大学生可以把运动生活化，不受时间、场地、环境、气候等客观条件的影响，可以在日常生活中随时随地开展，把运动变为"经常性"。

二、运动量与能量消耗

成年人的能量消耗包括基础代谢、身体活动和食物热效应。身体活动包括职业性身体活动、交通往来活动、家务活动和休闲时间进行的身体活动。通常身体活动量应占总能量消耗的15%以上。有研究支持每天主动运动为6 000步，或中等强度运动30分钟以上。

成年人每天能量摄入量在1 600～2 400 kcal时，身体活动消耗15%大约是240～360 kcal。一般来说，每天日常家务和职业活动等2 000～2 500步，按标准人体重计算的消耗能量为60～80 kcal；主动性身体活动6 000步(5.4～6.0 km/h快走)，需要约42分钟，能量消耗为170 kcal。两者加起来每天能量消耗共230～250 kcal。体重越大，进行同等强度运动时消耗的能量越多，进行不同强度身体活动消耗的能量不同，身体活动强度越大消耗的能量越多。身体活动强度用来描述进行身体活动时费力的大小，可以用代谢当量、心率或者自我感知的疲劳程度来衡量。通常中等强度身体活动的MET值为3～5.9 METs，活动时心率为最大心率的60%～80%[最大心率可以用"220-年龄(岁)"进行计算]，自觉疲劳程度或用力程度为"有点费力，或有点累，或稍累"。

换句话说，中等强度身体活动是指需要用一些力气，心跳、呼吸加快，但仍可以在活动时轻松讲话的活动。如快速步行、跳舞、休闲游泳，以及做家务(如擦窗子、拖地板)等。中等强度身体活动，常用快走作为代表。中等强度的下限为中速(4 km/h)步行。

高强度身体活动是指需要更多地用力，心跳更快，呼吸急促，如慢跑、健身操、快速蹬车、打网球、比赛训练，以及重体力劳动(如举重、搬重物或挖掘)等。

高强度身体活动适合有运动习惯的健康成年人和青少年。

各个年龄段人群都应该天天进行身体活动，保持能量平衡和健康体重。推荐成年人积极进行日常活动和运动，每周至少进行5天中等强度身体活动，累计150分钟及以上；每天进行主动身体活动6000步。鼓励适当进行高强度有氧运动，加强抗阻运动，多动多获益。减少久坐时间，每小时起来动一动。多动会吃，保持健康体重。据WHO最新指南建议，成年人每周应进行150～300分钟的中等强度有氧运动或至少75～150分钟的高强度有氧运动，或两种强度的同等组合。

三、运动带来的益处

（一）运动与疾病

2023年6月，来自华中科技大学同济医学院及上海交通大学医学院的研究团队联合开展的前瞻性队列研究发现：无论是否为2型糖尿病的高风险人群，只要每天积极地参加中等至剧烈强度体育活动，仅需6分钟，便能有效降低患病风险；但该研究中"最佳运动量"没有上限，运动时间延长，患2型糖尿病的风险也越低。体育活动的总量与罹患2型糖尿病风险之间存在反比关系。每天体育活动总量最大的参与者罹患2型糖尿病的风险降低了80%。哈佛大学的研究学者发表在 *Circulation* 上的研究显示，如果能一直坚持每周进行300～600分钟的中等体力活动，或150～300分钟的剧烈体力活动，或同等的两者组合，与最低的死亡风险有关。

天津医科大学的研究人员在《柳叶刀》子刊上发表的涵盖超36万人的超大型队列研究显示：每天久坐超过6小时，与12种非传染性疾病的风险增加有关。目前有充足的证据表明，身体活动不足可导致体重过度增加，多进行身体活动不仅有利于维持健康体重，还能降低肥胖、2型糖尿病、心血管疾病和某些癌症（如结肠癌、乳腺癌、膀胱癌、子宫内膜癌、食管腺癌、肾癌、胃癌和肺癌）等发生风险和全死因死亡风险，并改善脑健康。而且，美国哈佛大学T. H. Chan公共卫生学院、瑞典卡罗林斯卡医学院和挪威体育科学学院等机构40名科学家发表在 *British Journal of Sports Medicine* 上的Meta分析（荟萃分析），对9项研究的荟萃分析表明：每天30～40分钟的中到高强度体育活动，就可以抵消掉10小时久坐给身体带来的负面影响，并降低全因死亡率。

（二）运动与健康

运动不仅仅对降低疾患风险有益，还有更多以下健康益处：

（1）增进心肺功能，改善耐力和体能。

（2）提高代谢率，增加胰岛素的敏感性，改善内分泌系统的调节。

（3）提高骨密度，预防骨质疏松症。

（4）保持或降低体重，减少体内脂肪蓄积，防止肥胖。

（5）改善血脂、血压和血糖水平。

（6）调节心理平衡，减轻压力，缓解焦虑，改善睡眠。

（7）肌肉力量的训练有益于强壮骨骼、关节和肌肉。

（8）身体活动对大脑健康有积极影响，包括改善认知、焦虑、抑郁、睡眠和生活质量。

运动还能给大学生带来诸多益处，进行适度的体育锻炼有五大益处：提高注意力和认知能力从而改善学业表现；锻炼团队合作能力，增长解决问题的才干；有效控制体重，促进血液循环，并增强免疫力从而改善身体健康；运动提升运动技能或身体素质从而增强自我价值感，建立良好自尊；运动可减轻焦虑并舒缓心理压力，使人心情愉悦。

四、大学生科学锻炼原则及方法

伴随生活方式的改变，大学生对健康愈加重视。调查研究显示有近 30% 的大学生认为自己运动健康不达标。维持身体健康是大学生运动的首要目的，其次是减肥。几乎从不运动的占比为 10%，每月运动 2~3 次的占比为 13%，每周运动 1~2 次的占比为 32%，每周运动 3~4 次的占比为 23%，几乎每天运动的占比为 22%。近些年随着运动类 App 的风靡，一些大学生选择使用 App 进行锻炼，既能在强身健体方面取得显著效果，也能达到学校设置的体育锻炼指标。但大学生也会因为各种各样主观客观原因放弃运动。他们表示阻碍运动的最大因素是学习太忙没时间，只想休息。其他原因包括学业压力过重、懒惰缺乏决心、缺少运动氛围、缺少同伴和专业指导、没有运动动机等。有 28% 的大学生直言没有原因，就是不想动。23% 的大学生有运动计划但并没有如期开展。

大学生如何把身体活动融入日常生活和工作中呢？首先可制定个性化的运动计划，对自我身体情况（如脉率、体重指数）进行健康评估；考虑运动目标；准备合适的运动装备;循序渐进式锻炼并及时更新计划。科学健身应该进行全面的体质评估,选择安全有效的健身运动,循序渐进,因地制宜,采取多种形式的运动项目,制定个性化运动处方,关键是坚持经常锻炼身体。科学的健身锻炼计划要点主要包括:运动频率(每周多少次运动)、运动强度(有多费力)、运动时间(每次持续时间和总时间)、运动方式(运动类型和模式)、运动量和进度(增加时间、强度和量,有进阶性表达)。运动环节要完整,运动方式要多样。

一次完整的运动应当包括热身运动(每次运动前5~6分钟,血流量和呼吸量增加,全身肌肉充分伸展,防止运动损伤和肌肉酸痛)、主要运动(20~30分钟,确定运动时间和持续时间是关键)、整理活动积聚在肢体的血液加快回流到心脏(约10分钟,使呼吸和心跳逐渐恢复正常),这三个环节不可或缺。

运动强度监测方法可以采取心率监测方法。健康人的中等强度有氧运动的最大心率=(220-年龄)×(60%~70%)次/min,以20岁大学生为例,其最大心率范围在120~140次/min之间。运动强度监测也可以采用自我感觉疲劳程度量表,该量表分为1~20个不同登记,"1"是不做任何努力,"20"是极度努力,一般使用的范围是从"6"开始,使用者可根据运动中自己的感觉来判断打分。

如果有合并身体疾病的同学可以寻求专业的帮助,由康复医师或康复治疗师根据年龄、性别、一般医学检查、康复医学检查、运动实验、身体素质/体适能测试等结果,按其健康状况、身体素质、心血管以及运动器官的功能状况,结合主客观条件,用处方形式制定对患者或体育健身者适合的运动内容、运动强度、运动时间及频率,并指导运动中的注意事项,以达到科学进行运动疗法的目的。

五、大学生如何达到身体活动量

除了日常身体活动如家务活动、职业性身体活动、交通往来活动外,应加强主动性运动。主动性运动的形式多种多样,主要包括有氧运动、无氧运动、柔韧性运动和平衡协调类运动。运动时应兼顾不同类型的运动,不可偏废。

1. 设置目标,逐步达到;先有氧,后力量,重视柔韧性运动

(1) 有氧运动:长距离耐久的训练,又称心肺功能训练。有氧运动包括快走、慢跑、游泳、自行车、健身操、跳绳等。规律的有氧运动能使血压正常人群的收缩压降低0.8~4.1 mmHg,舒张压降低1.1~2.9 mmHg。如果平常身体活动很少,开始运动时,可以设定一个较低水平的目标,如每天进行15~20分钟的

活动。选择使你感觉轻松或有点用力的强度,以及习惯或方便的活动,如步行、骑自行车等。给自己足够的时间适应活动量的变化,再逐渐增加活动强度和时间。运动一段时间后,同样的用力可以走得更快,说明你的体质在增强,适合你运动的强度也需要增加。这时可以有一个更高的目标,选择一个更长时间和更高强度的运动,你的健康会因此受益更多。

(2) 无氧运动:短距、快速和缺乏耐久性的训练,又称力量训练。主要针对身体的大肌肉群,包括上肢、下肢以及腰、腹、背等核心肌肉群,以增强肌肉力量。阻力负荷可以采用哑铃、水瓶、沙袋、弹力带和健身器械,也可以是肢体和躯干自身的力量(如俯卧撑、引体向上等)。坚持每周2~3天的抗阻运动,隔天进行。每天8~10个动作,每个动作做3组,每组重复8~15次。针对同一肌群的抗阻运动最好隔天1次,不要天天练习,以免恢复不足导致疲劳和损伤。

(3) 柔韧性练习:身体灵活性柔软度练习很重要,伸展或柔韧性活动最好每天进行,特别是进行大强度有氧运动和抗阻运动前后。运动前热身包括颈、肩、肘、腕、膝、踝各关节的屈曲和伸展活动,运动后包括颈、肩、上肢和下肢的肌肉拉伸活动。此外,太极拳、瑜伽等也是不错的柔韧性练习。

2. 培养兴趣,把运动变为习惯

首先应当认识到,身体活动是一个改善健康的机会,而不是浪费时间;运动是每天必需的生活内容之一,能增进健康、愉悦心情。活动可以随时随地进行。将运动列入每天的时间表,培养运动意识和习惯,有计划安排运动,循序渐进,逐渐增加运动量,达到每周建议量。寻找和培养自己有兴趣的运动方式,并多样结合,持之以恒,把天天运动变为习惯。

3. 利用上下学时间

充分利用外出、学习间隙、家务劳动和闲暇时间,尽可能地增加"动"的机会;尽可能减少出行开车、坐车、久坐等。利用上下班时间,增加走路、骑自行车、爬楼梯的机会。把身体活动融入工作和生活中,如坐公交车,提前一站下车;每周主动少驾车,骑车上班或走路上班。

4. 减少久坐时间

学习过程中,能站不坐,多活动,如站着打电话、能走过去办事不打电话、少乘电梯多爬楼梯等。久坐者,每小时起来活动一下,做伸展运动。多进行散步、遛狗、逛街等。

5. 生活、运动乐在其中

运动锻炼是身体活动的一类,指为达到一定目标而有计划、有特定活动内容、重复进行的一类身体活动,目的在于增进或维持身体素质的一个或多个方面。户外活动、沐浴阳光和呼吸新鲜空气,可以按自身具体情况、可利用的活动场地和设施等条件进行安排。总之,运动要多样化,把生活、娱乐、工作与运动锻炼相结合,久而久之将见到健康效果。

6. 如何保证运动安全

每个人都应该寻找适合自己的运动,找到兴趣,长期坚持。年龄不同,适宜的运动也不尽相同,为了避免运动中可能发生的风险,注意事项如下:

(1) 制定包括心血管锻炼、力量训练和灵活性的健身计划。

(2) 使用正确的设备或装备,学习正确的技巧。

(3) 根据天气和身体情况调整当天的运动量,劳累或疼痛时避免运动。

(4) 每次运动前应先做准备活动,运动开始应逐渐增加用力。

(5) 运动后不要立即停止活动,应逐渐放松,适当冷却。

(6) 交替锻炼不同的肌肉群,频次不宜过高。肌肉力量锻炼避免阻力负荷过重,并隔天进行。

(7) 运动量大、日照强烈出汗多时适当补充水和盐,或运动饮料。喝水以防止脱水和中暑。

(8) 步行、跑步应选择安全平整的道路,穿合适的鞋袜。

(9) 运动中出现持续加重的不适感觉时,应停止运动,及时就医。运动损伤后,须完全康复方可剧烈活动。

建议大学生可以抓住碎片化时间进行体育锻炼;坚持每天进行至少半个小时以上的锻炼;寻找一起运动的伙伴并互相监督;制定详细的运动计划;注重自身安全,避免运动过量和运动损伤。如果不想外出,也可以在室内进行体育锻炼。

第三节 环境与健康

早在近 2 500 年前,西方"医学之父"希波克拉底曾说过:阳光、空气、水和运动,是生命和健康的源泉。其中光、气、水就属于环境中的自然环境。自然环境是人类赖以生存和发展所必需的各种自然物质条件的总和,包括大气、土壤、水、光等。

环境是指人类以生存和活动为中心的周围事物的境况,既是人类赖以生存和发展的物质基础和基本条件,也是影响人类健康的重要因素。环境包括自然环境、建成环境、社会环境等。环境因素往往长时间作用于人体,而且环境错综复杂,同时还处于不断变化中。因此,环境的变化对人体健康的影响,往往具有范围大、时间长、程度深、有一定隐蔽性等特点。探讨环境对健康的影响,消除或减轻环境对人类健康的危害,加强生态文明建设,是全世界关注的焦点,也是健康教育面临的重要理论和实践问题。

一、大气环境与健康

(一)大气污染概述

大气中一些物质的含量达到有害的程度以至破坏生态系统和人类正常生存和发展的条件,对人或物造成危害的现象称为大气污染。

大气污染的来源主要包括:① 自然界暂时性灾难(如地震、火灾、火山爆发等)所引起的污染物(如尘埃、硫、硫化氢、硫氧化物、氮氧化物等)的增加,可造成局部或暂时性的污染。② 由于人类社会发展、工业布局不合理、环境管理不善等人为因素,令大气中增加了煤烟、尘埃、硫氧化物、氮氧化物等成分。

(二)大气中主要污染物对人体健康的影响

大气污染可以直接或间接地影响人体健康,引起人体感官的不适或生理机能的不良反应,产生亚临床或病理的改变,出现临床体征或存在潜在的遗传效应,甚至发生急、慢性中毒或死亡等严重后果。

人类的生存离不开呼吸,而大气中的有害化学物质可经呼吸道或皮肤吸收。大气污染对健康的影响与大气中有害物质的性质、种类和持续时间有关,也与个体敏感程度有关。例如,飘尘对人体的危害作用与飘尘的直径、硬度、溶解度和化学成分,以及吸附在尘粒表面上的各种有害气体和微生物等有关。有害气体在化学性质、毒性和水溶性等的差异,也会造成危害程度的差异。另外,呼吸道各部分的结构不同,对毒物的潴留和吸收也不尽相同。通常,毒物进入越深,接触面积越大,停留时间越长,吸收量也越大。由于成年人肺泡总面积大,而且布满毛细血管，有害物质能很快被肺泡吸收并由血液送至全身，不经过肝脏的转化就起作用，因而毒物由呼吸道进入机体的危害非常大。

全球疾病负担显示，2017年空气污染所导致的全球超额死亡人数高达490万人，其中460万人死于颗粒物污染，而因伤残调整寿命年人数约为1.5亿人。颗粒物是最重要并且被研究得最充分的空气污染物。空气污染分为室外空气污染和室内空气污染，室外空气污染导致的死亡约占总空气污染的2/3。空气污染导致的疾病负担在中低收入国家尤为严重。2015年，全球99%的室内空气污染导致的死亡和89%的室外空气污染导致的死亡均发生在中低收入国家。空气污染既是全球性的严重公共卫生问题，也是对我国民众健康的严峻挑战。2017年，颗粒物污染是我国居民死亡和伤残调整寿命年的第四位危险因素，仅次于收缩压升高、吸烟和高盐饮食。颗粒物污染每年导致我国113万人死亡，导致的伤残调整寿命年占比约7%，危害超过了高血糖、低密度脂蛋白胆固醇升高和体重指数升高。

研究发现，空气污染与各类心血管疾病发病风险增加相关，主要包括冠心病、心力衰竭、脑卒中、心律失常。空气污染导致心血管疾病的病理生理机制主要包括六个方面：一是炎症反应、氧化应激反应及血管内皮功能紊乱；二是血液高凝状态及血栓形成；三是血压升高、动脉粥样硬化及心脏重构；四是自主神经调节功能紊乱；五是心脏电生理改变及心律失常；六是代谢综合征及胰岛素抵抗。另外，有最新研究揭示了环境污染对慢性阻塞性肺病的致病机制，研究提出大气细颗粒物（PM2.5）主要通过影响真菌群落，从而影响呼吸道菌群分布，进一步使环境污染暴露因素造成早期慢阻肺发生的重要风险因子。

(三) 大气环境保护

大气环境保护是一项复杂而艰巨的挑战，需要从区域环境整体出发，综合运用各种防治大气污染的技术措施和对策，充分考虑区域的环境特征，对影响大气质量的多种因素进行综合系统分析，得出最优的控制技术方案和工程措施，并加以实施，以期达到区域大气环境质量的控制目标。具体的措施包括：

1. 减少污染物排放

可以通过改革能源结构，采用无污染和低污染能源，对燃料进行预处理，改进燃烧装置和燃烧技术，采用环保的工业生产工艺等途径减少污染物的排放。

2. 污染治理

燃烧过程和工业生产过程在采取上述措施后,仍有一些污染物排入大气,应设法控制其排放浓度和排放总量,使之不超过该地区的环境容量。

3. 植物净化

由于植物具有截留粉尘、吸收大气中有害气体等功能,在城市和工业区有计划、有选择地种植植物、增加绿地面积,能够长时间、连续地净化大气,有助于大气污染的综合防治。

4. 充分利用自净能力

大气环境可以通过稀释、氧化、还原、降水洗涤等方式自净。在排出的污染物总量恒定的情况下,污染物浓度在时间和空间上的分布受气象条件影响,掌握气象的变化规律,充分利用环境自净能力,可以有效降低大气中污染物浓度,避免或减少大气污染危害。

降低空气污染最根本的措施是消除或减少污染源的排放,这需要社会各界的共同努力。2013年以来,我国先后发布并实施了《大气污染防治行动计划》和《蓝天保卫战三年行动计划》,环境空气质量持续改善。2017年,全国地级及以上城市PM10平均浓度比2013年下降22.7%;京津冀、长三角、珠三角等重点区域PM2.5平均浓度分别比2013年下降39.6%、34.3%、27.7%;北京市PM2.5年均浓度降至58 $\mu g/m^3$,重污染天数明显减少,公众的蓝天获得感和幸福感不断增加,也降低了大气污染对公众健康的影响。尽管如此,现阶段我国还需要持续开展大气污染综合防治。

(四) 空气污染与个体防护措施

采取有效个人防护措施可以降低个体水平的污染物暴露水平。自2008年以来,陆续有十余项小规模的交叉随机对照临床试验,对采取个体防护措施减轻心血管损害的效果进行评价,其中也包括几项我国的研究。这些研究所评价的个体防护措施主要分为两类:空气净化器和口罩,干预时长从数小时到数周不等。全部研究均采用心血管疾病相关的替代终点,包括血压、心率及其变异性、心电图改变、微血管血流和功能、内皮功能、炎性标志物、凝血功能标志物和代谢产物、呼出气体中反映氧化应激的指标等。不同研究中空气污染水平和干预措施不同,达到的效果也不尽相同。此外,一项随机对照临床试验在上海65名健康大学生中研究服用鱼油对空气污染导致心血管损害的保护作用。结果显示鱼油组与安慰剂组相比,一些与PM2.5短期暴露相关的生物标志物发生有益的变化,包括炎症、凝血、内皮功能、氧化应激和神经内分泌等方面。提示服用鱼油可能减轻PM2.5导致的心血管损害。一般而言,采取个体防护措施可有效降低个体空气污染暴露水平至基线水平的一半左右,有些研究中替代终点得到改善,但各项研究的结论并不完全一致。

2021年《空气污染与心血管疾病专家共识》推荐:室内使用清洁能源烹饪及采暖,推荐使用符合国家标准的抽油烟机,以减少烹饪油烟在室内扩散。避免在主要交通道路及车流密集街道上骑车或步行,特别是在交通高峰时段。避免在交通繁忙地段进行体育锻炼,体育锻炼应在公园或大面积绿地内进行。在重污染天气,应尽量避免室内外通风,并尽量减少在户外的时间,在户外时应佩戴符合国家标准的N95防护口罩(可以滤过阻挡95%的PM2.5)。在重污染地区,家庭可以安装符合国家标准的新风系统或使用符合国家标准的采用高效过滤滤芯的空气净化器。

二、土壤环境与健康

(一) 土壤污染概述

土壤污染是当土壤中含有害物质过多,超过土壤的自净能力,所引起的土壤组成、结构和功能发生变化,微生物活动受到抑制,有害物质或其分解产物在土壤中逐渐积累,以至破坏生态系统和人类正常生存和发展的条件,对人或动植物造成危害的现象。

(二) 土壤中主要污染物对人体健康的影响

1. 有机氯农药

有机氯农药是用于防治植物病虫害的组成成分中含有有机氯元素的有机化合物。主要分为以苯为原料和以环戊二烯为原料的两大类。农作物从土壤中吸收农药并累积,而人类食用受污染的农产品令毒物进入人体。有机氯农药的危害主要是对神经系统影响,对肝脏功能影响,引起慢性中毒或致癌等。此外,有机氯杀虫剂还具有雌性激素的作用,可以干扰人体内分泌系统的功能,属于环境激素。

2. 多环芳烃

多环芳烃的环境污染是世界各国所面临的重大环境与公共健康问题之一,

其对土壤的污染问题尤为突出。多环芳烃具有疏水性、致癌性、致畸性、致突变性和生物难降解性，因此被看作是持久性有机污染物的主要代表。多环芳烃的致癌性对健康的损伤一直是国内外研究的热点，肺是主要的靶器官之一，会导致肺损伤。多环芳烃还可以诱导其他多种癌症。

3. 重金属

重金属是指比重大于 $5.0\ g/cm^3$ 的金属元素，包括铁、锰、铜、锌、锡、铝、钴等。灌溉特别是污灌、固体废弃物处置污泥、垃圾等是主要的土壤重金属污染源。采矿、冶炼等矿企业排放的废气、废水和废渣、煤和石油等矿物燃料的燃烧、农药化肥施用以及大气沉降物等都可造成土壤重金属污染。重金属污染物在土壤中不容易被微生物降解，迁移也比较困难，很容易在土壤中累积。土壤中的重金属累积到一定程度就会对土壤和植物系统产生毒害，不仅导致土壤退化、农作物产量和品质降低，而且可能通过直接接触、食物链等途径危及人类的生命和健康。重金属进入人体后，不易排泄，逐渐蓄积，当超过人体的生理负荷时，就会引起生理功能改变，导致急慢性疾病或产生远期危害。其危害主要为慢性中毒、致癌、致畸、变态反应以及对免疫功能产生影响。

2022 年南京大学环境学院李梅教授团队在环境科学领域顶级期刊发表文章，研究对微塑料和镉污染农田中蚯蚓肠道菌群失调、代谢谱改变，研究提示微塑料可作为载体在土壤环境中转移重金属，并可能在土壤生物体内积累，揭示了土壤生态系统中微塑料进入土壤环境和重金属协同污染的潜在风险。

4. 土壤中主要污染物对人体健康的影响

耕地土壤是农业生产的重要物质基础，质量的好坏直接影响农产品的品质。随着工业和农业的迅速发展，土壤污染问题日趋严重，土壤重金属污染问题尤为突出。重金属污染物进入土壤后不能被土壤微生物分解，容易在土壤中积累，从而被作物吸收，造成农产品出现质量安全问题，并通过食物链的生物放大作用富集，最后被人们端上餐桌吃进肚子里，进而对人体健康产生一系列危害。

重金属元素经消化道进入人体，在人体内产生积累，可能会对人体新陈代谢及正常的生理作用产生损害，并抑制人体正常生理作用，进而导致各种慢性或急性疾病的发生。镉是目前最常见的重金属污染物，在生物体内半衰期长达 10～30 年，为已知最易在体内蓄积的有毒物质。镉进入人体后，在体内形成镉蛋白，选择性地蓄积在肾脏、肝脏等器官，其中近 1/3 的镉被肾脏吸收，因此，肾脏被认为是镉中毒的"靶器官"。镉在体内可与含羟基、氨基、硫基的蛋白质分子结合，使许多酶系统受到抑制,影响肝、肾器官中酶系统的正常功能。除了镉,铅也是对人体有害的元素。人体内如果铅含量超标,神经系统、造血系统容易受到损害,引起贫血、脑缺氧、脑水肿,出现运动和感觉异常等。此外,铅随血液流入脑组织,损害小脑和大脑皮质细胞,进而影响儿童生理发育、认知功能和社会情绪。

(三) 土壤环境保护

我国土壤污染的形势非常严峻,部分地区土壤污染严重,土壤污染类型多样,呈现新、老污染物并存,有机、无机复合污染的特点。改善土壤污染问题,应开展环境污染物的研究,修订土壤环境质量与农产品质量标准,建立基于污染物生物有效性的环境标准质量体系与评价方法。同时修订土壤质量修复和保护规划,并完善有关立法。由于土壤污染途径多,原因复杂,控制难度大,应当采取法律法规和科普宣传、污染源头控制和污染土壤治理等多种措施,修复污染土壤,保护好珍贵的土壤资源。

(四) 土壤污染与个体防护措施

没有洁净的土壤,就没有洁净的食品。有学者对蔬菜中重金属含量进行调查,结果发现中国各大城市郊区种植的蔬菜,受到铅、汞、镉的污染最明显。蔬菜可以富集空气、水和土壤中的重金属,而且不同的蔬菜品种富集重金属的能力是不同的。即使同一种蔬菜,不同的部位富集重金属的浓度也不一样,如小葱根系对铅的富集系数是茎叶的12.4倍。

俗话说,民以食为天,食以安为先。如何让自己吃得健康、安全是每个人都关心的问题。要想保障"餐桌安全",教你在日常生活中掌握一些小技巧:认识食品包装上的认证标志,例如食品质量安全市场准入标志、无公害农产品标志、绿色食品标志、中国有机产品标志等,带有以上任一种标志的食品均可放心购买。

三、水体环境与健康

(一) 水体污染概述

水体污染是指当进入人体的污染物质超过了水体的环境容量或水体的自净能力,使水质破坏,从而破坏了水体的原有价值和作用的现象。

(二) 水体污染对人体健康的影响

水体污染影响人体健康的途径主要是通过食物链完成。在水体中的污染物被浮游生物所吸收,然后小型鱼类又通过进食浮游生物将不可分解的污染物累积到自己身体里。通过食物链一环一环的累积,污染物不断增多,最后作为食物链顶端的人类通过进食鱼类,将污染物吸收入体内,不断富集,最终影响人类健康。

1. 引起急性和慢性中毒

水体受化学物质污染后,通过饮水和食物链便可造成中毒,如甲基汞中毒(水俣病)、镉中毒(骨痛病)、砷中毒、铬中毒、农药中毒、多氯联苯中毒。这是水污染对身体健康危害的主要方面。

2. 致癌作用

有些有致癌作用的化学物质,如砷、铬、镍、苯胺和其他多环芳烃等污染水体后,可在水中悬浮物、底泥和水生生物内蓄积。长期饮用这类水质或食用这类生物可能诱发癌症。

3. 发生以水为媒介的传染病

生活污水以及制革、屠宰、医院等废水污染水体,常可引起细菌性肠道传染病和某些寄生虫病,如伤寒、痢疾、霍乱、肠炎、传染性肝炎和血吸虫病。

4. 间接影响

水受污染后,常可引起水的感官性状恶化,发生异臭、异味、异色,呈现泡沫和油膜等,抑制水体天然自净能力,影响水的利用。

(三) 水体环境保护

水体环境的保护需要开展综合防治,具体措施包括:

1. 调整产业结构和布局

具体包括:① 在缺水地区加速发展高新技术产业、第三产业,尽量少建或不建能耗高、污染重的产业。② 加强对老企业的改造和管理,降低其能耗和污染。

2. 减少和消除污染源排放的废水量

具体包括:① 改革生产工艺,减少废水排放量。② 尽量采用重复用水及循环用水系统。③ 控制废水中污染物浓度,回收有用产品。④ 处理好城市垃圾与工业废渣。

3. 合理规划,进行区域性综合治理

具体包括:① 在制定各种规划时,对可能出现的水体污染要采取预防措施。② 对水体污染源进行全面规划和综合治理。③ 杜绝工业废水和城市污水的任意排放,制定排放标准。④ 将同行业废水集中处理,以减少污染源的数量,便于管理。⑤ 有计划地治理已被污染的水体。

4. 加强监测管理,制定法律和控制标准

具体包括:① 设立环境保护管理机构,协调和监督各部门和工厂保护水源。② 颁布有关法规,制定保护水体、控制和管理污水管理的具体条例。

四、大学生常见周边环境影响因素(电子产品使用过度、噪声影响等)

随着新时代媒体的到来,电子产品不断完善并得以普及,成了大学生生活中必不可少的部分。但是正是因为电子产品的功能不断完善,大学生对其的依赖性也在不断提高。大学生作为认知和学习能力极强的群体是电子产品的主要用户。在大学校园里,你也会发现大部分人在走路、吃饭或者学习的时候都离不开电子产品。电子产品在带给我们便捷的同时,也对我们的身体健康问题产生了一些不可避免的影响。例如,长时间低头使用电子产品,会使我们的背部、颈部的肌肉产生酸痛感;运动能力下降,我们将大部分时间都分配在了电子产品上,运动次数明显减少;在光线长期刺激下,我们的眼睛度数慢慢升高,不得不随时戴上眼镜;同时长期低头也会影响我们健康正常的体态。虽然大学生已经部分了解"低头族""手机脸"等相关危害,但很多大学生并没有切肤之痛,重视程度极低。大学生应自觉改善生活行为习惯,尽可能降低对电子产品的依赖。

另一方面,随着时代的快速发展,城镇化水平不断提高,社会中机动车保有量剧增,工业建筑等也越来越多,由此产生的噪声污染问题也严重影响着大学生的身心健康。以下为一些常见噪声的种类:交通噪声,即各类运输器具发出的噪声,主要有地面交通噪声、航空噪声、火车噪声和船舶噪声等;工业噪声,该噪声很大部分是固定源噪声,主要来自生产和各种工作过程中机械振动、摩擦、撞击以及气流扰动而产生的声音;建筑施工噪声,这种是临时性噪声污染,施工结束,噪声也就消失了;社会生活噪声包括了生活噪声及其他噪声,但是最容易产生问题。在交通、工业、建筑以及社会生活等产生的噪声影响下,人的耳聋发病率明显增加,同时人的中枢神经系统即大脑皮层会在噪声的影响下兴奋受抑制,平衡失调导致条件反射失常,使人患上精神衰弱疾病,这就会降低部分大学生的睡眠质量,甚至失眠已成为他们的常态。同时长时间处于噪声环境中的人很容易发生疲劳、眼痛、眼花等眼损伤现象,降低学习效率,影响大学生的心态。大学生在学习时,需注意周遭环境的噪声因素,避免长时间处于噪声影响下。

五、《健康中国行动(2019—2030年)》健康环境促进行动

健康环境是人民群众健康的重要保障。影响健康的环境因素不仅包括物理、化学和生物等自然环境因素,还包括社会环境因素。环境污染已成为不容忽视的健康危险因素,与环境污染相关的心血管疾病、呼吸系统疾病和恶性肿瘤等问题日益凸显。需要继续发挥爱国卫生运动的组织优势,全社会动员,把健康融入城乡规划、建设、治理的全过程,建立国家环境与健康风险评估制度,推进健康城市和健康村镇建设,打造健康环境。

(一) 对于个人和家庭可行性方法

1. 提高环境与健康素养

主动学习掌握环境与健康素养基本理念、基本知识和基本技能,遵守生态环境行为规范,提升生态环境保护意识、健康防护意识和能力。

2. 自觉维护环境卫生,抵制环境污染行为

家庭成员养成良好的环境卫生习惯,及时、主动开展家庭环境卫生清理,做到家庭卫生整洁、光线充足、通风良好、厕所卫生。维护社区、单位等环境卫生,改善生活生产环境。积极实施垃圾分类并及时清理,将固体废弃物(废电池、废日光灯管、废水银温度计、过期药品等)主动投放到相应的回收地点及设施中,减少污染物的扩散及对环境的影响。减少烟尘排放,尽量避免垃圾秸秆焚烧,少放或不放烟花爆竹,重污染天气时禁止露天烧烤;发现污染生态环境的行为,及时劝阻或举报。

3. 倡导简约适度、绿色低碳、益于健康的生活方式

优先选择绿色产品,尽量购买耐用品,少购买使用塑料袋、一次性发泡塑料饭盒、塑料管等易造成污染的用品,少购买使用过度包装的产品,不跟风购买更新换代快的电子产品,外出自带购物袋、水杯等。适度使用空调,冬季设置温度

不高于20℃,夏季设置温度不低于26℃。及时关闭电器电源,减少待机耗电。坚持低碳出行,优先步行、骑行或公共交通出行,多使用共享交通工具。

4. 关注室(车)内空气污染

尽量购买带有绿色标志的装饰装修材料、家具及节能标志的家电产品。新装修的房间定期通风换气,降低装饰装修材料造成的室内空气污染。烹饪、取暖等提倡使用清洁能源(如气体燃料和电等)。烹饪过程中提倡使用排气扇、抽油烟机等设备。购买和使用符合有害物质限量标准的家用化学品。定期对家中饲养的宠物及宠物用品进行清洁,及时倾倒室内垃圾,避免微生物的滋生。根据天气变化和空气质量适时通风换气,重污染天气时应关闭门窗,减少室外空气污染物进入室内,有条件的建议开启空气净化装置或新风系统。鼓励根据实际需要,选购适宜排量的汽车,不进行非必要的车内装饰,注意通风并及时清洗车用空调系统。

5. 做好户外健康防护

重污染天气时,建议尽量减少户外停留时间,易感人群停止户外活动。如外出,需做好健康防护。

(二) 对于社会可行性方法

(1) 制定社区健康公约和健康守则等行为规范,大力开展讲卫生、树新风、除陋习活动。加强社区基础设施和生态环境建设,营造设施完备、整洁有序、美丽宜居、安全和谐的社区健康环境。

(2) 企业主动提升环保意识,合理确定环境保护指标目标,建立环保监测制度,并且管理维护好污染治理装置,污染物排放必须符合环保标准。涉及危险化学品的生产、运输、储存、销售、使用、废弃物的处置等,企业要落实安全生产主体责任,强化危险化学品全过程管理。鼓励发展安全、节能、环保的汽车产品。

(3) 鼓励企业建立消费品有害物质限量披露及质量安全事故监测和报告制度,提高装饰装修材料、日用化学品、儿童玩具和用品等消费品的安全标准,减少消费品造成的伤害。

(4) 公共场所应定期清洗集中空调和新风系统。健身娱乐场所建议安装新风系统或空气净化装置,重污染天气时,应根据人员的情况及时开启净化装置补充新风。公共游泳场所定期消毒、换水,以保证人群在清洁的环境中活动。预防

（5）针对不同人群，编写环境与健康手册，宣传和普及环境与健康基本理念、基本知识和基本技能，分类制定发布环境污染防护指南、公共场所和室内健康环境指南。

近十年里，我国在环境治理上投入了大量财力精力人力，也取得了显著的治理效果。2023年6月国家卫生健康委召开新闻发布会，对于职业病及危害因素进行监测，监测县区覆盖率达到95%以上，实现了工作场所职业病危害因素监测和重点职业病监测两者结果的有机衔接，全面掌握了重点行业企业中煤尘、矽尘、苯、铅、噪声等主要职业病危害因素的浓度（强度）水平，为重点行业开展劳动者的职业健康风险评估奠定了非常好的数据基础。全国报告的新发职业病病例数从2013年的26 393例下降到2022年的11 108例，降幅达到58%。当然可持续发展的环境治理工作离不开每一个人的努力。

第四节 睡眠与健康

一、睡眠的概念

睡眠是一种反应性和活动性降低的可逆状态。有别于昏迷状态的持续性，睡眠是可逆的，并与觉醒进行周期性交替；与安静觉醒状态不同，睡眠对刺激的反应能力降低。睡眠是人和其他动物共有的独特的行为，对人类生理和心理健康有着重要意义。依据2022年6月全国科学技术名词审定委员会批准正式公布的《睡眠医学名词》，睡眠定义为：一种反复出现的生理状态，每天一定时间内各种有意识的主动行为消失，对外界环境刺激的反应减弱。

以下三个过程构成睡眠调节的基础：

（1）稳态过程：调节睡眠倾向，使其在觉醒期间上升，睡眠期间消散。

（2）昼夜节律过程：决定高低睡眠倾向时期的转换。

（3）次昼夜节律过程：发生于睡眠期间，主要特征为两种基本睡眠状态的交替，即快速眼球运动（REM阶段）和非快速眼球运动（NREM阶段）的交替。

REM睡眠以低幅高频快波的脑电图信号和频繁的眼球运动为主要特征，也包含肌力低下、生理调节的显著功能性变化、自主神经的不稳定性等特点。2017

年诺贝尔生理/医学奖表彰的抑制昼夜节律的分子机制,揭示了人体内部生物钟的工作原理。生物钟在一天的不同时段对人体的睡眠情况进行精准的调节。

睡眠过程是 REM 睡眠和 NREM 睡眠的循环发生,NREM 睡眠包括浅睡期(1 期和 2 期)和慢波睡眠(3 期和 4 期)。1～4 期表示睡眠由浅入深,是依据脑电波特点和生理表现人为划定的。慢波睡眠期是睡得最深沉的阶段,对生物体的修复功能有重要意义。若这一阶段太短,即使总睡眠时间足够,醒来还是会觉得很疲劳。对于人类,慢波睡眠期聚集于夜间睡眠前期,而快速眼球运动期睡眠主导夜间睡眠后期。

二、睡眠的功能

目前许多观点认为,机体通过睡眠,可以保存能量、促进发育、增加代谢产物排出、增强免疫、增强学习记忆。适宜的睡眠时间是保证健康的重要条件,睡眠时间过短或过长都会增加死亡率。而睡眠健康指的是:入睡快而睡眠深、一般无梦或少梦,能够实现生理状况的复原、调节生理的内分泌系统、调节生理时钟记忆系统。睡眠具有以下六个功能。

(一)保存能量

慢波睡眠期人体各种生命活动降至最低程度。基础代谢维持在最低水平,耗能最少,此时副交感神经活动占优势,合成代谢加强,有利于能量的储存。最近的研究发现,三磷酸腺苷的水平在自发睡眠的最初 3 小时逐渐升高并达到高峰,三磷酸腺苷能量的激增依赖睡眠。

(二)促进代谢产物排出

白天大脑内代谢产物不断堆积,睡眠时大脑可高效清除代谢产物,从而恢复脑活力。大脑内排出的代谢产物位于细胞间隙,其作用类似于淋巴系统。觉醒期间,细胞代谢产生的废物积聚在细胞间液。睡眠时,脑脊液沿着动脉周隙,随即流入脑内组织,与脑内组织间液不停交换,并将细胞间液体的代谢废物带至静脉周隙,随即排出大脑。睡眠有助于机体的代谢平衡,帮助机体有效地排出代谢产物,睡眠不足则会使毒素累积,导致大脑损伤。

（三）增强免疫功能

许多人在发生感染时常会有嗜睡的现象，充足的睡眠有助于康复。长期睡眠剥夺对宿主防御能力的影响很显著。若持续剥夺80%的睡眠，2~3周后大鼠就会死亡，从其血液样本中检测到更多的致病菌。睡眠不足会使个人的免疫力下降，从而导致机体抵御外界病毒的能力显著降低。加州大学旧金山分校的睡眠研究人员发现，与每晚睡眠超过7小时的人相比，每晚睡眠不足6小时的人患感冒的风险增加4.2倍。

（四）促进生长发育

慢波睡眠期是影响生长激素分泌的主要时期，良好的睡眠是保证生长发育的关键。大量调查指出，40%~65%的快速动眼时期睡眠疾病患者会患上神经退行性疾病，说明REM睡眠与神经元的发育高度相关。同时研究显示，婴儿早期REM-NREM睡眠结构异常对其日后神经系统发育状况有一定相关，可能是神经系统发育落后的早期表象。学者对81例早产儿研究发现，易觉醒或哭闹导致REM睡眠较少的早产儿，其6月龄的智力发展指数较低。

（五）增强学习记忆

近来，多家实验室利用脑功能成像等技术研究睡眠参与记忆巩固的过程。结果显示，睡眠期海马神经元可再现觉醒期海马活动，即在睡眠期，脑活动将觉醒期新获得的信息和编码的信息从不稳定记忆的痕迹转变为更稳定的记忆模式。这种记忆巩固实质是在编码它的神经回路中重启对新信息的处理过程，称为重激活或重演。如果加强重激活过程，记忆提高的效果更显著。相反，阻断睡眠期海马重激活过程，记忆会受到损害。目前已知重激活脑区主要有海马、新皮质、丘脑和纹状体。

（六）对运动的影响

睡眠不足会严重影响锻炼后肌肉的修复与再生过程，而且睡眠不足会导致身体分泌更多的皮质醇。皮质醇是压力激素，能够延缓身体恢复，破坏身体组织。睡眠不足还会抑制甲状腺激素分泌。甲状腺激素可以提高神经系统兴奋值。长期失眠是运动性疲劳的主要原因，这会严重影响运动员的训练质量和运动成绩，还可能导致严重的运动损伤，并对运动员的身心健康造成很大影响。研究者发现深度睡眠对于动物大脑运动神经的发育以及运动技巧的学习十分重要。Gulati等发现当大鼠在清醒时学习新技巧时,大脑对这一技巧的掌握实际发生于睡眠阶段,睡眠时慢波活动与学习巩固有关。有学者研究表明,在深度睡眠阶段,大脑的慢波会强化与学习技巧有关的神经连接,而弱化与其无关的神经连接。美国睡眠研究中心研究表明,睡眠不仅有助于运动训练后的身体恢复,也会对以后的训练或运动表现状况产生影响。美国斯坦福大学研究发现,充足、高质量的睡眠,有助于改善运动员的加速反应时间和锻炼能力。

三、睡眠的评估

(一)睡眠质量评估

睡眠医学的诊断和评估方法在睡眠疾病的诊断和治疗方面有重要价值,睡眠医学常用的诊断方法分为客观和主观两类。客观诊断方法有多导睡眠图、移动式睡眠记录方法等,主观诊断方法主要为睡眠相关的评估量表。一些常见的睡眠疾病,如发作性睡病、睡眠呼吸暂停等须进行客观的睡眠监测来诊断,对失眠严重程度和治疗效果等多使用主观量表进行评估。

而睡眠健康的评价标准包括四个方面:一是睡眠的节律和结构,如果主睡眠的时段和大众的主睡眠时段基本上一致,且保证足够的睡眠时长,睡眠的节律则是正常的;二是睡眠效率,即总睡眠时间与卧床时间之比;三是睡眠满意度,即睡醒后心理与躯体疲劳是否得到良好的恢复;四是日间状态,即日间清醒时段精力是否充沛,认知功能是否受到影响等。

睡眠障碍指睡眠至觉醒过程中表现出来的各种功能障碍,睡眠质量下降是人们常见的主诉,成人中长期睡眠障碍者可高达15%。广义的睡眠障碍应该包括各种原因导致的失眠(包括入睡困难、睡眠维持困难、早醒而引起的睡眠满意度下降)、睡眠过多、睡眠节律障碍、睡眠中异常行为(包括睡眠行走、睡眠惊恐、不宁腿综合征等)。由美国睡眠医学学会颁布的《睡眠障碍国际分类》中,把睡眠障碍分为七类:失眠障碍、睡眠相关呼吸障碍、中枢性嗜睡症、昼夜节律睡眠障碍、异态睡眠、与睡眠相关的运动障碍和其他类别的睡眠障碍。

失眠是以入睡和(或)睡眠维持困难所致的睡眠质量或数量达不到正常生理需求,而影响白天社会功能的一种主观体验,是常见的睡眠障碍性疾患。失眠症的患病率很高,欧、美等国家失眠患病率在20%~30%,在我国有10%~20%。

失眠症可造成注意力不集中、记忆力缺陷、判断力和日常工作能力下降,严重者合并焦虑、强迫和抑郁等症。此外,失眠还是冠心病和症状性糖尿病的独立危险因素。因此,正确诊断与治疗失眠对人们的身心健康至关重要。《中国成人失眠诊断与治疗指南(2017版)》中将失眠定义为:患者对睡眠时间和(或)质量不满足并影响日间社会功能的一种主观体验,是指无法入睡或无法保持睡眠状态,导致睡眠不足,又称入睡和维持睡眠障碍。

第八次全国学生体质与健康调研报告显示每天睡眠充足学生的近视率为47.8%,而睡眠不足的学生近视率为67.8%。另有调查研究显示,77%的大学生过去一年中都曾有睡眠困扰,其中主要的问题是睡眠不足。有30%大学生对睡眠状况表示不满意。丰富的社交生活和各种电子产品成为大学生早睡的障碍。43%曾经在课上睡着过;27%晚上睡不着,白天起不来;25%睡前必须玩手机,不玩不能睡;23%在微信上发了晚安,过了2个小时还没睡。睡眠质量和睡眠习惯关联很大,45%的大学生未在30分钟内闭眼睡觉,而在床上做一些和睡眠无关的事,容易影响睡眠。睡眠不足有可能会影响正常的学习。由于睡眠问题导致的迟到、旷课的大学生已经意识到自己的时间在熬夜和赖床中被荒废,希望改善自己的睡眠状况,但实际产生行动并真正改善的较少。

(二) 产生睡眠障碍的原因

大学阶段,学生们步入了集体生活,脱离了父母的约束,时间上也就越来越自由了。宿舍里同学们的生活习惯都不一样,学习压力、人际关系、环境变化,加上手机的应用,容易造成睡眠不规律,睡眠时间缩短,这对大学生的身心健康、学习能力、情绪控制与社会适应能力都有一定的影响。

1. 心理因素

由于心理精神因素和不良睡眠习惯等及生活行为因素引起的失眠,是临床上多见的失眠原因。一过性心理生理性失眠是指因情绪变化如兴奋、喜悦、焦虑、不安、悲痛、恐惧等,机体一时不能调整适应心理变化所致的失眠,常伴有焦虑和抑郁反应。心理生理性失眠是指单纯因持续精神紧张引起的失眠,但可能因其他原因诱发,诱因去除后失眠持续存在。精神紧张来源于三个方面:① 负性生活事件或长期过分紧张的工作;② 睡前希望有良好睡眠的强烈愿望;③ 担心失眠对健康的后害。

大学生要应对考试、毕业、就业等问题,容易引发焦虑、紧张、易怒情绪。一旦出现这些问题后很难尽快平复下来,就容易导致情绪问题,从而影响睡眠质量。而睡眠质量下降又可加重情绪问题,造成恶性循环,进而导致失眠,影响睡眠质量。大学生不仅需要顾好学业,还有各种社交等方面的事情给大学生带来精神压力。一方面,精神压力会导致大学生出现焦虑、抑郁等情绪问题,进而影响其睡眠质量;另一方面,长期面对精神压力,会导致身体产生应激反应,如肌肉紧张、心跳加快等,进而影响睡眠。

生活和工作中的各种不愉快事件可造成焦虑、抑郁、紧张。你可能会有这样的感受,当心里有很郁闷的事情时,你会感到难以入眠,或者明天要考试了,你今晚总是辗转反侧睡不着,其实这些都是心理因素导致的睡眠障碍。这些应激性的情况往往都很短暂,事情过去了,心情好了,自然睡眠可以得以改善。但是如果长期的心情不好导致睡眠不好,那就需要进行一些心理调适,通过干预来调节睡眠问题。

2. 睡前行为习惯因素

习惯不良失眠是指睡眠卫生习惯不良所致的失眠。以睡前饮茶、吸烟和饮咖啡的影响最为常见。或在临睡前如果大量饮水饮食,不利于睡眠;同样,人体在口渴、饥饿的过程中不容易入睡。这些其实是生理机能导致的睡眠障碍。

入睡条件性失眠是指因某些长期与入睡相伴的物件或环境不存在时发生的失眠,如看电视入眠,时间长后形成习惯,不看电视不能入眠。就目前而言,过度使用电子产品对大学生睡眠影响较大。睡前手机使用率过高,导致学生的学习、身体健康和睡眠质量的满意度都会严重下降。即使意识到这个问题,但还是放不下手机,"睡眠拖延""晚睡强迫"会使大学生不自觉延长娱乐的时间。

另外,睡眠节律的变化也会影响睡眠,如白班夜班频繁变动、出国倒时差、过度的夜生活等。当然,大学生最为常见的是熬夜学习影响睡眠和由于睡眠生物节律改变导致的睡眠问题。

3. 环境因素

环境因素失眠是指由环境引起并作用于躯体而导致的失眠,或环境变化对睡眠造成直接干扰导致的失眠,如酷暑、严寒、噪声、强光或高原反应;或机体处于需要保持警惕的环境下引起的失眠,如守护患者、身处危险场所等。有资料显示,失眠者中女性多于男性;发病年龄多在41~50岁,其次为60岁以上的人、31~40岁的人。

影响睡眠的环境因素多种多样,如环境嘈杂、光线刺眼、居住环境拥挤等。

有时候我们会很羡慕身边的人,为什么有人能够倒头就睡。其实每个人对环境的感知程度是不同的,有的人睡觉要求环境非常安静或者光线非常昏暗,因而大学生从家庭到寝室居住环境时常出现睡眠障碍。多人宿舍环境易于养成"晚睡生物钟"。有些同学是"熬夜党",多人同住的宿舍环境也必然影响到睡眠。长期养成的"晚睡生物钟"、熬夜问题也打乱了个体的正常昼夜节律,进而影响身体的整体状态,形成恶性循环。

4. 疾病因素

近年来,由疾病因素导致失眠的发生率有所上升,尤其是高血压、慢性胃肠炎、更年期综合征和手术等。精神疾病因素失眠包括各种神经症和精神病引起的失眠,包括抑郁症、焦虑症、躁狂症、精神分裂症、癔症性精神病、创伤后应激障碍、脑器质性精神障碍等。有时很难确定这些疾病与失眠之间的因果关系,故近年来提出共病性失眠的概念,用以描述那些同时伴随其他疾病的失眠。

5. 药物因素

另外,有一些药物在使用过程中也会引起失眠,可能引起失眠的药物有氨茶碱、阿托品、异烟肼等。

(三) 大学生失眠的非药物治疗及药物治疗方法

不是所有失眠都需要服用安眠药。治疗失眠的首选不是吃安眠药,而是先找原因。即使是同一个人,也可能有多种原因引起的失眠。对于惯性失眠障碍,尤其是多次复发者,应以心理治疗和睡眠习惯培养为主,辅以药物治疗。对于短期失眠障碍,首先应寻找诱发因素,及时积极治疗。

1. 非药物治疗

(1) 定时作息

尽量保持每天的起床时间和睡觉时间相同,不要熬夜或睡懒觉,保证足够的睡眠时间。随着年龄增长,睡眠能力会有所下降。可以适当午睡,但不超过30 分钟。早晨起来接受太阳光的照射,有利于调节自身生物节律。

(2) 制定科学的睡前计划

睡前半小时可以进行一些放松的活动,如读书、听音乐、做瑜伽等,避免紧张的活动或使用电子设备。

(3) 调整环境

睡觉的环境应该安静、安全、整洁,床单、被褥、枕头等要保持清洁卫生,室温适宜,不要过冷或过热。不要在床上看书、看电视、吵架等。若只是想放松,就坐在椅子上休息。

(4) 饮食调整

晚餐不要过量,不要喝咖啡、可乐等刺激性饮料,睡前可以喝一杯温牛奶或柠檬水。上床前 4~6 小时内不服用含咖啡因的食物或药物,不抽烟、不喝酒、不饮茶。咖啡因、尼古丁、酒精都易引起神经系统兴奋,不利于睡眠。

(5) 锻炼身体

适当运动可以提高睡眠质量,但是要注意时间控制,最好在白天进行锻炼。入睡前 3 小时内不做剧烈运动。饱食后 2 小时内不睡觉。睡眠环境(如温度、噪声、光线)均应调至最佳。

(6) 放松心情

避免过度焦虑、压力大。可以尝试进行深呼吸、冥想等放松练习,有助于缓解紧张情绪。

2. 药物治疗

(1) 药物治疗的目标。改善睡眠质量,延长有效睡眠时间,缩短睡眠潜伏期,减少入睡后觉醒,实现疗效和潜在的药物副作用之间的平衡,提高患者对睡眠质和量的主观满意度,恢复社会功能。理想安眠药的标准:有效而安全;吸收快,显效快;无白日残留作用;无成瘾和依赖。

(2) 药物治疗的原则。① 在病因治疗、认知行为治疗和睡眠健康教育的基础上,酌情给予催眠药物。② 个体化。用药剂量应遵循个体化原则。③ 给药原则。根据药物特点选择使用不同种类和半衰期的药物。小量开始,即以最小药量达到满意睡眠。④ 疗程。短期、间断使用,治疗期限一般不超过 4 周。再延续需要重新评估,权衡利弊。避免长期使用后突然停药。⑤ 药物的不良反应:正常治疗剂量时,晨醒后可能有残留效应,也称宿醉效应;潜在依赖性,停药后产生戒断现象;治疗作用对记忆功能的影响;治疗作用对呼吸功能的影响。⑥ 不适宜人群:有肝肾功能损害的患者应慎用安眠药物,如需使用应减少剂量并在医生指导下使用。有呼吸功能障碍者如睡眠呼吸暂停综合征患者、有急性闭角型青光眼患者、有重症肌无力患者不适合服用安眠药物。⑦ 注意事项:服用安眠药需注意避免饮酒及成瘾药物使用;避免从事高空、高危、高反应性工作(如开车);预防跌倒。

第五节　常见不健康的生活方式

《2020 中国大学生健康调查报告》调研了全国 40 余所高校、不同年级的 12 117 名大学生,采用分层抽样和小组访谈相结合的方法,调研了大学生的健康态度和生活方式。报告显示,中国大学生对健康的期待高,60%的大学生为改善生活健康状态付出过努力。而随着年龄的增长,大学生的健康遇到了更大的挑战,年龄最高的硕博士研究生对自己的总体健康水平评价最低。中国大学生追求健康生活方式,但面临多方面的问题。饮食方面,营养不均衡是大学生最大的问题。运动方面,60%大学生为了身体健康而运动,却往往因运动对提升健康作用短期不明显而难以坚持。睡眠方面,近八成大学生最近一年有过睡眠困扰。

常见的不良行为和生活方式有饮食结构不合理、不良饮食习惯、抽烟、酗酒、吸毒、缺乏运动、长期熬夜等。《2023 世界卫生统计报告》就中国的健康风险因素来说:2020 年 15 岁以上人群烟草使用流行率为 25.6%;2019 年 15 岁以上人群人均饮酒量相当于 6 升纯酒精;2019 年 30～79 岁成人高血压年龄标准化患病率为 27.3%;2016 年,儿童和青少年(5～19 岁)年龄标准化肥胖率为 11.7%,成人(18 岁以上)年龄标准化肥胖率为 6.2%。关注这些因素,并加强健康管理,有助于预防慢性非传染性疾病的发生。

一、不利健康的饮食行为

(一) 不良饮食结构

1. 超加工食品

大学生对自己睡眠、运动和饮食健康程度进行评价时,只有饮食自评评分 7.1 分(满分 10 分),略高于睡眠(6.6 分)和运动(6.6 分)。但是大学生饮食真的吃对了吗?丰富多样的就餐方式方便了学生用餐,但未必达到科学营养平衡合理的膳食计划。第十五届全国营养科学大会上,陈君石院士表示,蛋白质和能量缺乏、微量营养素缺乏、超重和肥胖这三大营养不良问题都与饮食结构有关,而健康的膳食模式可降低相关慢性病患病风险。

大学生的不良饮食结构中除蛋白质、微量营养素的缺乏,更多包含了不少超加工食品。现有的来自世界各国针对超加工食品的研究数据表明：大量进食超加工食品，和超重与肥胖、代谢综合征、心血管疾病、脑血管疾病、炎症性肠病、恶性肿瘤、哮喘和抑郁症的发生率具有显著相关性。超加工食品是指经过一系列复杂的工业加工制作，添加多种食品添加剂，普遍含有高糖、高盐、高脂肪、低蛋白、低膳食纤维、低微量营养素的一组方便即食、可口美味的食品。2023年，顶级营养学期刊 *Nutrients* 发表重磅系统性综述，基于所有可用的前瞻性研究的数据详细总结了超加工食品与成人肥胖症发生率以及心脏代谢风险因素之间的关系。该研究纳入17项研究（包含1项来自中国的研究）共涉及822 213例成人参与者，这些研究均发现超加工食品摄入与体重超标、腹型肥胖、2型糖尿病、高血压、血脂异常之间呈正相关关系。

随着国人饮食习惯、生活节奏的改变，既往在中国罕见的炎症性肠病发病率呈快速增长趋势，并成为我国消化系统常见的疑难病症之一。根据中国疾病预防控制中心预测数据，我国2025年炎症性肠病患者将突破150万人。炎症性肠病是一组病因及发病机制均未完全阐明并反复发作的胃肠道慢性炎症性疾病，主要包括溃疡性结肠炎及克罗恩病，常高发于青壮年时期，难以治愈，致残率高，严重影响患者的生存质量。炎症性肠病的发病与高脂肪、高蛋白和高糖饮食的生活方式密切相关。在2023年第9届营养论坛上专家展示的研究成果显示，对106.84万名患者跟踪研究，超加工的食品成为克罗恩病的重要诱因之一。数据显示，长期食用超加工食品，会增加罹患克罗恩病的风险。

超加工食品除影响体质健康，还伤害认知功能。有研究表明，每天吃总摄取量20%的超加工食品，就会影响认知功能。此外，2022年阿尔茨海默病协会国际会议上发表的一项研究报告发现，每天进食超过"每日卡路里摄取量20%的超加工食品"就有可能会导致全球认知得分下降速度加快28%，包括记忆力、语言流利度和执行功能。2022年发表在 *Neurology* 上来自天津医科大学公共卫生学院的王耀刚教授团队开展的一项涵盖超7万人、随访10年的大型前瞻性研究结果显示，摄入太多超加工食品与较高痴呆风险之间存在正相关性。在该研究中，人们进食超加工食品的量大概是这样的：超加工食品摄入量最高组，人均日摄入量为814 g，占其日常饮食的28%；超加工食品摄入量最低组，人均日摄入量为225 g，占其日常饮食的9%。在品种繁多的超加工食物中，饮料是参与者的心头好，占超加工食品总量的34%。其次是含糖加工食品（21%）、超加工乳制品（17%）和咸味零食（11%）。经过长达10年的跟踪随访，10年间共有518名参与者发展为痴呆症,其中287人发展为阿尔茨海默病,119人发展为血管性痴呆。

摄入量与痴呆症发生率之间的关系为:较高的超加工食品摄入量会导致全因痴呆症发生风险增加51%,血管性痴呆发生率增加119%;超加工食品的日摄入量每增加10%,患全因痴呆症、阿尔茨海默病和血管性痴呆的风险分别增加25%、14%和28%。也就是说,每天多吃1包曲奇饼干和1份泡面,或者随便来份炸鸡和可乐,再或者多喝2瓶饮料,就能完成814 g的"定额",稳保自己离痴呆症更近一步。而225 g,不过就是半瓶饮料,或者1袋薯片和1小块黑巧克力而已。对于大部分人来说,这些都只不过是日常"肥宅快乐生活"的一小部分罢了。有研究者还通过统计分析发现,如果使用同等比例的低加工食品代替饮食中5%的超加工食品,就能将全因痴呆和血管性痴呆症的风险分别降低10%和12%。如果进一步将这个量增加到10%,能将全因痴呆症和血管性痴呆症的风险分别降低19%和22%。所以,大学生要想吃得对,必须选择好进食对象。

2. 饮水摄入不足

国家统计局2000—2019年饮料销售量的统计结果显示,2006—2017年的12年间饮料销售量呈快速增长的趋势,平均每年增长336万吨,2018年和2019年的数据显示,饮料销售量呈下降的趋势。

我国居民饮水量不足的现象较为普遍。2016年在我国27个城市居民中开展的饮水调查显示,72%的18~55岁成年人日均饮水量未达到我国居民水的适宜摄入量。2017年对大学生人群开展的饮水调查结果显示,仅有18.8%的调查对象日均饮水量达到了中国成年居民饮水适宜摄入量1 500~1 700 mL。

国家食品安全风险评估专家委员会在"中国城市居民糖摄入水平及其风险评估"报告中,对我国18个省(自治区、直辖市)、32个城市调查点的13 083名调查对象开展的中国居民食物消费量数据进行了分析,结果显示,含糖乳饮料的消费者主要集中在3~6岁、7~12岁和13~17岁人群,含糖饮料的消费者主要集中在7~12岁、13~17岁和18~29岁人群。对3岁及以上城市居民糖摄入贡献最高的三个饮料亚类为碳酸饮料、果蔬汁及其他饮料和茶饮料,分别占比7.1%、3.8%和2.5%;含糖乳饮料对糖摄入贡献率为1.4%;其他含糖饮料合计占2.9%。不同饮料亚类对糖摄入的贡献,3~6岁组人群糖摄入贡献率最高的饮料种类为含糖乳饮料,占3.7%;7~12岁、13~17岁、18~29岁、30~44岁组人群糖摄入贡献率最高的饮料种类为碳酸饮料,分别占比8.2%、16.4%、16.3%和7.7%;45~59岁、60岁及以上组人群糖摄入贡献率最高的饮料为果蔬汁及其饮料,分别占比3.2%、1.9%。

一般情况下,水在体内维持一个动态平衡状态,即摄入的水分与排出的水分大体相等,为2 500 mL左右。水的摄入量和排出量决定着机体的水合状态。如果摄入的水分与排出的水分大体相等,此时机体中的水处于水平衡状态,即正常水合状态;当机体摄入水分过少,或者水分丢失过多时,机体处于脱水状态;当机体摄入水分过多时,则机体处于过水合状态,严重者可能会引起水中毒。当水分摄入过多或摄入过少导致机体处于脱水或水中毒状态时,均会对健康造成不利影响。

有充足的证据表明,饮水不足会降低机体的认知能力、身体活动能力,增加肾脏及泌尿系统感染的发生风险。增加饮水量和排尿量可能降低泌尿系统结石、便秘和肥胖的发生风险。

饮水不足会降低机体的认知能力。当机体丢失体重的2%或更多水分时,视觉追踪能力、短期记忆和注意力会下降。与成年人相比,儿童更容易脱水。研究发现,脱水儿童的听觉数字记忆广度、语言灵活能力和图像识别能力有降低的倾向。在成年人和儿童开展的饮水干预研究中,给予一定量的水分补充(200～1 000 mL)后,机体的水合状态有所改善,认知能力也有所提高。

有研究显示,增加饮水量有助于维持健康体重、降低肥胖的发生风险。2020年一项在3 200例中国正常体重的健康成年人中开展的队列研究发现,每天喝4杯(1 L)以上的白水可以降低超重发生风险。

(二) 不良饮食习惯

1. 三餐不规律

我国居民每日三餐规律的人群比例有所下降,进餐活动不规律会对人体的昼夜节律产生干扰,从而增加代谢综合征的发生风险。在一天中规律地安排进餐活动,并且提高早餐的能量摄入比例、降低晚餐的能量摄入比例可能会降低心脏病及糖尿病等代谢相关疾病的发生风险。

不吃早餐在大学生中更为常见。早餐是一天中首次提供能量和营养素的进食活动,早餐提供的能量和营养素在全天能量和营养素的摄入中占重要地位,不吃早餐或早餐营养质量差是引起能量和营养素摄入不足的主要原因之一。每天吃好早餐不仅可以满足机体的能量和营养需求,同时还可能有利于控制体重、降低糖尿病及心血管疾病等的发生风险,并能提高工作和学习效率。

早餐距离上一餐一般经过12小时以上,早晨起床后应及时吃早餐避免出现低血糖。血糖水平低于正常值会导致交感神经过度兴奋,出现出汗、饥饿、心慌、颤抖等表现,大脑兴奋性随之降低,导致精神不集中、思维和语言迟钝、头晕、嗜睡、躁动、易怒等,影响工作或学习效率。有研究显示,进食早餐的频率和营养质量与血糖水平显著相关,与随意进食相比,正式进食早餐者血糖达到正常水平的比例较高。还有研究发现,吃早餐有利于儿童学习能力的正常发挥,在注意力、逻辑思维、创造力及记忆力等方面的测试成绩都高于不吃早餐者;营养充分的早餐可以改善青年脑力劳动者短期认知能力,其可能机制是营养充分的早餐在维持机体血糖水平稳定方面发挥作用。

早餐与体重关系密切,有研究发现,在调整了年龄、体重指数(BMI)及生活方式的影响后,吃早餐的男性 10 年内体重增加 5 kg 的风险比不吃早餐者低 13%;每天吃早餐与每周吃 0~3 次早餐相比,7 年内体重增加的平均值下降了 1.19 kg。还有研究发现,不吃早餐引起的低血糖状态会刺激生长激素分泌,导致脂肪组织增加,造成超重肥胖。一篇 Meta 分析的结果显示,不吃早餐的人群超重肥胖的发生风险上升了 55%。同时早餐供能比较低(0~11%)的人群也更容易出现体重增长。但也有研究指出,不吃早餐可能与体重维持或降低有关,因为体重与总能量的摄入相关,不吃早餐可能并未引起总能量摄入的增加,甚至造成了能量摄入不足。干预研究结果显示,吃早餐人群与不吃早餐人群在 2 周干预期结束后的体重变化无显著性差异。

每天吃早餐可以降低糖尿病、心脑血管疾病等慢性病的风险。有研究发现,不吃早餐人群患 Ⅱ 型糖尿病的风险升高 21%;每天规律吃早餐者,糖尿病风险下降 19%,代谢综合征风险下降 18%,高血压风险下降 16%。在调整了社会人口学特征、生活方式及其他冠心病危险因素后,不吃早餐的男性与吃早餐的男性相比,冠心病的风险提高 27%。

营养质量好的早餐有助于提升儿童学习能力及上班族工作效率。当早餐的供能比超过每天摄入总能量的 20% 时,语言能力、计算能力、逻辑思维能力的测试成绩显著提高;与高血糖生成指数的早餐相比,低升糖指数的早餐更有利于认知功能的发挥,尤其有利于语言记忆功能的发挥,因此餐后血糖反应较低的早餐更有利于认知功能的发挥。还有研究发现,吃全谷物、蔬果和奶类早餐的儿童,比吃精制食物早餐和不吃早餐的儿童上午疲劳感明显减少;含有燕麦、大麦等谷类食物的早餐与较低的血清胆固醇浓度有关;富含膳食纤维如全谷物类的早餐可以降低糖尿病及心血管疾病的发生风险。

2. 暴饮暴食

自 20 世纪 70 年代以来,大于 18 岁成年人的年龄标化肥胖率(即体重指数 $>30\ kg/m^2$)持续上升,2016 年,全球 13.1% 的成年人肥胖,高于 2000 年的 8.7%。增加幅度最大的是东南亚地区,从 2000 年的 1.9% 上升到 2016 年的 4.7%,成年女性的肥胖率高于男性。全球范围内,2016 年女性与男性的年龄标化肥胖率之比为 1.4,低于 2000 年的 1.6,表明男性肥胖率的上升更为迅速。

暴饮暴食与超重肥胖、胃肠道疾病、急性胰腺炎等发生密切相关。研究显示,与正常饮食组相比,暴饮暴食组更容易超重肥胖,并表现出抑郁症状。在调整了体重指数、年龄、性别、种族、糖尿病、社会经济状况和身体活动水平之后,暴饮暴食与反酸、胃灼热、吞咽困难、腹胀及上腹部疼痛等上消化道症状独立相关。还有研究显示,急性胰腺炎最常见的三大诱因为胆石症(20.2%)、酒精(17.3%)和暴饮暴食(12.4%),提示暴饮暴食可能与急性胰腺炎的诱发相关。

3. 节食、偏食、挑食

(1) 节食

过度节食可能增加远期超重肥胖的发生风险,并对健康产生不利影响。有研究表明,节食减重者在节食 5 年后出现超重风险的比例升高 2.2 倍。另有研究显示,健康人群过度节食会使个体死亡率增加 11%。因此,体重正常者不应该过度节食,超重肥胖或其他需要节食者应在医生或营养师的建议和监督下进行。

适度节食有助于超重肥胖人群减重,改善健康状况。研究显示,在超重肥胖人群中进行为期 2 年的 25% 能量限制,可显著减轻体重,降低情绪障碍的发生概率,改善健康状况和睡眠质量。另有研究表明,限制饮食可使超重肥胖成年人的脂肪量、瘦体重和 DNA 损伤降低。同时有研究发现,控制能量摄入可显著降低血清总胆固醇、低密度脂蛋白胆固醇、胆固醇与高密度脂蛋白胆固醇之比、甘油三酯、空腹血糖、C-反应蛋白、血小板源性生长因子、收缩压和舒张压指标,并升高高密度脂蛋白胆固醇指标,研究提示适当限制能量摄入对动脉粥样硬化有强大的保护作用。

(2) 偏食挑食

偏食挑食会增加体重过轻的风险,影响儿童的正常生长发育,会引起微量营养素摄入不足或缺乏。研究表明,挑食的儿童在 4~5 岁时体重过轻的可能性大约是从未挑食者的 2 倍;青少年中挑食组的体重不足风险较高,而超重或肥胖风险较低。另有研究显示,3 岁时偏食挑食的儿童,尽管到 17 岁时的身高和体重超过第 50 百分位数,但均低于不挑食者。

4. 在外就餐

经常在外就餐与食物和营养素的摄入状况有关。系统综述显示,在所有年龄组中,在外就餐与高能量、高脂肪的摄入有关,与微量营养素特别是维生素 C、钙和铁的摄入量降低有关。2012—2013 年上海市饮食与健康调查数据显示,与在家就餐相比,在外就餐增加能量、蛋白质、碳水化合物、脂肪和盐的摄入。美国对 18 岁及以上成年人的调查显示,外出就餐的次数越多,能量摄入就越多。经常在外就餐可增加超重肥胖、心血管疾病等的发生风险。有系统综述显示,在外就餐与体重之间存在正相关。2013—2016 年韩国国民健康与营养检查调查显示,女性人群在外就餐超重肥胖的发病风险增加。还有一项研究显示,食用快餐食物频率高的儿童,发生超重风险增加;其父母超重与在外就餐也有关,尤其是自助餐,经常在外就餐的父母发生超重的风险增加。

5. 零食与口腔健康

经常吃含糖零食,特别是黏性甜食,容易形成牙菌斑。牙菌斑是由黏附在牙面上的细菌和食物残渣形成的生物膜,其中的细菌将糖分解产酸,酸性产物长期滞留在牙齿表面,逐渐腐蚀牙齿,使牙齿脱钙、软化,造成组织缺损,形成龋洞。吃甜食次数越多,发生龋齿的机会就越大。因此,要注意口腔清洁,养成早晚刷牙、减少吃零食次数、吃零食后漱口和睡前不吃零食的习惯。此外,长期固定用门牙某处嗑瓜子会造成牙齿的过度磨损,形成"瓜子牙",影响牙齿健康。

二、不利健康的吸烟行为

中国全年吸烟排放的二氧化碳约为 3 386 吨,一支烟释放的甲醛能使室内甲醛浓度高于卫生标准 10 倍。烟雾中含 4 000 多种化学物,至少 69 种致癌物质。每年有数万亿个烟头被焚烧、填埋渗入土壤、空气、水、食物中。一支烟蒂可污染 500 L 水。卷烟过滤嘴芯的降解需 10~15 年。烟蒂分解的微塑料会释放上千种化学物质,其中已知至少 50 种对人类致癌。而新型的电子烟产生的二手烟尼古丁含量高出 10~115 倍,乙醛含量高出 2~8 倍,甲醛含量高出 20%。

依据 WHO 发布的《2023 世界卫生统计报告》,大于 15 岁人群的年龄标化吸烟率在东南亚地区有所下降,但其 2020 年的吸烟率仍较非洲和美洲地区高,为 29.6%。吸烟有害健康,它已成为我国人民健康和公共安全的第一大隐形杀手。我国每年因吸烟而死亡的人数达100万人以上。

2022年上海市成人烟草流行调查数据显示：上海市15岁及以上成人现在吸烟率为19.4%，与2021年持平。吸卷烟者日均吸烟13.4支。非吸烟者暴露于二手烟的比例为41.7%，较2021年下降。在中小学校、大学、餐馆看到有人吸烟的比例分别为12.8%、14.5%、27.9%，较2021年下降。而在家中看到有人吸烟比例为24%，较2021年上升。

吸烟对个体健康的危害主要表现在以下几个方面。

（一）主动吸烟的危害

1. 吸烟是癌症发生的重要原因

烟草及烟雾中含有数十种致癌物质，其中包括一些具有器官特异性的致癌物和一些在体内促进致癌物形成的化合物。致癌物和致癌代谢物除了能够刺激局部组织外，还能经血液运送至全身，诱发各种癌症，如肺癌、肝癌、口腔癌、咽喉癌、食管癌等。除此之外，吸烟还能够促进癌细胞转移。

2. 吸烟会危害心血管系统

吸烟会使血小板黏附性增强，会损伤血管功能，造成管腔狭窄，管壁增厚，诱发或者加重动脉粥样硬化，引起多种心血管疾病。

3. 吸烟与呼吸系统疾病的发生有关

烟雾中的氰化物、丙烯醛、甲醛等有害物质能够抑制气管、支气管内表面黏膜纤毛的摆动，减弱其净化功能，使气管、支气管的管壁因反复受到炎症的刺激而不断增厚，诱发气管炎、支气管炎、肺气肿等疾病。

4. 吸烟与脱发之间联系密切

烟草中的有害物质能够使毛囊内DNA受损，并且能够增加雌二醇的羟化作用，抑制芳香酶造成的相对低雌激素状态，从而引起脱发。

（二）被动吸烟的危害

被动吸烟指不吸烟者因接触吸烟者释放出的烟雾而不自主吸入。卫生部发布的《2007年中国控制吸烟报告》指出，我国有超过3亿的吸烟者，而受二手烟危害者高达5.4亿人，尤其以儿童、青少年、职业女性为主。

吸烟时所散发的烟雾分为主流烟（吸烟者吸入肺内的烟雾）和侧流烟（烟草点燃冒出的烟雾）。与主流烟相比，侧流烟更具毒性，其中的毒性成分如一氧化碳、尼古丁、苯并芘以及亚硝胺的含量分别为主流烟含量的 5 倍、3 倍、4 倍和 50 倍。对孕妇来讲,被动吸烟可使母体内血氧浓度降低、血流减慢,胎盘血管形成减少,进而导致胎儿缺氧,造成婴儿早产、体重不足,严重者则会导致流产、死胎等。被动吸烟可诱发青少年儿童哮喘、气管炎、肺炎、中耳炎等疾病。由于烟雾中的尼古丁对大脑有损伤作用,被动吸烟也与青少年的智力发育密切相关。另外,被动吸烟还可能与青少年问题行为的出现有关。

不管是主动吸烟还是被动吸烟,都会危害血管健康。同时,还会导致外周血管如内脏血管、颈部血管及四肢血管疾病。吸烟者血管疾病的风险发生是非吸烟者的 1.5~2.5 倍。吸烟对于血管的危害主要是加重血管动脉硬化和损伤血管内皮细胞。动脉硬化和内皮损伤能导致冠心病、脑卒中和脑梗等疾病及严重后果。吸烟还可引起很多血管疾病,例如下肢动脉硬化闭塞症、主动脉瘤、主动脉夹层等。中青年男性在大量吸烟以后,可能发生血管闭塞性脉管炎,突出症状是间歇性跛行,即走路走一定距离后,会觉得肢体缺血,乏力走不动路,需要停下休息一段时间才能继续行走。而且,即使是少量吸烟也不会减轻危害。吸烟不论数量及方式,都会对心血管疾病造成很大风险。所以,为了自己和周围人的健康,建议大学生共同推行室内禁烟,不在家庭和室内场所吸烟,不在非吸烟点吸烟,尽可能减少或停止主动吸烟。

三、不利健康的酗酒行为

依据 WHO 发布的《2023 世界卫生统计报告》,对于 15 岁以上的人群,2005—2010 年,人均饮酒量在上升,2010—2015 年处于稳定状态,自 2015 年后开始下降。整体来讲,男性的人均饮酒量约为女性的 4 倍。

(一)酗酒的概念

酗酒是由遗传、心理、社会环境等多种因素的影响而形成的,呈进展性和致命性,其特点是对饮酒不能自控,思想专注于酒,且饮酒不关注后果,产生思维障碍。

(二)过度饮酒的危害

过度饮酒对个体健康的影响主要表现在以下几个方面。

(1)中枢神经系统对乙醇最敏感,过度饮酒可使神经系统受损。乙醇是中枢神经系统的抑制剂,进入人体后通过对细胞膜作用抑制神经细胞活性,因此过度饮酒可出现言语不清、视物模糊、片段性遗忘、运动觉丧失等症状,严重者可出现大脑皮层萎缩,造成大脑功能障碍,甚至损害生命中枢,导致呼吸或循环衰竭而死。

（2）乙醇具有易溶性,过度饮酒与消化系统相关疾病联系密切。酒对胃黏膜损伤很大,可引起胃黏膜上皮细胞损伤或破坏,导致黏膜水肿、糜烂或出血。另外,酒中的乙醇及它的衍生物乙醛不仅会使肝细胞反复发生脂肪变性、坏死和增生,诱发酒精性肝病（酒精性脂肪肝、酒精性肝炎、肝纤维化和肝硬化）,还会损伤胰腺细胞,引起胰腺炎。

（3）酗酒是诱发中风、酒精性心脏病等心血管疾病的主要原因之一。酒精对心肌细胞有直接毒性作用,可造成心肌细胞膜完整性受损、心肌收缩力降低、外周血管扩张力增强,由此导致血压下降和代偿性心率增快。长此以往,则会加重心脏负担,影响心肌功能。

此外,酗酒往往容易引发社会问题。酗酒可致个体情绪波动、行为冲动、失去自我控制,做出有悖于社会公德、违法乱纪的事情。近年来,由酗酒而引发的各种安全事故甚至违法犯罪现象严重扰乱社会秩序,给他人、家庭和社会带来伤害。

1992年WHO提出的"健康四大基石",即合理膳食、适量运动、戒烟限酒、心理平衡,大学生应从营养、运动、烟酒、心理等方面采取有利于促进健康的生活方式。

参考文献

[1] 中共中央,国务院."健康中国2030"规划纲要[EB/OL].（2016-10-15）[2023-03-20]. http://www.gov.cn/zhengce/2016-10/25/content_5124174.htm.

[2] 教育部关于印发《普通高等学校健康教育指导纲要》的通知[J]. 中华人民共和国国务院公报,2017(33):92-95.

[3] 杨玉春. 大学生健康教育导论[M]. 北京:北京师范大学出版社,2022.

[4] 何敏. 大学生健康教育[M]. 5版. 上海:上海财经大学出版社,2022.

[5] 余小鸣. 大学生健康教育[M]. 北京:高等教育出版社,2018.

[6] 张培峰,刘原媛. 大学生健康教育教程[M]. 北京:清华大学出版社,2022.

[7] 马军,王翔. 健康教育学[M]. 3版. 北京:高等教育出版社,2021.

[8]《中国居民膳食指南（2022）》在京发布[J]. 营养学报,2022,44(6):521-522.

[9] Li H, Li S, Yang H, et al. Association of ultraprocessed food consumption with risk of

dementia: a prospective cohort[J]. Neurology, 2022; 10.1212/WNL. 0000000000200871.

[10] 苏心心,陈彦君,林少玲,曾绍校.超加工食品对人体健康影响的研究进展[J].中国食物与营养,2022,28(10):26-34.

[11] 李木子.超加工食品可能增加癌症风险[N].中国科学报,2023-02-07(002).

[12] Mambrini S P, Menichetti F, Ravella S, et al. Ultra-processed food consumption and incidence of obesity and cardiometabolic risk factors in adults: a systematic review of prospective studies[J]. Nutrients. 2023;15(11):2583.

[13] 李梅玲,李磊,张如愿,等.微量元素补充对术后脓毒症病人炎症反应的影响[J].外科理论与实践,2018,23(6):533-538.

[14] 第八次全国学生体质与健康调研结果发布[J].中国学校卫生,2021,42(9):1281-1282.

[15] Luo M, Yu C, Del Pozo Cruz B, et al. Accelerometer-measured intensity-specific physical activity, genetic risk and incident type 2 diabetes: a prospective cohort study[J]. British Journal of Sports Medicine Published Online First: 05 June 2023. doi: 10.1136/bjsports-2022-106653

[16] Lee D H, Rezende L F M, Joh H K, Keum N, et al. Long-term leisure-time physical activity intensity and all-cause and cause-specific mortality: a prospective cohort of US adults[J]. Circulation, 2022, 146(7):523-534.

[17] Cao Z, Xu C, Zhang P, et al. Associations of sedentary time and physical activity with adverse health conditions: Outcome-wide analyses using isotemporal substitution model [J]. EClinicalMedicine, 2022, 48: 101424.

[18] Ekelund U, Tarp J, Fagerland M W, et al. Joint associations of accelero-meter measured physical activity and sedentary time with all-cause mortality: a harmonised meta-analysis in more than 44,000 middle-aged and older individuals[J]. Br J Sports Med., 2020, 54(24): 1499-1506.

[19] 运动处方中国专家共识(2023)[J].中国运动医学杂志,2023,42(01):3-13.

[20] Hanssen H, Boardman H, Deiseroth A, et al. Personalized exercise prescription in the prevention and treatment of arterial hypertension: a consensus document from the European Association of Preventive Cardiology (EAPC) and the ESC council on hypertension. Eur. J. Prev. Cardiol. 2022, 29(1): 205-215.

[21] Lin L, Yi X, Liu H, et al. The airway microbiome mediates the interaction between environmental exposure and respiratory health in humans. Nat Med. 2023 Jun 22. doi: 10.1038/s41591-023-02424-2. Epub ahead of print. PMID: 37349537.

慢性非传染性疾病

第一节 慢性非传染性疾病概述

一、什么是慢性非传染性疾病

慢性非传染性疾病是一个广义的定义,美国疾病预防与控制中心对慢性非传染性疾病的定义为:进行性的、不能自然痊愈及很少能够完全治愈的疾病。WHO定义的三组疾病中,传染病、营养不良性疾病与孕产期疾病属第一组,各种伤害属第三组,而慢性非传染性疾病(Non-communicable Chronic Disease,NCD,简称"慢性病")则属第二组。

中国疾病预防控制中心慢性非传染性疾病预防控制中心关注的慢性非传染性疾病是在广义定义的基础上,加上可以预防的并造成显著发病、死亡和费用负担的疾病。

归纳起来,慢性非传染性疾病是一组发病隐匿,潜伏期长,一般不是微生物的原因而是由于不良的生活习惯、长期紧张疲劳、环境危险因素暴露、忽视自我保健和心理平衡逐渐积累而发生的疾病。一旦发病,不能自愈或很难治愈,疾病的发生、发展和出现结局的过程长,造成的疾病负担大,但若采取有效的干预措施,可以预防和控制疾病的发生和发展。

二、慢性非传染性疾病有哪些类型

目前,对健康有重要影响的慢性病主要有以下几种类型:

（1）心脑血管疾病，包括高血压、血脂紊乱、心脏病和脑血管病等。

（2）肿瘤疾病，包括肺癌、肝癌、胃癌、食管癌、结肠癌等。

（3）代谢性疾病，包括糖尿病、肥胖等。

（4）精神疾病，包括精神分裂症、神经症（焦虑、强迫、抑郁）、老年痴呆等。

（5）口腔疾病，包括龋齿、牙周炎等。

该类疾病一般无传染性，但某些慢性非传染性疾病的发生可能与传染因子有关或由慢性传染性疾病演变而成，如肝癌可从慢性活动性乙型病毒性肝炎转化而来。

三、慢性非传染性疾病的发病现状

2023年WHO发布的报告显示慢性非传染性疾病不仅在世界范围内造成最高的疾病负担，而且在过去20年中逐步恶化。2000年至2019年期间，慢性非传染性疾病造成的死亡人数从3 100万人增加到4 100万人，几乎占全世界死亡人数的四分之三。

在中国慢性非传染性疾病的形势更为严峻，慢性非传染性疾病占我国死亡人数的比例超过80%，占国家疾病总负担68.6%，慢性疾病已成为中国的头号健康威胁，而且各年龄层的患病率均有增高。

四、慢性非传染性疾病的大学生健康教育

由于慢性非传染性疾病早期症状、体征不典型，确认时患者常能自觉耐受，忽视治疗，这样既损害靶器官的功能，又会降低生活质量，缩短寿命。因此，大学生们也应该加强对慢性病的了解。比如肥胖、生活方式不健康等问题在大学生中普遍存在，近年来这类现象在我国学生中迅速增多，肥胖会增加高血压病、高脂血症、糖尿病、冠心病、脑卒中等慢性非传染性疾病发病的概率。自20世纪70年代以来，18岁以上人群中肥胖的患病率一直在上升，2016年全球13%的成年人肥胖。2020年上海市大学生体质健康标准抽样监测统计显示，上海大学生肥胖率约为15.2%；而青少年肥胖是成年期代谢综合征的危险因素，易导致心脑血管事件的发生。通过加强大学生对慢性非传染性疾病的相关知识的学习，及其对未来躯体健康影响的宣教，来改善青少年时期的不良生活

习惯,增强体育锻炼,减少肥胖的发生等,均有利于防控慢性非传染性疾病的发生。

第二节 高 血 压

一、概念

高血压是指体循环动脉收缩期和(或)舒张期血压持续增高,当收缩压≥140 mmHg 和(或)舒张压≥90 mmHg,即可诊断为高血压。临床上将高血压分为两类:第一类是原发性高血压,是以血压升高为主要症状而病因未明确的独立疾病;第二类是继发性高血压,是由某种明确疾病引起的,血压升高为其临床表现之一。

2023 年 WHO 发布的报告显示,2019 年全球高血压的患病率为 33%,在美国,高血压患病率为 42%,18~24 岁的人群有 15%患有高血压,而 65~74 岁的人群有 60%患有高血压,所有高血压患者的知晓率为 54%,仅 11%得到充分的治疗。英国也有类似的数据报道。

2022 年最新调查数据表明,我国高血压形势十分严峻,改善生活方式意义重大。2012—2015 年我国 18 岁以上成年人高血压的患病率为 27.9%,患病人数约为 2.45 亿人,呈逐年增高的趋势,其中中青年高血压人数增长尤为突出。高血压的知晓率、治疗率及控制率较 2009 年也有所升高,分别为 51.6%、45.8%和 16.8%,总体仍处于低水平。高血压可引起心、脑、肾等重要脏器的并发症,是冠心病和脑卒中发生的主要危险因素。

二、病因

包括原发性高血压和继发性高血压。

(一) 原发性高血压

原发性高血压病的确切病因尚不完全明确。主要病因有遗传因素、生活习惯因素、吸烟、年龄和肥胖等因素也有一定关系。

1. 遗传因素

高血压病患者中有家族史者占40%～60%,如果父母均是高血压患者,则子女患高血压的风险为50%,如果父母双方仅一人患有高血压,那么子女的风险仅为25%,说明遗传因素在高血压病发病的重要性。

2. 年龄与性别

发病率随着年龄增长而增高,40岁以后患病率明显上升。性别的平均患病率差别不大,但女性绝经期后患病率升高。

3. 生活习惯因素

膳食结构不合理,如摄入过多钠盐,低钾的饮食,大量饮酒,摄入过多的饱和脂肪酸均可以使血压升高;睡眠障碍,经常熬夜,学习工作压力大也会使血压升高,这些均为高血压的危险因素。

4. 其他

吸烟可加速动脉硬化的过程,大量饮酒、肥胖者高血压病患病率也会增高。

(二)继发性高血压

引起继发性高血压最常见的原因包括各种肾脏疾病,如肾血管疾病、慢性肾小球肾炎、慢性肾盂肾炎等,可检查上腹部是否有杂音,可提示是否有肾动脉狭窄;查腹部超声,看是否有腹主动脉瘤等。

三、诊断标准及诊断

(一)诊断标准

《中国高血压防治指南(2023版)》的成人高血压诊断标准为:收缩压≥140 mmHg和(或)舒张压≥90 mmHg。高血压诊断及分级标准如表3-1所示。

表3-1 高血压诊断及分级标准

血压类别	收缩压/mmHg		舒张压/mmHg
正常值	130	和	85
正常高值(高于正常,但不算病)	130～139	和	85～89

续 表

血压类别	收缩压/mmHg		舒张压/mmHg
Ⅰ级高血压	140～159	和/或	90～99
Ⅱ级高血压	160～179	和/或	100～109
Ⅲ级高血压	≥180	和/或	≥110

注：当收缩压和舒张压分别属于不同级别时，以较高的分级为准。

（二）诊断

需在非同日测量3次血压，每次取2个或多个读数的平均值；也可以依据诊室外血压，如动态血压监测和家庭血压监测；如在诊室测量血压达标，还需要关注家庭血压测量情况，凡有多次监测血压升高记录，则可诊断为高血压。

四、并发症

若高血压病患者，长期血压得不到有效控制，会导致各种并发症。在我国，高血压病患者45%死于脑血管意外，35%死于心力衰竭，3%死于肾功能衰竭。以下是一些常见的高血压并发症：

（一）心血管疾病

高血压会增加心脏负担，导致心肌肥厚、冠状动脉疾病、心绞痛、心肌梗死、心力衰竭等。还有一种较少见但严重的并发症为主动脉夹层动脉瘤，起病常突然，迅速发生剧烈胸痛，向背或腹部放射，伴有主动脉分支堵塞的现象。

（二）脑血管疾病

高血压增加了脑血管破裂和缺血的风险，可能引发脑出血、脑梗死、短暂性脑缺血发作等。

（三）肾脏疾病

高血压会损害肾小球的滤过功能，逐渐导致肾脏功能减退，最终发展为慢性肾脏病。

（四）视网膜病变

高血压会引起视网膜血管收缩和硬化，可能导致视网膜出血、视网膜脱落等，严重时还可导致失明。

（五）呼吸系统疾病

高血压可使肺动脉压力增加，导致肺循环阻力升高，容易发生肺水肿等。

（六）代谢性疾病

高血压与糖尿病、高血脂等代谢性疾病有关，相互影响和加重。

由于高血压并发症的严重性，对于已经确诊高血压的患者来说，定期监测血压、积极治疗、改变生活方式和饮食习惯等是非常重要的。同时，合理控制血压可以减少并发症的风险。

五、治疗

高血压病的治疗，应坚持长期性（终身）、个体性和综合性相结合的原则进行。高血压病发病缓慢，病程可长达 20～30 年以上，必须坚持用药才能控制或延缓病情进展，防止或延缓心、脑、肾等器官的并发症发生。药物治疗必须遵循个体化的原则，但也不能单纯依赖降压药物，对于早期高血压的治疗，非药物治疗的疗效会更明显。

降压治疗的目的是抑制病情进展，推迟动脉硬化；防止或延缓心、脑、肾等重要器官的损害；降低高血压病的病死率；恢复和保持劳动力。

（一）非药物治疗

除了必要的药物治疗外，也要从改善生活方式开始调整，2023 年的《中国高血压防治指南》从以下八个方面干预：

1. 减少钠盐摄入，增加钾的摄入

一些人对限盐很敏感。指南建议每天钠盐摄入量<5 g；通过饮食补充适量的钾。

2. 合理膳食

食物因素有证据证明乳制品、蔬菜和镁的摄入可以降低血压，高钙、低脂和低咖啡因对血压也是有利的,要避免摄入甘草或含有甘草的物质。

3. 限制饮酒

酒精的直接升压作用是可逆的。每天饮酒超过 20 g 将导致血压升高,增加高血压的治疗难度。高血压患者应该控制酒精摄入量为 1～2 个标准量(10 g)以内。减少或停止规律的酒精摄入可以使血压下降 5～10 mmHg。

4. 控制体重

有相当的证据表明,体重的减少与增加同血压的降低与升高有关。据估计,体重每减去 1 kg,收缩压将下降 2.5 mmHg,舒张压下降 1.5 mmHg。需要减肥者 BMI 应控制在 20～25。

5. 运动干预

血压控制良好者,可采取有氧运动、抗阻运动、冥想与呼吸训练、柔韧性训练和拉伸训练等。中等强度的有氧运动每天 30 分钟,每周 5～7 天;抗阻运动每周 2～3 次,增加肌肉量。在血压未得到控制前,不推荐进行高强度运动。

6. 不吸烟

吸烟会引起血压快速升高,但不会出现持续的血压升高;但是导致心血管病变的危险因素之一,因此戒烟是非常重要的,持续吸烟会抵消降压治疗的益处。

7. 自我调整,避免产生心理不平衡

在面对工作或学习压力时,学会放松,保持自我心理平衡,建立防御屏障,如身体防御、情绪防御和精神防御。

8. 管理睡眠

良好的睡眠可以显著提高降压药的药效,降低高血压的发病率和病死率。

(二) 药物治疗

若非药物治疗效果不佳,可使用药物降压。WHO/ISH 推荐的一线降压药有五类:利尿剂、β-受体阻滞剂、钙拮抗剂、血管紧张素转化酶抑制剂(ACEID)和血管紧张素Ⅱ受体阻滞剂。

1. 利尿降压药

利尿降压药,如双氢克尿塞 25 mg,1～2 次/d;速尿 20 mg,1 次/d;安体舒通 20 mg,2～3 次/d。前两种药物可引起低血钾等副作用,应注意补钾。

2. 钙拮抗剂和 ACEI 类药物

钙拮抗剂和 ACEI 类药物不仅降压效果好,并有改善脂质代谢,防止和逆转左心室肥厚的作用,临床应用较多。ACEI 还能改善充血性心衰患者的心功能,对伴有心衰者尤为适用。常用钙拮抗剂有:硝苯吡啶 5~10 mg,3 次/d,或硝苯吡啶缓释片 10~20 mg,2 次/d;尼群地平 10 mg,2~3 次/d。常用 ACEI 有:卡托普利 12.5~25 mg,2~3 次/d(饭前服用);依那普利 5~10 mg,1~2 次/d。

高血压病进行药物治疗,应遵医嘱或在医生指导下,从小剂量、联合用药、阶梯方案进行,切忌随便服药。

六、预防

高血压病的预防应从青少年时期抓起,人人养成健康的生活习惯和作息规律,坚持定期健康体检。

(一) 控制饮食

坚持低盐、低动物脂肪、合理热量的食物摄入,多食用蔬菜、水果、全谷物等。

(二) 保持健康体重

尽量保持正常的体重范围,通过定期运动和均衡饮食来达到健康体重。

(三) 锻炼身体

积极参加文体活动、保持乐观情绪。每周至少进行 150 分钟的有氧运动,如快走、跑步、游泳等,可以有效降低血压。

(四) 控制饮酒、戒烟

过度饮酒会增加患高血压的风险。男性应限制每天饮酒量为两杯,女性为一杯。吸烟对血管有害,会导致血压升高。

(五) 减少咖啡因摄入

咖啡因会导致暂时性的血压升高,且影响睡眠质量间接影响血压,所以减少咖啡因的摄入对预防高血压有帮助。

(六) 控制压力

减少长期压力对身体的影响,可以通过学习放松技巧、锻炼和寻求支持来实现。

(七) 健康体检

高血压早期或轻型高血压常无症状,往往靠人群调查或健康体检才被发现。建立健康档案,专科系统诊治和随访,做到早期诊断和早期治疗。

请注意,这些预防措施只是帮助降低患高血压风险的一部分,如果已经被诊断为高血压,还需要根据医生的建议进行药物治疗和定期检查。

第三节　睡　眠　障　碍

一、概念

睡眠障碍是最常见的睡眠问题,是全人类面临的重要健康问题,与多种疾病有密切联系或合并发生,受到日益普遍的重视。社会竞争日益激烈,工作和生活节奏加快使睡眠障碍发病率不断增高,不少患者的睡眠问题可能继发于躯体或心理疾病。

睡眠障碍通常指入睡困难或维持睡眠障碍(易醒、早醒和再入睡困难),导致睡眠时间减少或质量下降,不能满足个体生理需要,明显影响日间社会功能或生活质量,从而产生困倦乏力、注意力不集中、头昏、头痛、情绪不佳、食欲下降、紧张烦躁、记忆力减退等症状。轻度的睡眠障碍属临时状态,严重而顽固的睡眠障碍则属于疾病。愈来愈多的年轻人睡眠不足,出现慢性睡眠剥夺。WHO调查显示,全球约27%的人群有睡眠困难。我国最近统计显示,失眠发病率高达38.2%。

二、病因

大学生脱离了父母的约束,步入集体生活,时间上自由度高。宿舍里室友之间生活习惯都不一样,学习压力、人际关系、环境变化,加上手机视屏时间自控力差,容易造成睡眠不规律,这对大学生的身心健康和社会适应能力有一定程度的影响。

引起失眠的原因很多,大致分为躯体、生理、心理、精神及药物性因素。

(一)躯体性原因

因躯体疾病导致睡眠障碍,如关节痛、肌痛、心悸、气短、咳嗽、瘙痒和尿频等躯体症状导致睡眠障碍,症状得到控制后失眠可缓解,但如果疾病造成了心理负担,会持续导致睡眠障碍。

(二)生理性原因

睡眠节律的变化影响睡眠在大学生中最为常见,熬夜学习导致睡眠生物节律改变。青年人机体基础代谢快,夜间当人处于口渴、饥饿时也不容易入睡。特殊情境下,如时差、睡眠环境变化、噪声等都会影响睡眠质量;随着生活水平的提高,睡前饮用了奶茶、茶水、咖啡等刺激性的饮品导致失眠也很常见。

(三)心理性原因

由于焦虑和抑郁引起的睡眠障碍,是临床上多见的失眠原因,焦虑以入睡困难为主,抑郁以凌晨早醒为主。短暂的情绪变化如兴奋、喜悦、愤怒、悲痛、恐惧等,机体一时不能调整适应所致的睡眠障碍,多为一过性睡眠障碍;大学生要应对考试、毕业、就业等问题,各方面的事件带来的精神压力,容易导致情绪问题,从而影响睡眠质量。长期的压力还会导致身体产生应激反应,进一步影响睡眠。

(四)精神性原因

随着社会的发展,各种神经症和精神病发病率有所上升,包括躁狂症、精神分裂症、脑器质性精神障碍等,都会引起睡眠障碍的发生。

(五)药物性原因

服用中枢兴奋药如苯丙胺、利他林等会导致睡眠障碍。长期服用安眠药一旦戒断也会出现戒断症状,睡眠浅,噩梦多。

三、青少年睡眠的特点

儿童、少年以至青年,神经系统尚未发育成熟,兴奋性强,容易疲劳,加上全身的生长发育需要更多的组成代谢,为身体积蓄更多的能量,所以,需要较多的睡眠。大学生由于紧张的脑力活动可使睡眠时间增加。

青少年的睡眠特点：① 晚间的睡眠时间减少,据统计,平均减少 1.5 小时；② 青少年到清晨往往不易清醒,睡兴正浓；③ 白天有可能瞌睡；④ 从脑电图上看,非快动眼的四个时期中,第一和第四分期的时间延长。这些特点可能与用脑时间较长有关。

一般认为,大学生每天要有 8 小时的睡眠。长期睡眠不足会导致慢性过度疲劳、神经系统功能紊乱。但过多的睡眠会使人变得神情冷淡,精神不振,工作效率降低。很多年轻人有一种坏习惯,即白天靠浓茶、咖啡提神,夜晚靠安眠药入睡,如此反复循环,24 小时处于似睡非睡、似醒非醒的状态,不但完全破坏自身的"兴奋—抑制"节律,还使安眠药的量越用越大,身体也变得十分虚弱。

四、睡眠障碍的治疗

并非所有的失眠都需要药物治疗,偶然有几次失眠对健康并无大碍,无须处理。治疗睡眠障碍的首选不是吃安眠药,而是查找原因。对于惯性睡眠障碍,应以心理治疗和睡眠习惯培养为主,辅以药物治疗。要树立信心,要心平气和,采取积极的态度和正确的办法来对待。对于短期睡眠障碍,如系躯体疾病引起,首先应寻找原因,再针对性地治疗。

(一) 自我调整

1. 安排好作息时间

长期以来,人们已经养成了"日出而作,日暮而息"的生活习惯。白天以充沛的精力从事体力或脑力工作,积极进行体育锻炼,晚上困了,自然就容易入睡。如果把两者颠倒过来,则人的工作效率明显下降,易出差错,人体激素分泌紊乱,大脑皮层功能减退。所以要合理安排工作、学习和睡眠时间,按时上床和起床,养成固定的睡眠节奏,生活节奏被打乱时,要及时调整。

2. 创造良好的睡眠环境

暗黑无光、寂静无声、躺倒放松,这乃是睡眠的三大条件。不过,事情也总不是绝对的,有时单调而重复的声音,反而促使人昏昏欲睡。幽淡的花香有助于驱逐噩梦,空气流通、室温宜人而稍有凉意,对于睡眠也是有益的。

3. 睡前准备

做一些稍剧烈的运动,使身体疲倦和消除精神紧张;睡前半小时不看刺激的视频,也不要思考问题,让紧张的大脑松弛下来;睡前不要抽烟、喝茶、饮咖啡和其他刺激性饮料,更不要进食。晚餐清淡,不要吃得太饱。睡前半小时可少量饮用蜂蜜水或牛奶;温水洗脚,可使血液下行增加,有利于睡眠和消除疲劳。

4. 午睡

短时间的午睡,可以消除疲劳,恢复体力,有利于下午的学习和工作。午睡对婴幼儿、青少年来说,有利于其生长发育;而对老、弱、病者和紧张学习期间的大学生而言,会使其全身器官得到休息,有利于其各种器官机能的恢复,特别是大脑疲劳的恢复。但午睡不要太多,以免影响晚上的睡眠。

(二) 心理治疗

如上述生活作息的调整仍不能改善睡眠障碍,可求助心理医生,进行心理干预,譬如认知治疗、行为治疗、时相治疗、光照治疗等。

1. 认知治疗

用认知理论改变患者对睡眠和失眠的认知信念及态度偏差,不要过分关注失眠的不良后果,愈临近睡眠时就愈感到紧张,因担心失眠而恐惧。

2. 行为治疗

用行为学原理帮助患者建立良好的睡眠卫生习惯,阻断卧床与失眠之间形成的条件反射,学会精神和躯体放松方法。

3. 时相治疗

通常用于治疗睡眠时限延迟或提前的患者。

(三) 药物治疗

对于非药物治疗不能纠正的睡眠障碍,应及时就医,让医生来帮助寻找原因,妥善处理。药物治疗的目标:改善睡眠质量,延长有效睡眠时间,实现疗效和潜在的药物副作用之间的平衡,建立患者对睡眠的自信,恢复社会功能。

1. 镇静催眠药

(1) 苯二氮䓬类(BZD):口服吸收良好,如替马西泮(Temazepam)、奥沙西泮(Oxazepam)、阿普唑仑(Alprazolam)等。应注意 BZD 均有依赖性,易成瘾。

(2) 非苯二氮䓬类:包括唑吡坦(Zolpidem)、佐匹克隆(Zopiclone)和扎来普隆(Zaleplon)。小剂量即可缩短入睡时间,延长睡眠时间,不引起肌肉松弛,由于半衰期短,吸收迅速,不蓄积,后遗作用少,对白天影响轻微。

2. 应用镇静催眠药注意事项

(1) 确定睡眠障碍原因,在病因治疗、认知行为治疗的基础上,酌情给予药物治疗。掌握药品适应症和禁忌症。

(2) 用药剂量个体化。了解患者用药史有助于正确选择药物;根据不同药物的特点选取,使用最小有效剂量。

(3) 短期、间断使用,治疗期限一般不超过 4 周。不宜久服,否则正常自然的睡眠过程难以恢复,可采用逐步减量的办法,但也不必对安眠药过分恐惧,严重的睡眠障碍,特别是因短暂精神刺激造成的睡眠障碍,安眠药能起较好的治疗作用。情况一旦好转,应及时停药。

(4) 有肝肾功能损害的患者应在医生指导下慎用或减量服用。有呼吸功能障碍者、急性闭角型青光眼患者、重症肌无力患者不适合服用。

(5) 药物的不良反应,有潜在依赖性,停药后发生戒断现象;治疗作用对记忆功能及呼吸功能的影响;停药后失眠症状的反跳。服用时需注意避免饮酒,避免从事高危工作;防止跌倒。

第四节 冠 心 病

一、概念

冠状动脉粥样硬化性心脏病是指冠状动脉粥样硬化使管腔狭窄或阻塞,导致心肌缺血、缺氧而引起的心脏病,它和冠状动脉功能性改变即冠状动脉痉挛一起,统称为冠状动脉性心脏病(CHD),简称冠心病(图 3 - 1)。

冠心病是严重威胁人类健康的疾病,在西方发达国家,其年死亡数可占到总死亡数的 1/3 左右,占心脏病死亡数的 50% ~ 75%。据 WHO 的统计,冠心病目前仍是世界上最常见的死亡原因,超过所有肿瘤的总

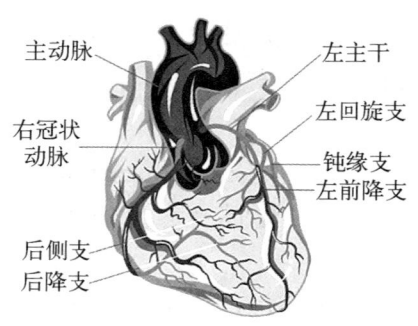

图 3-1 冠状动脉解剖图

和,列死因的首位。随着社会的发展,人民生活水平的提高,吸烟、肥胖、高血压、糖尿病等冠心病的危险因素都趋于年轻化,冠心病在青年人中的患病率增长很快,死亡率也呈逐渐增加的趋势。

二、病因

动脉粥样硬化始发于儿童时代而持续进展,通常在中年或中老年出现临床症状。随着我国人民生活水平的提高和饮食习惯的改变,冠心病的发病有年轻化趋势。其主要病因有以下八种:

(一) 血脂异常

血液循环中的脂质或脂蛋白的组成成分浓度异常,可由遗传基因或环境条件引起。

(二) 高血压

收缩压每增加 20 mmHg,舒张压每增加 10 mmHg,其心血管事件的危险性增加 1 倍。

(三) 糖尿病

与无糖尿病患者相比,糖尿病患者粥样硬化发生较早并更为常见。

(四) 吸烟

心脏研究结果显示,平均每天吸烟 10 支,能使男性心血管死亡率增加 18%,女性心血管死亡率增加 31%。

(五) 遗传因素

家族有患病史,亲属患冠心病的危险增大 2~3.9 倍。

(六) 年龄和性别

病理显示,动脉粥样硬化是从婴儿期开始缓慢发展的,49 岁以后进展较快;本病多见于男性,男性的冠心病死亡率为女性的 2 倍,男性较女性发病年龄平均早 10 岁。

（七）酒精摄入

大量观察表明，适量饮酒可以降低冠心病的死亡率。但大量酒精摄入可导致高血压及出血性脑卒中的发生。

（八）其他因素

肥胖；不良饮食方式；性格急躁等。

三、冠心病的分型

冠心病主要分为两大类：

（一）慢性冠脉疾病

即慢性心肌缺血综合征，包括稳定型心绞痛、缺血性心肌病和隐匿性冠心病等。

（二）急性冠状动脉综合征

包括不稳定型心绞痛、心肌梗死和心源性猝死。

四、冠心病的诊断

（1）典型的临床症状：间断反复发作的胸骨后不适感，性质和持续时间具有明显特征；

（2）劳累或情绪激动可诱发；

（3）休息和含服硝酸酯类药物治疗后数分钟内可缓解；

（4）相关检查确认：心电图出现 ST 段的异常；冠状动脉造影显示有血管狭窄，超过 50% 有意义，超过 75% 有明显缺血症状。

五、冠心病的治疗

对于青年人来说，已经出现症状的冠脉血管狭窄务必尽早进行处理。因为冠心病是冠状动脉硬化所引起的,这种病变往往出现在老年人身上,青年人一旦出现这种冠脉血管的病变,说明本身血管内皮就有问题。如果不及时处理、疏忽大意,以为年轻得了这种疾病没有很大的问题,那么就会延误病情的治疗,病情可能会快速进展,出现更严重的心血管事件,包括急性心肌梗死、心源性休克,甚至是心脏出血等等,所以青年人一旦得了冠心病需要及时使用药物进行治疗。

冠心病治疗的目标是减轻症状、改善心功能,预防并减少心脏事件的发生。主要包括以下几个方面:

(一) 保持健康的生活方式

注意戒烟,控制体重,平衡饮食,减少盐的摄入,规律作息,保持良好心态,这些都是必须的,而且也是最基础的治疗方法。

(二) 药物治疗

药物治疗包括抗血小板药物、降压药、降脂药等,用于控制血压、降低胆固醇水平、改善血液流动性,减少心脏负担。

(三) 心脏康复

通过进行适当的运动锻炼、心理辅导和饮食调理,帮助患者改善心肌供血,增强心肌功能。

(四) 血管成形术(介入治疗)

血管成形术包括血管扩张术(如冠状动脉球囊扩张术)和支架置入术,通过改善冠状动脉血流,恢复心肌供血。

(五) 心脏搭桥术

对严重冠心病患者,可以进行冠状动脉旁路移植手术,通过搭建新的血液供应通道,改善心肌供血。

冠心病患者应积极配合医生治疗,按照医嘱进行药物治疗,以便及时调整治疗方案和延缓病情进展。

六、冠心病的预防

冠心病是可以通过改变生活方式和控制危险因素来预防的疾病。以下是预防冠心病的一些重要方法：

（一）健康饮食

采用均衡、多样化的饮食，减少高脂肪、高胆固醇、高盐和高糖的食物摄入。增加新鲜水果、蔬菜、全谷类、低脂肪乳制品和健康蛋白质的摄入。

（二）注意体重管理

保持正常体重或达到健康的体重范围，避免过度肥胖对心脏健康的不利影响。

（三）定期运动

每周至少进行 150 分钟的中等强度有氧运动，如快走、游泳、骑自行车等。此外，还应进行适度的力量训练，以增强肌肉和骨骼的健康。

（四）戒烟

烟草中的化学物质对心脏和血管有害，戒烟能显著降低冠心病发病风险。

（五）控制危险因素

定期监测血压、血脂、血糖，如有异常及时就医，并遵照医嘱进行治疗，控制指标在正常范围。

此外，还要注意减少压力、避免过度饮酒、保持良好的睡眠质量、定期体检等。

第五节　恶　性　肿　瘤

一、概述

2020 年全国统计资料表明，癌症占死因的第一位，中国癌症每年发病人数约为 260 万人,死亡人数约 180 万人,并且还在逐年增加中。癌症是一种世界性疾病,同时也是一种隐性疾病,早期没有任何症状,等到出现症状时很多都是中后期了,根本无法医治。

研究结果显示,2018—2020 年平均每年新发儿童和青少年癌症患者 38 万名;三年平均总发病率为 1 248/百万;0~14 岁儿童癌症的发病率为 1 286/百万,15~19 岁青少年癌症的发病率为 1 364/百万,而且年轻人的癌症发病率在近些年也不断呈现上升的趋势。

中国癌症发病率最高的前 10 位分别是:肺癌、乳腺癌、胃癌、结直肠癌、肝癌、食管癌、宫颈癌、甲状腺癌、子宫癌、前列腺癌。癌症的发生受多因素的综合影响,包括遗传因素和环境因素。在环境因素中饮食因素占重要位置。卫生部印发的《中国癌症预防与控制规划纲要》中指出,我国癌症的主要危险因素依次为吸烟、乙肝病毒感染、膳食不合理及职业危害等。

通常而言,恶性肿瘤的发病率和死亡率都随着年龄的增长而增加,并分别在 80~84 岁和 85 岁以上的年龄段达到高峰。60~64 岁和 50~54 岁年龄段的恶性肿瘤病例最多,60~64 岁和 75~79 岁年龄段的男性和女性的恶性肿瘤死亡人数也最多。一般来说,男性的发病率和死亡率高于女性,但 20~49 岁年龄段女性的发病率高于男性。

二、大学生恶性肿瘤发病原因分析

青年人得癌症的概率在 1‰~22‰之间。与其遗传基因、生活习惯或者环境的因素都有相关性,因为每个个体都存在差异,患癌的概率也不能一概而论。

1. 遗传基因

部分癌症具有一定的遗传概率,如果直系长辈患有遗传概率比较高的癌症,那么其本身患上癌症的概率也比较高。

2. 生活习惯

癌症的发生和日常生活习惯有很大关系。如平时能养成比较良好的生活习惯,远离烟、酒、辐射、化学物等对身体不利的因素,平时也不暴饮暴食,营养均衡,经常锻炼身体,晚上按时睡觉,患上癌症的概率就比较低。不良的生活习惯,会使身体不断的受到刺激,细胞发生恶性增殖、患癌的概率就会大大增加。

3. 环境

生活在干净整洁的环境下，患癌的概率比较低。如果生活在潮湿、阴暗、肮脏、辐射大的环境下，身体就容易受到各种细菌、病毒、辐射等不良因素的侵犯，患上癌症的概率就会增加。

4. 饮食习惯

年轻人在日常生活中，饮食应该以清淡、易消化为主，不挑食，多吃水果蔬菜，多喝温水，以促进身体的新陈代谢，增加对疾病的抵抗能力。

三、大学生常见恶性肿瘤的类型

（一）恶性淋巴瘤

恶性淋巴瘤是起源于淋巴造血系统的恶性肿瘤，病因不清，一般认为可能和基因突变，以及病毒及其他病原体感染、放射线、化学药物，合并自身免疫病等有关。主要表现为无痛性的淋巴肿大，肝脾肿大，全身各组织器官均可受累。霍奇金淋巴瘤和一些高度恶性的非霍奇金淋巴瘤，常好发于青年人。

（二）骨肉瘤

骨肉瘤，也叫成骨肉瘤，是较常见的发生在 20 岁以下青少年或儿童的骨恶性肿瘤。是从间质细胞系发展而来，肿瘤迅速生长是由于肿瘤经软骨阶段直接或间接形成肿瘤骨样组织和骨组织。可能与下肢负重骨在外界因素（如病毒）的作用下，使细胞突变引起的。突出症状是肿瘤部位的疼痛，由于肿瘤组织浸蚀和溶解骨皮质所致。

（三）白血病

白血病属于造血系统的恶性肿瘤，是一类造血干细胞恶性克隆性疾病。克隆性白血病细胞因为增殖失控、分化障碍、凋亡受阻等机制在骨髓和其他造血组织中大量增殖累积，并浸润其他非造血组织和器官，同时抑制正常造血功能。其病因有病毒因素、化学因素、放射因素、遗传因素等。临床可见不同程度的贫血、出血、感染发热以及肝、脾、淋巴结肿大和骨骼疼痛。

根据白血病的分化程度、自然病程的长短可分为急、慢性白血病。急性白血病细胞分化程度低,以原始及早幼细胞为主,起病急骤,疾病发展迅速,病程数月;慢性白血病细胞分化程度高,以幼稚和成熟细胞为主,发展缓慢,病程数年。

(四) 软组织肉瘤

软组织肉瘤是起源于间叶组织位于软组织内的肿瘤。主要是运动系统的软组织,如肌肉、韧带、骨膜、脂肪等。其致病因素不是单一的,与家族性遗传、异物刺激、化学物质刺激、创伤、内分泌因素、慢性炎症及放射线等有关。主要症状为无痛性进行性增大的肿块,伴发热、体重下降等。

(五) 其他

近年来,结肠癌、肺癌等恶性肿瘤,也逐渐出现年轻化的趋势。

四、恶性肿瘤的治疗

(一) 手术治疗

对于病灶可直接切除的恶性肿瘤,手术是最有效的治疗方法。

(二) 抗癌药物疗法

抗癌药物疗法是指通过化学药物的作用,进行杀灭癌细胞的治疗。需根据癌细胞的类型不同,选择不同的化学药物,有针对性地杀灭癌细胞。

(三) 放射治疗

放射治疗是利用光子类、粒子类等射线,对恶性肿瘤病灶局部治疗,消灭和根治局部肿瘤的原发灶或转移灶。适用于对放射线敏感的肿瘤人群。

(四) 生物治疗

生物治疗是应用生物学方法,治疗肿瘤病人,改善机体对于肿瘤应答、免疫以及直接效应的治疗。

(五) 中医中药治疗

中医中药治疗是应用祛邪扶正、软坚散结、清热解毒、化痰祛湿,以及通经活络等原理对癌症患者进行的辅助治疗,对辅助癌症患者的治疗及后期康复,有较好的作用。

五、恶性肿瘤的预防

大量的科学研究及有效的肿瘤控制表明,恶性肿瘤是可以避免的,1/3 的恶性肿瘤可以预防;1/3 的可以治愈;而合理有效的姑息治疗可以使剩余的 1/3 恶性肿瘤患者减轻痛苦、改善生存质量。

对于恶性肿瘤的预防一般分为三级:

一级预防即病因预防,针对比较明确的致癌因素采取积极的预防措施,能有效地控制和消除致癌的危险因素。如饮食方面,烟熏食品和烧烤,会产生具有致癌作用的多环芳烃;腌制火腿、咸肉等,含有亚硝酸盐,易导致胃癌的发生;发霉变质的花生等,含有黄曲霉素,增加肝癌的危险。而吸烟者,尼古丁能导致多种形式的癌症,包括肺癌、食道癌等。应该多食水果蔬菜,膳食纤维能促进胃肠蠕动,减少致癌物质对人体的刺激,降低肠癌的发病率。

二级预防主要针对高风险人群复查,定期体检,癌前病变早发现,使得患者得到及时的治疗而康复、痊愈。要正确对待疾病,不要因为害怕而延误治疗。

三级预防是治疗后的康复,建立抗癌信心,调整心态,乐观面对,积极锻炼身体,配合各项治疗,提高生活质量,减轻痛苦,延长生命。

第六节 糖 尿 病

一、概念

糖尿病是一组以长期高血糖为主要特征的代谢性疾病,由于胰岛素缺乏和(或)胰岛素生物作用障碍导致糖代谢紊乱,同时伴有脂肪、蛋白质等代谢障碍,并可并发眼、肾、神经、心血管等多脏器的慢性损害。

Ⅱ型糖尿病的发病涉及胰岛素作用和胰岛素分泌两方面缺陷,两者与遗传因素及环境因素均有关,环境因素通过遗传因素起作用,大多数Ⅱ型糖尿病是多基因、多种环境因素参与的复杂病。具有糖尿病遗传易感性的个体早期(约在糖尿病被诊断前10年)即存在胰岛素抵抗,随时间及疾病进展,胰岛素抵抗逐渐加重。

根据2020年《中国居民营养与慢性病状况报告》,我国18岁以上人群糖尿病的患病率为12.80%,且发病群体也越来越趋于年轻化,特别是近年来在大学生群体中,糖尿病患者有增加的趋势。由于超重和肥胖是糖尿病患病的重要危险因素,与2015年相比,肥胖率呈上升趋势,可以预见,我国糖尿病的患病率还会不断上升。

二、糖尿病的诊断

以下三种情况之一均可诊断为糖尿病:
(1) 糖尿病典型症状包括多饮、多尿、多食和不明原因的体重下降。
(2) 任意时间血浆葡萄糖水平≥11.1 mmol/L(200 mg/dL)。任意时间指1天内任何时间,与上次进餐时间及食物摄入量无关。
(3) 空腹血浆葡萄糖(FPG)水平≥7.0 mmol/L(126 mg/dL)。空腹指8~14小时内无任何热量摄入。

三、糖尿病的分型(根据病因分型)

(一) Ⅰ型糖尿病被称为胰岛素依赖型糖尿病

约占糖尿病病人总数的10%,是由于胰岛B细胞自身不能合成和分泌胰岛素。幼年起病者,病情较急;成年起病者,病情多缓,且易发生酮症酸中毒。

(二) Ⅱ型糖尿病被称为非胰岛素依赖型糖尿病

最多见,占糖尿病病人总数的90%左右;靶细胞上胰岛素受体缺陷和胰岛素抵抗在发病中占重要地位。Ⅱ型糖尿病有明显的家族遗传性。中、老年为主,近来青年人亦开始多见;肥胖者多见,常伴血脂紊乱及高血压;多数起病缓慢,半数无任何症状,在筛查中发现发病初大多数不需用胰岛素治疗。

(三）其他特殊类型糖尿病

是胰岛β细胞功能的基因缺陷、胰腺炎、胰腺肿瘤、巨细胞病毒感染等因素导致的慢性高血糖状态。

四、糖尿病的并发症

血糖的升高,短期内并不会使糖尿病人的躯体造成严重损害,反而是每天的服药,让糖尿病人感觉到负担,导致在发病的初期,患者容易忽视对血糖管理。随着患病时间的延长,躯体出现了糖尿病并发症,对正常生活产生了影响,此时才想起血糖管理,就有些迟了。

关于糖尿病的并发症主要有以下几方面:

（一）微血管病变

糖尿病会损害眼睛、肾脏和神经系统中的微小血管,导致糖尿病视网膜病变、糖尿病肾病和糖尿病神经病变等并发症。

（二）大血管病变

长期高血糖会增加动脉粥样硬化的风险,导致冠心病、脑卒中和下肢血管病变等大血管并发症。

（三）周围神经病变

高血糖会损害末梢神经,导致四肢末梢感觉异常、麻木、疼痛和肌肉无力等。

（四）肢端坏疽

严重的神经病变和血液循环不良,可导致肢体组织坏死和溃烂,血糖控制不佳,进一步发展,严重者需要截肢。

（五）其他慢性并发症

糖尿病还会增加患心血管疾病、高血压、高血脂、骨质疏松等其他慢性病的风险,糖尿病患者同时伴有其他慢性病,往往会加重慢性病出现并发症的风险。

五、糖尿病的治疗

（一）饮食治疗

饮食治疗是所有糖尿病治疗的基础，是糖尿病自然病程中，任何阶段预防和控制糖尿病手段中不可缺少的组成部分。饮食治疗的目标是：保持理想体重；保持血糖水平尽可能接近正常；规律进食丰富的食物；把一天的饮食间隔开，少食多餐；遵照健康饮食的金字塔；尽可能减少脂肪摄入；避免糖和精制糖类的摄入；摄入含更多复合糖类的平衡膳食，如全麦面包、土豆等；食用多样的水果和蔬菜；戒烟酒或少量饮酒。

控制体重在正常范围内，单独或配合药物治疗来获得理想的代谢控制（血糖、血脂、血压）；饮食治疗应尽可能做到个体化；热量分配：25%～30%脂肪、55%～65%碳水化合物、<15%蛋白质；限制饮酒，特别是肥胖、高血压或高甘油三酯血症的病人。超重或肥胖者，靶细胞上胰岛素受体数量减少，胰岛素不能发挥正常的生理作用，血糖水平就可能升高。因此，肥胖者对胰岛素不敏感，易患糖尿病，如不减轻体重，单靠药物治疗，达不到满意的疗效。糖尿病患者能量的供给量以维持理想体重，或略低于理想体重为宜。

根据生活习惯、病情需要和配合药物治疗，可每日三餐按热量分配为1/5、2/5、2/5或1/3、1/3、1/3；也可少量多餐，如四餐按热量分配为1/7、2/7、2/7、2/7。当糖尿病患者血液中胆固醇增高时，就要减少食物中胆固醇的摄入量，胆固醇含量高的食物主要是动物的脑、内脏；高血脂、高尿酸血症的糖尿病患者应避免吃含嘌呤高的食物，如奶油、冰淇淋、全脂奶、乳酪、牛油、用鸡蛋和牛油制作的面包、点心、动物内脏、炸薯条、蛋黄、海鲜等。糖尿病饮食指南中推荐胆固醇每天摄入量小于300 mg为宜。食盐每天限量在6 g以内，尤其是伴有高血压的病人。

糖尿病患者的膳食中必须包含适量的碳水化合物。碳水化合物供给的能量以占膳食总量的50%～65%为宜。如果碳水化合物吃得太少，势必增加膳食中脂肪供给的能量，有可能促进心血管疾病的发生，脂肪代谢也需要碳水化合物的协助，否则，脂肪氧化不完全，脂肪代谢的中间产物酮体就会在体内积聚，发生酮症酸中毒。蔗糖、果糖等简单的糖类并非要绝对禁食，只是每摄取1 g简单的糖类，必须要替代掉1 g复合碳水化合物，控制碳水化合物的总量不变。

糖尿病人膳食中应有一定量的膳食纤维。存在于蔬菜和水果以及某些藻类植物中的可溶性膳食纤维可以延缓餐后血糖上升的幅度,并有降低胆固醇的作用。糖尿病患者每天的膳食纤维摄入量以 30 g 左右为宜。

制定每天总热量,首先按照患者的性别、年龄和身高计算理想体重[理想体重(kg)=身高(cm)-105],然后按照理想体重和工作性质,参考原来的生活习惯等因素,计算每天所需热量(按每千克标准体重)。

糖尿病人合理饮食金字塔如图 3-2 所示。

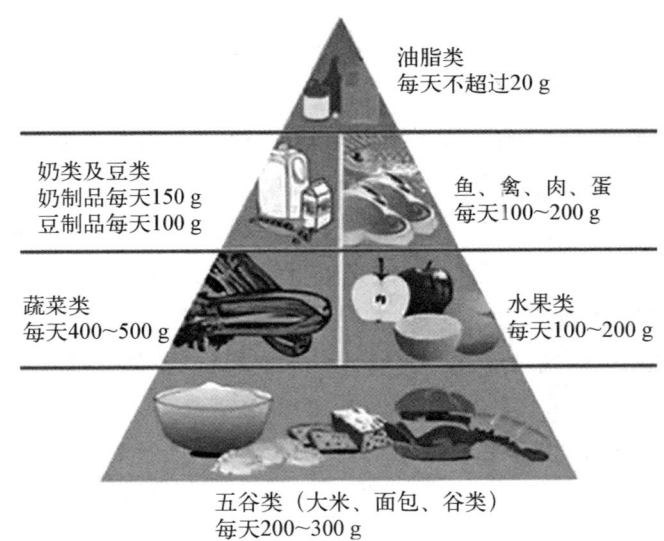

图 3-2　糖尿病人合理饮食金字塔

(二) 运动治疗

运动锻炼是非常有利于健康的。锻炼有多种形式,很好的例子是快走、慢跑、网球、滑雪和健美操。目标是至少每周 3 次,每次 30 分钟,当然理想的是每天锻炼。从缓慢开始,逐步增加运动节奏。

1. 运动的益处

加强心血管系统的功能和整体感觉,改善胰岛素的敏感性,减轻体重,改善血糖和血脂。

2. 运动治疗的原则

适量、经常性和个体化,保持健康为目的的体力活动,餐后 30～60 分钟开始,每天至少 30 分钟中等强度的活动,每周至少 150 分钟,如慢跑、快走、骑自行车、游泳等。运动强度以心率达到(170－年龄)次/分为宜。

3. 运动与血糖变化

糖尿病运动治疗主要适用于空腹血糖在 16.7 mmol/L 以下的Ⅱ型糖尿病人。

所有接受胰岛素和促胰岛素分泌剂治疗的糖尿病患者均应了解运动对血糖的影响。中等强度的运动可在运动中和运动后降低血糖的水平,增加发生低血糖的危险性。注意根据运动前后血糖的变化调整胰岛素和促胰岛素分泌剂的剂量,在运动前及运动中增加碳水化合物的摄入量。

4. 不宜进行较剧烈的体育锻炼的几种情况

(1) 合并严重糖尿病肾病;

(2) 伴严重高血压或缺血性心脏病;

(3) 伴视网膜病变,尤其增殖期者;

(4) 糖尿病足患者;

(5) 脑动脉硬化、严重骨质疏松或机体平衡功能障碍者。

(三) 药物治疗

饮食和运动治疗法是糖尿病治疗的基础,单纯依靠控制饮食和运动不能使血糖达到理想水平时,可应用药物治疗。药物包括口服药物和注射胰岛素两种方式。

1. 口服药物

(1) 口服降糖药物:包括二甲双胍、磺脲类药物(如格列本脲、格列美脲)、α-糖苷酶抑制剂等,主要通过提高胰岛素敏感性、减少肝脏糖原的释放或延缓肠道对碳水化合物的吸收来降低血糖。

(2) 胰岛素促泌剂:如胰岛素分泌增强剂(如磺脲类药物)、胰岛素敏感剂(如胰高血糖素样肽-1 受体激动剂)等,通过刺激胰岛 β 细胞分泌胰岛素来降低血糖。

2. 注射胰岛素

主要用于所有Ⅰ型糖尿病,口服降糖药及饮食控制无效的Ⅱ型糖尿病人。

(1) 速效胰岛素:起效时间 5～10 分钟,所以可以用在餐前、餐中或是餐后。

(2) 短效胰岛素：起效时间是注射后半小时，用于餐前控制血糖升高，模拟正常胰岛素释放，可以在饭前 15~30 分钟注射。

(3) 中效胰岛素：注射后的高峰时间是 2~4 小时，持续 6~8 小时。用于血糖控制的基础，通常每天注射 1~2 次，模拟胰岛素基础分泌。

(4) 长效胰岛素：没有明确的峰值，持续作用 24~36 小时。

(5) 混合型胰岛素：将速效、短效和中效胰岛素按一定比例制作成混合物，一般在每天早餐和晚餐前注射，用于同时控制餐后和基础血糖。

(四) 血糖自我监测

血糖监测是糖尿病管理中的重要组成部分，可被用来反映饮食控制、运动治疗和药物治疗的效果并指导对治疗方案的调整。血糖水平的监测可通过检查血和尿来进行，但血糖的检查是最理想的。监测频率取决于治疗方法、治疗的目标、病情和个人的经济条件。监测的基本形式是患者的自我血糖监测。

注射胰岛素或使用促胰岛素分泌剂的患者应每天监测血糖 1~4 次，伴发其他疾病期间或血糖 >16.7 mmol/L（300 mg/dL）时，应测定血、尿酮体。尿糖的监测不能代替血糖的监测，尿糖阴性时应依靠血糖监测来了解血糖的变化情况，尿糖的控制目标应为阴性。

血糖监测时间：每餐前、餐后 2 小时、睡前及出现低血糖症状时，如有空腹高血糖，应检测夜间的血糖。血糖控制良好或稳定的病人应每周监测一天或两天；具有良好并稳定血糖控制者监测的次数可更少；血糖控制不佳的病人或患其他急性病者应每天监测直到血糖得到良好控制。

(五) 健康教育

被诊断为糖尿病的患者，在初期往往很难接受终身用药的现实，故思想上疏导非常重要。让患者通过学习，了解糖尿病的发病原因，以及低血糖与高血糖的危害，接受患病的事实，并建立信心，帮助其养成良好的生活习惯，保持乐观积极的态度，用"五驾马车"的理念指导患者进行日常血糖管理（图 3-3）。

总之，糖尿病是一种常见的慢性代谢性疾病，发病率较高。它的治疗和管理比较复杂，需要患者的积极配合和医生的科学指导。为了预防和治疗糖尿病，我们要坚持科学膳食、适量运动、保持健康的生活方式，同时要注意日常的护理，定

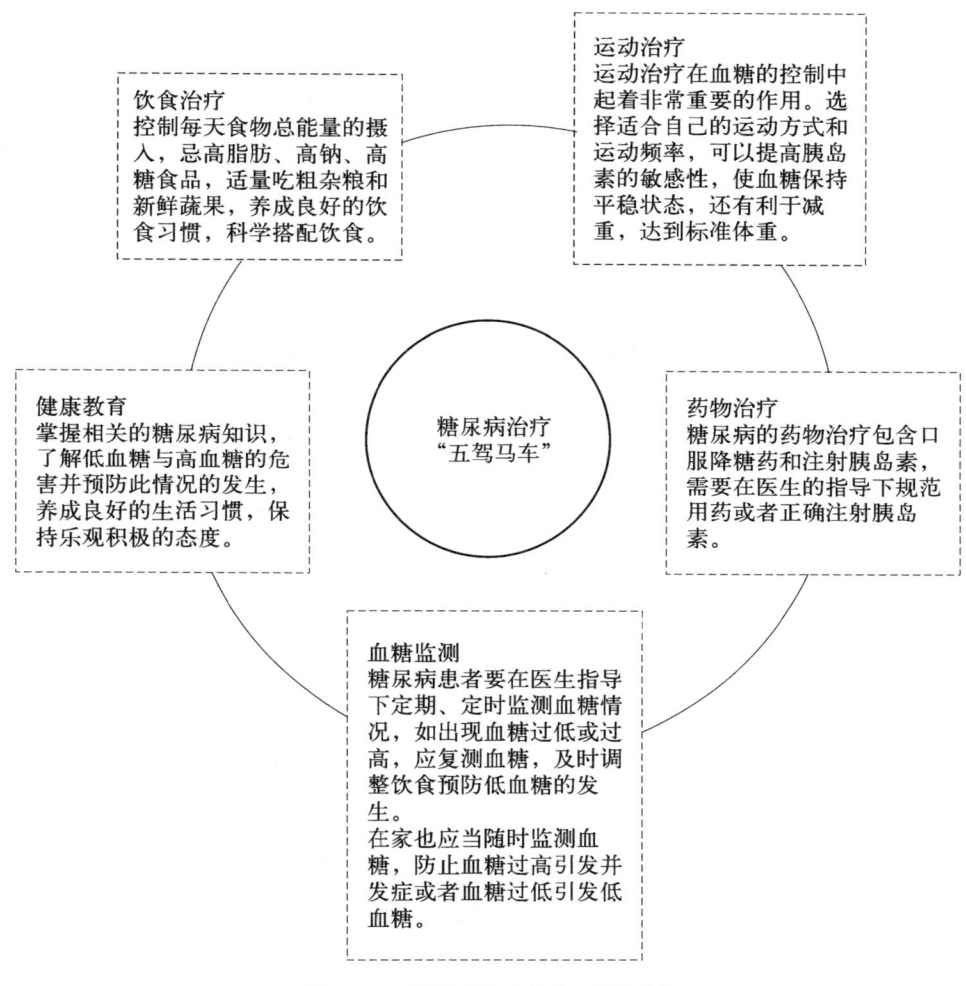

图 3-3 糖尿病治疗的"五驾马车"

期检查相关指标,控制血糖水平。只有做到这些,才能有效避免糖尿病对自己身体健康的威胁。

参考文献

[1] World Heath Orgnization. World Health Statistics 2023:Monitoring Heath for the SDGs [EB/OL]. (2023-05-19)[2023-05-28]. http://www.who.int/publications/i/item/9789240074323.

[2] 杜琳.社区慢性病基本公共卫生服务培训教材[M].广州:广东人民出版社,2011.

[3] 顾小弟.大学生健康教育[M].上海:上海浦江教育出版社有限公司,2016.

[4] 王伊莹.大学生睡眠障碍原因分析及对策[J].今古传奇:文化评论,2019(3):78.

[5] 康翠华.大学生糖尿病早期预防措施与健康教育[J].糖尿病新世界,2018,21(21):153-154.

[6] 严启明.对社区慢性非传染性疾病患者进行健康教育的效果观察[J].当代医药论丛,2015,13(7):89-90.

[7] 候立君,朱慧楠,宋娜娜.高校健康教育课程中增设健康生活方式教育课必需还是或需[J].中国校医,2012,26(5):400-401.

[8] 逢英瑞,陈四国,王莉娜,等.某高校大学生对2型糖尿病的认知度调查与干预研究[J].中国卫生产业,2022,19(8):22-25.

[9] 祝闽,陈铎葆,王艺静,等.某高校大学生高血压危险因素知晓情况及行为调查[J].基层医学论坛,2017,21(31):4278-4280.

[10] 郑景娥,郑金炽.某校大学生睡眠质量的相关影响因素分析[J].河南医学高等专科学校学报,2023,35(1):69-72

[11] 周水秀.在校大学生睡眠障碍影响因素分析[J].基层医学论坛,2020,24(31):4486-4487.

[12] 陈绍林,伍淑凤,姜亚男.自我健康管理在大学生高血压中的应用探讨[J].当代体育科技,2013,3(25):14-1416.

[13] 白雪,朱亚鑫,王子琪,等.大学生睡眠质量及其影响因素研究[J].中国卫生统计,2017,34(5):739-740+744.

[14] 秦文婧,卢泳冀,谢佳丽,等.大学生手机依赖与视屏时间、睡眠质量及体力活动之间的关系[J].医药卫生,2022(10):91-95.

心理健康与心理援助

第一节 心理健康概述

近年来,随着社会经济的发展,人们生活节奏加快,竞争愈发激烈。大学生身处文化多元的社会环境,面临多种价值观的冲突以及现实的竞争压力,心理健康问题日益突出。本节从心理健康的概念、判断标准以及心理健康的影响因素进行概述。

一、心理健康的概念

谈到"心理健康"大家并不陌生,每当遇到表现得特别积极向上的同学,我们总是倾向于认为这是一个心理健康的人,我们也很少会觉得愁眉苦脸的人心理很健康。

其实直到1946年,第三届国际心理卫生大会,WHO才第一次将心理健康的理念纳入健康的概念中:健康是一种在身体上、心理上与社会功能上处于完满的状况,不仅仅是没有疾病或虚弱的状态。WHO指出:心理健康是指在身体、智能以及情感上,在与他人的心理健康不相矛盾的范围内,将个人心境发展成最佳状态。大体而言,心理健康标志着人们的心理调适能力和发展水平,也就是人们在面临内部环境和外部环境的变化时,也能够保持正常的心理状态。WHO也对心理健康的标准作了较为明确的定义:

(1) 身体、智力和情绪十分协调;

(2) 适应环境,在人际关系中能彼此谦让;

（3）有幸福感；

（4）在职业工作中，能充分发挥自己的能力，过着有效率的生活。

关于"心理健康"的认识，国内外诸多学者尝试从不同的关注角度加以界定。美国著名人本主义心理学家马斯洛认为，只有心理健康的人才能充分开拓并运用自己的天赋、能力和潜力。他相信所有人都具备达到心理健康的先天素质，人本主义心理学的任务就是帮助人们实现这些潜能。他和米特尔曼提出了心理健康的十个标准：

（1）能够体验到充分的自我安全感；

（2）充分了解自己，对自己的能力有适当的评估；

（3）生活目标符合实际；

（4）能与现实环境保持接触；

（5）能保持人格的完整与和谐；

（6）具有从经验中学习的能力；

（7）能够保持良好的人际关系；

（8）适度的情绪表达与控制；

（9）在不违背社会规范的条件下，对个人的基本需要予以恰当的满足；

（10）在不违背社会规范的条件下，能做有限的个性发挥。

结合不同研究者关于心理健康的概念，我们发现，心理健康的概念大多聚焦以下七个标准：

（1）智力正常。智力是人们观察、记忆、思维、想象和操作能力的综合体现，是人们正常学习、生活和工作的最基本的心理条件。

（2）能够合理调节情绪，心境良好。心理健康的人可以正常表达自己的情绪并且有所调适，心情以愉快、乐观、希望、自信为主，虽然也会时常提到沮丧、失望、悲伤等消极情绪，但这样的消极情绪状态不会持久很长时间。

（3）意志健全。心理健康的人在各项事物中能有自觉的目的性，能够面对并接受现实，汲取经验，灵活运用有效的途径解决生活中遇到的挫折与困难。

（4）人格完整独立。心理健康的人能够保持想法、言语和行动的一致性，保持人格的完整、协调与和谐。

（5）积极的自我观念。能够准确地了解自己，对自己有接近现实的适当的自我评价，同时能够体验到个人存在的价值感。

（6）人际关系和谐。心理健康的人能够清晰认识自己，也愿意与他人交往。

可以和他人保持和谐的人际关系。体验到个人价值的同时，认可他人存在的价值。

（7）适应能力强。能够与现实环境保持接触，即使身处新环境，也能及时处理不安的情绪，适应社会、生活的不断变化。

二、心理健康的判断标准

心理健康是一个动态变化的过程，真正要去了解一个人的心理是健康或是不健康的，其实很难做出一个简单明确、非黑即白的判断。个体可能因为突然的重大生活事件，导致情绪不稳定，但有机体有自我恢复和自我调节的能力，可能很快就会重新体验到快乐和高兴的积极情绪。心理健康会因为个体所处的环境、个人自身的发展而呈现动态变化起伏的状态。当我们在衡量一个人的心理健康水平时，仅仅用心理健康的概念或者特质去区别显然是不够的，还需要考虑衡量的标准，采用的视角，等等。通常而言，心理健康的判断标准有如下三点。

（一）统计学标准

统计学标准是看一个人的行为是否符合社会群体的标准或规范，也常常被称为常态分布标准。利用统计学的方法可以找出某个特定社会群体的正常行为和数值分布。如果一个人的行为接近数值分布的平均状态，则被认为是健康的；而如果一个人的行为偏离平均状态，则通常会被认为是不健康的。例如，我们常常会认为一个对着树手舞足蹈说话的人是不正常的，因为在符合我们惯常的社会认知中，大部分人不会和树对话。但统计学标准通常需要考虑不同文化背景下的差异，以及超出平均值以外的行为是否对个体及其身边人造成了困扰。

（二）心理成熟的标准

根据心理成熟的标准，个体心理健康与否，取决于个体的心理与行为表现是否与其年龄阶段的主要特征相符合，如果基本一致，可以认为是心理健康的；如果个体的心理或行为表现出与年龄的极大不符合，或者明显的滞后或超前，则大多数情况下会被认为是不健康的。

（三）社会适应标准

个体与环境的关系不是固定不变的，随着年龄的增长、周遭环境的变化，个体在不同环境下面对同样的事物、同样的人群也会做出不同的反应。社会适应标准是根据个体对社会环境的适应以及与社会环境保持和谐状态的程度进行评估。即人们在社会生活中的自理、沟通、交往的行为表现多大程度上能够符合社会要求、社会准则、风俗习惯以及道德标准。社会适应标准需要考虑不同的时代背景、不同的地域文化、不同的风俗习惯等社会背景特征的影响,不能简单地、孤立地只看个体的某种行为及其应对方式。

三、心理健康的影响因素

影响个体心理健康的因素有很多,主要因素可以从个体因素、家庭因素、学校因素和社会因素等进行探讨。

(一) 个体因素

1. 遗传

遗传以及基因在一定程度上影响着个体的心理健康,不过遗传只是提供了一种解释心理问题的可能性,在大部分异常心理案例中,后天环境的影响也占有很大的比重。

2. 器质性病变

除了遗传因素之外,病毒感染、大脑重伤、化学中毒、较为严重的躯体疾病等都有可能导致心理问题甚至精神疾病。例如,大脑前额叶受损可能会引起暴躁易怒、情绪不稳定等异常表现;甲状腺激素分泌增多所引起的甲亢可能会加重或者诱发抑郁、焦虑的情绪出现。

3. 其他个体因素

除了上述原因之外,个体某些方面的因素如外貌、能力、习惯、性格等也会影响个体的心理健康状况。例如,能力突出、性格可爱的个体,往往在生活中会更容易、更多地获得别人的喜爱,会体验到更多的愉快、满足,这有助于其心理健康。而谨小慎微又敏感多疑的人,很容易出现强迫症状。

(二) 家庭因素

家庭对个体的个性发展和心理健康具有十分重要的影响。多数研究发现,结构完整、气氛和谐的家庭,有利于个体心理健康地成长,而父母不和,经常争吵,对个体身心健康成长明显有着不利的影响,容易产生躯体疾病,同时心理障碍的发生率也较高。

(三)学校因素

学校有着独特的、完整的机构,是连接个体与社会的重要桥梁之一,对学生了解社会、发展自我和人格、培养合乎角色的社会行为模式有重要作用。但学校的竞争模式、学业的成绩压力也在困扰着大多数的学生心理。

(四)社会因素

个体成长环境、所处的文化背景、当地的风俗习惯、社会制度体系以及价值导向等社会因素都会潜移默化地影响着人们的观念,这些都会反映在人们的价值观、人生观、世界观等心理品质上。

第二节 青年期心理特点及同一性建立

青春期荷尔蒙的分泌,使青少年会呈现成年人的体貌,生理上的快速发育和社会因素都会影响个体的心理健康。本节从青年期的生理及心理特点、个性心理发展与同一性的建立进行讨论。

一、青年期生理及心理特点

(一)青年期生理发展特点及对心理的影响

1. 身体机能发展特点

进入青春期后,个体迅速发育。男性与女性在生理上会出现不同的变化,随着涉及生殖必需器官的第一性征的发育成熟,第二性征作为性成熟的生理标志,给不同性别的青年都带来不同的心理影响。女性从青春期开始逐渐乳房突出、声带变长、臀部增大、肢体丰满。男性喉部发育逐渐完全,声音低沉,肩膀变宽,体毛旺盛。青春期的开始和性成熟给青年造成不小的心理影响。对于男性而言,因为雄性荷尔蒙的作用,皮肤变得更加粗糙和油腻,加上睾酮水平的增加,使得男生比女生更容易患上痤疮,常常会导致对个人外貌产生自卑心理。而女生往往在青春期发育过程中普遍存在身体焦虑的现象,尽管青春期出现体重增加、臀部增大、腋毛变长是正常现象,但这也会让人沮丧与苦闷。这些身体机能发展的变化会给个体带来自卑、焦虑的消极体验,进而影响其自我概念、正常人际交往和学习生活。

2. 脑发育特点

青年期的大脑处于持续发展的阶段。剧烈变化的大脑,使得各个脑区所控制的关于情绪管理、行为行动和自我控制等方面都产生急剧的变化。研究发现,青少年对情绪信息的加工处理与成年人不同。当识别面部表情图片时,青少年早期的个体更倾向于使用杏仁核——一个位于大脑颞叶深处类似杏仁的组织,其在情绪反应和本能反应中参与较多。年龄大些的青少年会像成年人一样更多地使用额叶来进行更准确和理智的判断。一般而言,额叶直到成年早期才能完全发育成熟,这也使得大部分大学生在做决定时往往情绪压倒理智,情绪化的特点通常也容易导致心理问题的产生。另外,与动机、冲动和成瘾行为相关的额叶皮质系统的不发达也有助于解释大学生追求新异刺激的行为,以及解释为什么很多大学生都无法专注于一个长期目标。

(二) 青年期心理发展特点

随着青年期生理发展的逐渐成熟,青年期的心理特点也呈现一些比较重要的共性特点。比如,随着大学生自我意识的觉醒,青年期的群体更渴望自己的存在得到肯定,自身的价值得到赞赏,希望自己的意见或者建议被重视。他们渴望独立,能够完全控制自己的行为和生活。但因为经济上尚且不能实现独立,需要依附于家庭,且人格的独立也正在形成的过程中,只能处于渴望独立和现实依赖的矛盾局面,造成内心的各种冲突。而大脑发育的进程也使得青年期的群体处于情绪快速变化的阶段,青年期群体的心理发展也因此具有多重性。

1. 过渡性

大学是个体实现心理成熟的重要过渡期。大部分的大学生心理状态处于正在迅速迈向成熟但又没有完全成熟的时期。在情绪管理方面,大学生正从冲动多变发展到具有一定的自我控制能力;在个性发展方面,大学生的性格、能力等个性心理特征都逐渐达到相对稳定和成熟的水平;在理想信念以及自我意识等方面,大学生也逐渐成长接近成人发展水平。

2. 可塑性

因为青年期的大脑仍在发育,大学生的心理发展具有可塑性的重要特征,所以依旧可以对发育进行一些控制。通过理清思路、理解一些抽象概念以及控制冲动的一些训练,大学生可以"锻炼"自己的大脑。

3. 差异性

大学生的心理发展特点因性别、环境因素的不同而存在差异,应对的压力也会有所不同。通常而言,不同年级的大学生也面临着不同发展困扰。新生经常需要应对新环境、新人际以及新生活的适应问题。大二、大三年级的大学生主要面临学习方法的掌握、自我概念的逐步清晰等发展议题。而大四的毕业生,需要面对职业选择的现实考虑和人生目标的实现途径诸多心理挑战。

虽然大学生生理发育已基本成熟,但心理发展和生理发育的成熟并不同步,有时还呈现一种相对延迟的现象,进而引发一系列矛盾和冲突,因此,需要在发展过程中不断调适和接纳。

二、个性心理发展与同一性的建立

(一) 人生发展八阶段理论

青年期是一个机会与风险并存的特殊时期。美国著名心理学家埃里克森提出的人生发展八阶段理论中,将人的终身发展分成八个阶段,每个阶段有着各自相对应的核心任务。当每个阶段的任务得到恰当的处理时,个体就会获得较为完整的同一性,如果任务无法顺利完成,则可能出现"同一性危机"。而埃里克森认为,在每一个发展阶段,人们都会对这些关键任务做出应对,可能是积极应对,也有可能是消极应对。每个阶段的任务见表4-1。

表4-1 埃里克森人生发展八阶段

大致年龄	时期	关键任务	充分解决	不充分解决
0~1.5岁	婴儿期	信任对不信任	基本信任感	不安全感、焦虑
1.5~3岁	儿童早期	自主对自我怀疑	知道自己有能力控制自己的身体、做某些事情	感到无力控制事情

续 表

大致年龄	时 期	关键任务	充分解决	不充分解决
3～6岁	学前期	主动对内疚	相信自己是发起者、创造者	缺少自我价值感
6～12岁	学龄期	勤奋对自卑	丰富的社交技能和认知技能	缺乏自信心,有失败感
12～18岁	青春期	同一性对角色混乱	作为一个人,有舒适的自我感:明白自己是谁、接受并欣赏自己	碎片化的、变化不定的自我感,不清楚自己是谁
18～25岁	成年早期	亲密对孤独	有能力与他人建立亲密的、需要承诺的关系	感到孤独、隔绝;否认需要亲密感
25～65岁	成年中期	繁殖对停滞	更关注家庭、社会和后代	固着于自我放纵,缺乏未来的定向
65岁以后	成年晚期	自我整合对绝望	圆满感,对自己的一生感到满意	感到无用、无价值,沮丧

埃里克森划分的心理社会发展阶段如下。

第一阶段:婴儿期(0～1.5岁)

本阶段发展任务是:满足生理上的需要,发展信任感,克服不信任感,体验希望的实现。信任是对父母的强烈依恋关系的自然伴随产物,因为父母为儿童提供食物、温暖以及由身体触摸带来的安抚。但如果儿童的基本需要没有得到满足,缺乏身体的触摸和温暖的情感,或者照料者经常不在身边,儿童就可能发展出一种强烈的不信任感、不安全感和焦虑感。

第二阶段:儿童早期(1.5～3岁)

本阶段的发展任务是:获得自主感,克服羞怯和疑虑,体验意志的实现。自主性意味着个人能按自己的意愿行事的能力。此时的儿童控制自己的大小便,反复使用"我""我的"等字眼,凡事想亲力亲为,表现出强烈自主的意愿。但是,成人(尤其是教养者)不可能允许儿童为所欲为,而是要按照社会的需要来要求他们。如果儿童受到过于严格的训练和不公正的对待,就会产生羞怯和疑虑。

第三阶段:学前期或游戏期(3～6岁)

本阶段发展任务是:获得主动感,克服内疚感,体验目的的实现。埃里克森认为,顺利度过前两个阶段的儿童已认识到自己是人,在这一阶段中,他们面临的问题是他们能成为什么样的人。他们充满想象力,其行为也更具目的性和主动性。在日常生活和游戏中,他们积极地检验各种限制,确定什么是允许的,什么是不允许的;这一阶段的儿童表现出对性别差异特别的好奇心和求知欲,甚至幻想两性生殖器相互侵入的情景。当儿童认识到他们的行为或计划是注定要遭到成人的禁止时,就产生了罪疚感,而后便以一种新的形式控制自己的思想和行为。

第四阶段:学龄期(6～12岁)

本阶段相应的发展任务是:获得勤奋感,克服自卑感,体验能力的实现。在本阶段中,儿童进入学校,学习文化知识和基本技能。在学习过程中,儿童一方面努力追求着自身的完善,促生了勤奋感;另一方面,儿童在努力追求的过程中伴随着一种害怕失败的自卑感。因此,勤奋感对自卑感便构成了本阶段的发展危机。

第五阶段:青春期(12～18岁)

本阶段的发展任务是:建立新的自我同一性,防止同一性混乱,体验忠实的实现。这里的同一性是一个内涵非常丰富的概念,主要是指一个人知道自己是怎样的一个人——包括过去的、现在的、将来的自己,了解自己的需要、理想和责任,清楚自己的社会角色,以及运用自己的方式把握事件时的内在自信等各方面的协调整合。完成这个阶段的任务能够培养个体对自我的一致感,如果失败,则会导致青少年缺乏稳定、核心的自我形象。

第六阶段:成年早期(18～25岁)

本阶段发展任务是:获得亲密感,避免孤独感,体验爱情的实现。经历了第五阶段,青年男女需要在自我同一性巩固的基础上获得共享的同一性。埃里克森认为,只有建立起良好同一性的青年才能建立与异性伴侣的亲密关系。当两个人愿意共享和调节他们生活中的一切重要方面时,便获得了真正的亲密感。如果一个人未能确保自己的同一性,就会在与情人的交往中过分关注自己,不能忘我地关心对方,因而难以产生真正的感情共鸣,导致孤独感。

第七阶段:成年中期(25～65岁)

在本阶段中,个体已经建立家庭,他们的兴趣开始扩展到下一代;而且他们也非常关心各自在工作和生活中的状态。在埃里克森看来,他们进入了繁殖对停滞的时期。此时,相应的发展任务便是:获得繁殖感,避免停滞感,体验关怀的实现。这里的"繁殖"是一个意义相当广泛的词,不仅指生儿育女,关怀、照料下一代，而且还指创造新事物和产生新思想。埃里克森更侧重于后者。有的人即使没有孩子，但是他们在其专业领域充分发挥自己的智慧和力量，最终有所作为，亦能获得繁殖感。

第八阶段：成年晚期（65岁以后）

这是人生的最后阶段，发展危机是自我整合对失望，发展任务是：获得完善感，避免失望和厌倦感，体验智慧的实现。随着时光流逝，老年人发生了一系列变化，如身体机能逐渐衰退，离开了工作岗位，社会角色转变，收入减少，亲友、配偶相继离去……因此，老年人需要作出一系列生理、心理和社会的重大调整，以适应这些变化。

（二）青春期自我同一性的建立

青少年因为生理的急剧变化，以及新的社会冲突和要求，而变得困扰和混乱。埃里克森强调青春期的发展危机是同一性对角色混乱。

自我同一性的形成是指青少年试图弄清楚他们的独特性，努力发现自己独特的优点和缺点以及他们在未来生活中能扮演的最好角色。其发现过程常常包括尝试不同的角色或选择，以及发现这些角色和选择是否符合自己的能力和观点。在这个过程中，青少年通过在个性、职业、爱（私人关系、亲密关系）及承诺等各个方面的选择来试图理解自己是谁，逐步建立起自我认同。

显而易见，同一性的建立是一个毕生发展的过程，然而同一性的发展在青春期出现了危机。很多青少年往往痛苦地发现他们不能迅速准确地作出决断，无力持续承担义务，于是他们便进入了"暂停期"，也就是心理社会性延缓，以缓冲他们强烈的内心冲突。在这期间，他们需要为日后的发展作充分的准备，比如接受高等教育或职业教育、服兵役、经历各种性质不同的社会工作等，这些都是青少年寻求同一性的方式。

一般来说，自我同一性的形成状况可以分成四种：

（1）同一性获得：处于这个阶段的青少年已经成功地探索及思考过他们是谁以及自己想做什么。已经达到这种同一性阶段的青少年心理往往最为健康，成就动机最强，道德推理也更强。

（2）同一性早闭：有些青少年还没有经历过对各种选择进行探索的危机阶段就不再考虑各种选择的可能，他们停止了同一性的探索，接受的是别人为他们作出的最好决定。

（3）同一性延缓：有些青少年一定程度上探索了各种选择，但仍然没有作出承诺。他们表现出较高的焦虑，体验着心理冲突。同时，他们往往是活跃有魅力地寻求与他人发展亲密关系，他们正努力解决同一性问题，也必须经过一番努力才能解决。

（4）同一性扩散：有些青少年既不探索也不去思考各种选择，他们容易变来变去，从一件事转移到另一件事上，缺乏兴趣，对未来不抱希望，通常还会表现出社会性退缩。

大学生正处于建立自我同一性的阶段，应该在大学阶段努力进行未来职业生活的规划与探索，对自己的个性特点、优缺点进行了解，在实践中发现自己、发展自己。

第三节　合理调节情绪

一、情绪的基本概念及状态

（一）情绪的基本概念

情绪是个体对外界刺激是否满足自己的需要而引起的一种主观体验。当代心理学家将情绪定义为一种躯体和精神上的复杂的变化模式，包括生理唤醒、感觉、认知过程以及行为反应，这些都是对个人知觉到的独特处境的反应。

一般来说，情绪的定义包括两个方面：① 情绪效价，即情绪体验是正面的还是负面的；② 唤醒水平，即这些体验是否有特殊的身体唤醒水平。也就是说，情绪是一个与特定的生理活动模式联系在一起的积极或者消极的体验。

人类的基本情绪有快乐、愤怒、悲哀和恐惧四种，以此为基础可以复合成千上万种的复杂情绪。美国加利福尼亚大学旧金山分校心理学家保罗·艾克曼的发现在一定程度上证实了人类的确存在少数几种核心情绪。艾克曼指出，人类的四种基本情绪（喜、怒、哀、惧）所对应的特定面部表情，被世界各地不同的文化所公认，包括没有文字、尚未受到电影、电视和网络"污染"的人群，这说明情绪具有普遍性。

（二）情绪状态

心理学家根据情绪发生的强度、速度、紧张度和持续性，将其分成心境、激情、应激三种情绪状态。

1. 心境

心境是一种微弱的、弥散的和持久的情绪,正如我们平时描述的心情。心境的好坏,常常是由某个具体而直接的原因造成的,它所带来的愉快或不愉快通常会保持一段较长的时间,并且人们会把这种情绪带入工作、学习和生活中,进而影响人的感知、思维和记忆。积极的心境让人精神饱满、感知觉敏锐、思维活跃、待人宽容;而消极的心境让人萎靡不振,感知觉迟钝、思维麻木、多疑,看到的、听到的全都是不满意、不顺心的事物。

2. 激情

激情是一种猛烈、迅疾而短暂的情绪,类似于激动。激情是由某个事件或原因引起的当场发作的情绪。其表现猛烈,但持续的时间不长,并且牵涉的面不广。积极的激情,是一种心理能量的宣泄,一般而言对人身心健康的平衡有益;但消极的激情可能会使个体失去协调自身的正常水平,产生一定的风险,并且具有很大的破坏性和危害性。

3. 应激

应激是在出乎意料的紧迫与危险情况下而引起的高度紧张的情绪状态。应激最直接的表现就是精神紧张。在遇到意料之外的紧急情况时,人们可能有积极和消极两种反应。例如人在遭遇大地震时,积极反应表现为思维清晰、动作机敏,从而迅速避难,化险为夷;而消极反应则表现为思维混乱、动作惊慌,麻木僵硬,正常处理事件的能力被削弱。

二、情绪的功能

(一)唤醒功能

情绪反应会伴随生理水平上的唤醒,心理学家发现唤醒水平和绩效之间存在倒 U 形的关系,即耶克斯-多德森定律。太高或太低的唤醒水平都会损害绩效表现。有些工作在高唤醒水平下操作最好,有些则需要在比较缓和的唤醒水平下进行,决定唤醒水平的关键是工作难度。对于复杂或困难的工作,成功完成任务需要唤醒水平处于较低的一端,而当难度降低、工作变得简单时,要使得工作变得更加有效则需要提高唤醒水平。由此可见,情绪引发的生理唤醒可以使个体达到高的绩效水平,情绪的一个重要功能就是激励个体前进,促使个体向目标迈进。

（二）社会功能

从社会水平上看,情绪在社交活动中拥有广泛的功能。当身边有人暴怒时,你会自觉地后退远离;而当周围有人给出微笑,当你看到笑脸,感受到其对你暗示的"到这边来"的一个眼神时,你会愿意靠近。我们习惯性地根据观察到的周围人的情绪状态来进行回应、反应。并且,研究发现,情绪对个体的亲社会行为会造成一定的影响,当个体处于最佳的情绪状态、健康水平时,他们的亲社会行为的倾向越高,更愿意做出各种助人行为。

（三）认知功能

情绪会影响个体的认知功能,当我们陷入情绪的时候,往往注意力、对个人及他人的知觉力,以及个体的记忆力、判断力和创造力都会受到影响。心理学家伯温等人提出了情绪对信息加工的影响作用模型,他们假设当一个人在特定的情境下体验到某种情绪时,这种情绪就会和事件一起储存在记忆中,就像背景一样。这种记忆表征模式包括情绪一致性处理和情绪依赖性记忆。当人们在处理和提取信息时,对那些和当前情绪一致的内容会表现出选择性的敏感,即情绪一致性处理。因此,那些与一个人目前情绪相一致的材料更容易被发现、注意与深入加工,联系也更细致。而当个体处于与当时储存记忆相同的情绪状态时,更容易提取信息,即情绪依赖性记忆。

此外,研究者不断证实那些积极、愉快的情绪会产生更有效率、更具有创造性的想法和问题解决方式,比如,处于温和愉快情绪中的被试（实验者给医生一些糖果作为礼物）比起控制组的被试在创造性测验中的表现明显要好。也许你可以试一试这些发现的即刻应用：如果你保持良好的情绪,你在学校的表现可能会更好、更有效率。

三、情绪调节的方法

（一）情绪调节的目标

1. 提高对自己情绪的觉察能力

有许多人不愿意承认自己有负面的情绪,或者不愿意承认某种特定的负面情绪。从进化的角度而言,人类必定会体验到负面情绪,长期的压抑负面情绪往往会导致更加严重的心理问题的出现。觉察自己的情绪状态,是情绪调节的第一步。当我们发现自己可能正处于一种让自己不是那么舒服的负面情绪体验当中时,不妨先暂停一下,中断目前的情绪体验。尝试让自己从中跳出来,先看到自己的情绪状态。

2. 有效表达情绪

当我们觉察到自己的情绪状态,正视自己经历的情绪体验之后,需要慢慢地、平静地接受自己可能出现的每一种情绪,并将其以恰当的方式表达出来。心理健康的个体往往更容易正视自己经历的情绪体验,不去否认或者过度压抑负面情绪,而是给予这些负面情绪一个适当的空间,慢慢去接纳这样的情绪状态,学会如何与之相处。在觉察、接受自己情绪后,个体需要把握良好的时机以合适的方式表达自己的情绪。表达情绪的方式有很多,但在此要提醒的是,缓解不良情绪的目的是让自己更有力量去面对未来。如果缓解不良情绪的方式只是暂时逃避痛苦,但是暂时的逃避可能会带来更多的痛苦,那这不是一个合适的方法。

(二)调节情绪的有效方法

1. 放松训练

常用的放松训练有呼吸放松法、想象放松法、肌肉放松法等。

(1)呼吸放松法。经常进行呼吸放松练习对平静内心、舒缓心情有明显的作用,尤其是对因紧张而引起的焦虑、恐惧,效果更为明显。呼吸放松训练有坐、卧、站三种准备姿势,操作要领如下:

1)把注意力集中在腹部肚脐下方。

2)用鼻孔慢慢地吸气,运用想象,感觉气流从口腔里顺着气管进入到腹部,腹部随着吸入的气量不断增加,慢慢地鼓起来。

3)吸足气后,稍微屏气,以便氧气与血管里的浊气进行交换。

4)用嘴巴和鼻子同时把浊气从腹中慢慢地自然地吐出来,腹部慢慢地瘪下去。

5)睁眼,恢复原状。

如此重复2~3次,就可以起到放松的作用。

(2)想象放松法。在宁静的环境中,通过想象可以有效地放松情绪。选择一个优雅、宁静的环境,闭上眼睛,想象一些美好的事物,如广阔的大草原、慢慢涨落的海水、平静的湖面等,也可以回忆一些美好的经历,在想象的同时调整呼气的节奏,之后慢慢张开眼睛。

(3) 肌肉放松法。通过肌肉放松来缓解焦虑情绪,增强控制情绪的能力。同时结合想象和呼吸放松,可以达到全身松弛、轻松舒适、心情平静的效果。

2. 认知重评

对于大部分人而言,几乎每天都会经历至少一次试图调节情绪的体验,而且个体会尝试非常多的调节策略。其中有些是行为策略(例如远离可能会触发自己一些特定情绪的场景),有些是认知策略(比如使用能够激发特定的情绪的记忆)。实际上,很多时候我们并不知道哪种策略是有效的。人们倾向于认为压抑是一种有效的调节情绪的策略,大部分人也是这么使用的,但是从长远效果而言并非如此。人们往往会认为给情绪贴标签,也就是把自己的感受和体验用词语描述出来,对他们的情绪影响很小,但实际上,给自己的情绪命名这样的做法能够有效地降低情绪状态的强度。

认知重评是通过改变对唤起情绪的刺激的思考方式来改变个人的情绪体验。有效的认知重评方法,可以是换一种方式来考虑你的处境、你在其中的角色以及解释那些出乎意料的结果时所采用的归因方式。举个例子,你有没有害怕过在一大群难以亲近的听众面前进行演讲? 有一种重新评价技术是想象你的所有潜在的批评者都裸体坐在那里,这样的想象可以在一定程度上削弱他们对你的威胁程度。

我们还可以通过改变对自己说的话,或者是改变惯有的处理方式来管理我们的情绪。认知行为治疗师提出了关于三阶段的应激思想灌输法:

第一阶段,人们首先要对自己的实际行为有更多的认识,是什么引发了这样的行为以及行为之后的结果如何。能做到这一点的最佳方法是记日记,通过日记的形式记录自己一天发生的事情,以了解行为的起因和结果,这样人们会对自己的问题有更明确的界定,这些记录也能增加个体对自己的生活、行为的可控感。比如,你发现自己的成绩很低是因为自己几乎没有给学习或者是课后练习留多少时间,那自然难以达成预期的目标。

第二阶段,人们开始认同那些可以抵消非适应性、自败行为的新做法。通过了解自己的实际行动,了解相关行为的起因和结果后,需要个体根据所预期的目标调整一些安排。例如,当你发现在一周中学习的时间较少,导致对于专业课程知识的理解比较有限,也许你就会相应地安排一些固定的学习时间,或是限制你每晚打游戏的时间不超过一小时。

第三阶段,当适应性行为已经建立后,个体要对他们新行为产生的结果进行评价,避免先前那些让人难堪的内心独白。比如,他们不再对自己说:"我太幸运了,老师小考的内容正好是我看过的。"而会更多地体验到:"我很开心自己为这次小考做好了准备,在课程上游刃有余的感觉真的很不错。"

这三阶段的应激思想灌输法意味着建立和以往的挫折性认知不同的反应和自陈方式。一旦人们开始尝试使用,并且付诸行动,人们就会意识到自己正在经历着改变,从自我挫败到怀有信心,继而体验到更多的满足感。

3. 理性情绪疗法

理性情绪疗法是由美国心理学家艾利斯所创立的一种认知行为治疗的手段。艾利斯认为个体情绪困扰是源自非逻辑的或者是非理性的思维过程。事件本身不会引发个体的情绪或者行为反应,而是个体对于这一事件的态度和理念才会引发最终的反应,也就是 A(诱发事件,Activating events)并不能导致 C(行为结果,Consequences),而是 B(信念,Beliefs),是一个人对 A 的信念,导致了情绪反应 C 的出现。例如,当一个人在失恋之后感到沮丧难过,这不是失恋本身引起的沮丧情绪,而是由这个人对于失败、对于关系的中断抑或是被拒绝的信念所引起的,如果这个人的信念是认为分手意味着摆脱原有的糟糕的关系,拥有一个全新的开始,那么这个人的情绪就会好很多。

以下是一些常见的对自己评价性的内部语言,这些信念常常会引发我们外在的不适行为和情绪困扰。

(1) 绝对化的要求

绝对化的要求这一不合理信念在我们的日常生活中是最常见的。对事物的绝对化的要求是指人们以自己的意愿为出发点,对某一事物抱有认为其必定会发生或不会发生这样的信念。这种信念通常是与"必须"和"应该"这类字眼联系在一起的。比如"我必须获得成功""别人应该都友善地对待我""生活应该是很容易的"等。怀有这样的信念的人通常都很容易陷入情绪困扰。因为客观事物的发生、发展都有一定的规律,不可能按某一个人的意志去运转。对于某个具体的人来说,他不可能在每一件事情上都获得成功;而对于某个个体来说,他周围的人和事物的表现和发展也不会以他的意志为转移。因此当某些事物的发生与其对事物的绝对化要求相悖时,他们就会感到受不了,感到难以接受、难以适应并陷入情绪困扰。

理性情绪疗法就是要帮助他们改变这种极端的思维方式,而代之以合理的思维方式,以减少他们陷入情绪障碍的可能性。要帮助他们认识这些绝对化要求的不合理之处、不现实之处,以期以合理的方式去看待自己和周围的人与事物。例如用"可以"替换"必须",比起"我必须成功",个体可以认为"以我的能力是可以成功的,但是如果失败也是在所难免的"。

(2) 过分概括化

过分概括化是一种以偏概全、以一概十的不合理思维方式的表现。艾利斯认为过分概括化是不合逻辑的,就好像以一个人的外貌来判定个体的好坏一样。一方面,过分概括化是个体对自身的不合理评价。例如,当面对失败或者极坏的结果时,有些个体往往会认为自己"一无是处""一钱不值""是个废物"等,以自己做的某一件事或某几件事的结果来评价自己整个人,评价自己作为人的价值,其结果常会导致自责自罪、自卑自弃的心理以及焦虑和抑郁的情绪的产生。另一方面,过分概括化包含了对他人的不合理评价,即别人稍有差池就认为他很坏,一无可取等,这会导致一味地责备他人以及产生敌意和愤怒等情绪。艾利斯认为一个人的价值是不能以他是否聪明,是否取得了成就等来评价的,他主张不要去评价整体的人,而应代之以评价人的行为、行动和表现。因为在这个世界上,没有一个人可以达到完美无缺的境地,每一个人都要接受自己和他人都是有可能犯错误的人类的一员。

(3) 糟糕至极

糟糕至极是一种认为如果一件不好的事情发生将是非常可怕、非常糟糕的,是一场灾难的想法。这种想法会导致个体陷入极端不良的情绪体验,比如陷入自责自罪、焦虑、悲观、抑郁的恶性循环之中而难以自拔。其实,对任何一件事情而言,都有可能存在比想象中的场景更坏的情形发生,但实际上,没有任何一件事情可以定义为是百分之百地糟糕透了的情况。

糟糕至极常常是与人们对自己、对他人及对自己周围环境的绝对化要求相联系而一起出现的。也就是说,在人们的绝对化要求中认为的"必须"和"应该"的事物没像他们想象的那样发生时,人们就会感到无法接受这种情景,往往会倾向于认为事情已经糟糕到了极点。理性情绪疗法认为非常糟糕的事情的确可能发生,尽管有很多原因使我们希望不要发生这种事情,但没有任何理由说明这些事情绝对不该发生。我们将努力去接受现实,在可能的情况下去改变这种状况,在不可能时,则学会在这种状况下生活下去。

在人们不合理的信念中,往往都可以找到上述三种特征。每一个人都或多或少地会具有不合理的思维与信念。当我们觉察到自己出现了一些难以控制的情绪的时候,不妨暂停一下,觉察一下自己是否存在一些不合理的信念,找出不合理信念的主要特征,与之辩驳,逐渐建立合理的信念。

4. 宣泄疏导法

宣泄疏导法是一种效果十分显著的解除不良情绪的方法,它具有简捷、易操作、收效迅速的特点。对情绪变化剧烈、心理反应敏感的大学生来说,宣泄疏导法是一种容易接受短、平、快的方法。常用的方法有哭泣、倾诉和运动。在你感到特别痛苦悲伤时,不妨痛痛快快地大哭一场。哭泣能够有效地释放积聚的紧张感,能调节心理平衡。痛哭是消极情绪积累到一定程度的大爆发,好比盛夏的暴雨,越是倾盆而下,天晴得也就越快。部分同学也会选择向老师、家长或最信得过的朋友倾诉,一吐为快。把心中的不快、郁闷、愤怒、困惑等消极情绪,一股脑儿倒出来,会使你感到心理上轻松起来。也有同学会选择运动,这有助于释放不良情绪,减缓心理压力。在受到不良情绪困扰时可以尝试以上的宣泄方法。

第四节 大学生常见心理问题及求助渠道

一、大学生常见心理问题辨识与求助

(一) 心理问题形成的现实因素

大量调查和实践表明,不管哪类高校,总有相当一部分新生难以适应大学生活。他们在学习、恋爱、自我管理、人际关系、自我评价等方面都存在诸多矛盾,从而衍生出一些难以摆脱的心理问题,这些心理问题主要表现在以下几个方面。

1. 新生适应

新生适应期会面临各种变化,大学是同学们逐步迈向成年独立的重要场所,但陌生的环境、衣食住行的自行做主以及日常开销的安排都会带来不小的生存挑战。大部分同学需要适应大学当地的气候、水土、饮食习惯以及语言沟通等多方面的差异,尤其是寝室的相处可能存在极大的地区差异、个人习惯差异,往往会感受到冲击、孤独等体验。此外,大学是大部分同学逐渐开始行使经济大权的开端,如何分配生活费,如何衡量个人爱好与现实经济也给同学们带来了不小的压力,造成一定的焦虑和不安。

刚进入大学,实现角色转换,可以在入学初期多逛逛校园,提前了解教室、食

堂、活动场所的地点,物理空间上的熟悉感利于增进心理的归属感。

2. 学业压力

一般而言,能进入大学学习的同学,在中学时期成绩都较为优异。但进入大学后,来自五湖四海的同学们实力相当,各有特长,中学时期成绩上的优势已经大大削减,甚至也有从白天鹅沦为丑小鸭的强烈落差感,这样的落差更容易威胁心理上的优越感,继而沮丧失落,产生心理困扰。

大学的教学方式更加考验同学们的自主学习和时间管理规划能力,大学老师的讲授课程往往是提纲挈领,开拓学生思维,指导学生掌握获取知识的方法,以此培养学生综合能力。失去了划重点、刷题海的新生往往无法适应,容易产生挫败感和迷茫。再加上大学的社团活动丰富多彩,刚刚入学的大学生会被各种各样的活动所吸引,当学习与参加社团活动所需要的时间产生冲突时,就需要较强的时间管理与自控能力来协调学习与业余活动,否则学业会受到影响。

学习模式的切换需要大学生们在日常的学习探索中慢慢确立奋斗目标,在专业学习和大学体验中发现个人偏好,不再无目的地前进。掌握自主学习方法,更好地适应大学的自主学习环境,合理规划和管理好时间。

3. 人际关系

大学的人际关系主要包括与家庭的关系、与班级同学的关系、与老师的关系、与社团中同学的关系、与室友的关系等。中学时期,大家一心扑在学习上,日常交往以同桌为主。进入大学后师生、同学关系不像中学时期天天见面那样紧密,同学们来自天南地北,生活饮食习惯都大不相同,前期的相处往往会因为生活习惯、地区差异带来不小的摩擦。很多新生都不擅长与人打交道,相较于中学时期以学业为主,大家埋头读书的情形不同,大学时期的交友更需要大家从埋头被动等待的习惯中走出来,学习与不同的人交往,主动表达自己。要重视建立与周边人群的良好关系,以丰富个体的社会支持系统,促进个体健康心理状态的形成。

同时,大学生处于成年早期建立亲密关系的重要时期,生理、心理正趋向于成熟,大部分同学对与异性交往的心理渴望达到顶峰。如何与异性相处,如何建立舒适的恋爱关系,如何平衡友谊与爱情的奇妙天平,都给大学生带来不小的人际关系考验。

处于青春期的大学生情绪处于波动与稳定、幼稚与成熟之间,容易冲动产生消极情绪,也容易受外界干扰。学习调节情绪的方法,以积极情绪面对陌生环境。也要慢慢学会人际交往技巧,真诚待人,平等待人,尊重不同文化、不同生活习惯的差异。

(二) 心理问题的现实表现

虽然造成心理困扰的因素各不相同,但在心理问题的现实表现上有些大致的相似之处,主要表现在认知、行为、情绪以及躯体症状四个方面,大多数情况下,这四方面的表现相互作用、相互影响。

1. 认知

认知即个体对于自己或者事物的一些固有的想法或者潜在的假设和评价。伴随着心理问题的认知表现大多是在已有理念的基础上会采取一些行为来验证自己的负面评价,进而还会加重自己的负面情绪性认知。这种认知包括对事物或者自己的负面评价,有极端的想法等诸多方面的内容。认知包括的内容很多,有的时候不能被个体轻易察觉,如果有些不合理的信念和假设被个体认为是理所当然的,就会不加判断地接受。更多的时候,认知需要借助他人的视野来共同探讨、共同挖掘。

2. 行为

异常行为主要包括不良习惯的养成、社交回避、暴力、成瘾行为等。当个体出现异常行为时,往往比较容易被他人察觉到。但单独的行为表现并不能说明个体有心理问题,需要结合情绪和认知等方面进行考虑。行为是为了解决目前问题所出现的,但是有时行为的选择可能会出现偏差,带来负面影响。例如,在愤怒的情绪作用下,有些个体会选择暴力去控制冲突的另一方,以期待让对方做出让步,但是暴力并不是解决问题的最佳方案,而且往往会让个体受到法律的惩罚。某种行为虽然外界看上去是异常的,但是这样的行为得以持续下去,是有它本身得以持续的机制在起作用的。

3. 情绪

当遇到问题、挫折或者挑战的时候,人会有各种各样的情绪反应。常见的情绪包括抑郁、焦虑、恐惧等,这些都是正常的情绪反应。当个体采用了很多办法都无法调节自己的情绪,无法从事件中转移注意力的时候,或者某种情绪的持续时间和严重程度已经影响到了正常的学习生活和社交活动的时候,就需要引起个体的注意。

4. 躯体症状

躯体症状的表现一开始会从生活方式的改变体现，包括睡眠的改变和饮食的改变。

睡眠的改变主要包括睡眠时间的增加或者减少，失眠，睡眠质量下降，如早醒、睡眠变浅等，第二天精神疲惫。失眠不仅会影响一个人的身体健康，也会影响一个人的情绪。

饮食上的改变主要体现在饮食增加或减少两个方面。饮食减少可能伴有持续一段时间的食欲下降、食量减少，并在短期内体重迅速下降，等等，饮食增加常常有暴饮暴食、情绪性进食等，这些都要引起个体的注意。

除了睡眠、饮食等生活方式的明显改变，还应注意其他一般性的躯体症状。例如，心血管、胃肠道或呼吸系统不适；出现了疼痛，包括头痛、肌肉酸痛或不明部位的不适感等。虽然躯体症状的出现不一定意味着存在心理问题，但需要先进行排查，排除躯体的疾病后再考虑是否是心理问题所引起的躯体表现。因为心理问题可能表现为躯体上的症状，因此当出现躯体不适时，个体需要意识到可能是心理状况的改变引起的，例如大部分同学可能会在考前突发肠道不适、发烧等，这些可能是因为过于焦虑引发的躯体不适。

(三) 心理问题的求助渠道

生活中每个人都会遇到各种各样的困扰和难题，但是每个人的应对和处理方式都不大相同。当遇到一些心理困扰或者心理问题时，我们可以从求助自己、求助师长及好友以及求助专业人员三个方面进行处理。

1. 求助自己

当遇到问题时，大部分人通常会选择先进行自我调节的尝试。

有的人会设法转移注意力，将精力投入到学习、参加社团活动、与朋友聚会等其他方面，暂时从问题中隔离出来。短暂的远离虽然不会解决问题，但是却给个体一个空间冷静下来，待情绪平稳以后再去思考自己目前的困境。有的人会将积累的情绪用其他方式发泄出去，如写日记，听歌，进行创作；有的人会去运动健身，发泄的方式各异。每个人在成长的过程中都已经或多或少得了一些对个人而言有用的经验，不过有些方式也会随着年龄的增长、情景的改变逐渐不适用。因此个体还可以从周围的人那里寻找一些有效的方式，然后进行尝试，个体还可以学习一些心理健康知识，通过学习课程、参加讲座、阅览书籍等方式从理论知识掌握上提高自己。要重视心理健康对一个人的重要作用,在学习和实践的过程中,不断地完善自己的储备,接纳自己,悦纳自己。

2. 求助师长、朋友等信任的人

当遇到问题时,个体需要记住,自己并不是一个人在面对问题。每个人都是在一个环境系统中成长起来的。除了自然环境,这个系统还包括社会支持系统,系统中有自己的家人、朋友等。当遇到问题时,可以从自己的社会支持系统中寻找资源,跟他们分享自己的遭遇,讲述自己的困难。即使没有有效的方法被提出来解决目前的困扰,倾诉以及从他人那里获得理解和支持也能够帮助个体有效缓解压力,疏解情绪。家庭是一个人社会支持来源的重要方面,个体的理念及生活习惯大多来源于家庭。而朋友在青春期的个体成长中起着非常重要的作用,相同的文化背景,相同的成长环境更有利于个体从朋友那里得到支持。一般的社会支持系统由不同的群体组成,只要是个体信任的人都可以作为社会支持系统的一部分,可以在个体遇到困难的时候提供支持。比如老师,会在学习生活中给学生提供帮助,为学生传授知识,是学生可以获得支持的力量来源之一。

3. 求助专业人员

当个体尝试了自我调节、求助社会支持系统,但依旧觉得可能需要更多的帮助,或者是因为担心麻烦他人而不愿意求助社会支持系统时,不妨尝试向专业的心理援助渠道求助。

心理咨询是由受过专门训练的人员(咨询师),运用心理学的知识、理论和方法,为来访者提供帮助的过程。咨询师可能会持有不同的理论见解,来访者寻求帮助的问题也多种多样。目前,在我国很多高校已经建立了心理咨询中心,但是很多学生由于对心理咨询不了解,或者存在着"去心理咨询的都是有神经病的"这样的偏见,认为只有心理异常的人才需要进行心理咨询,这实际上大大限制了学生对心理咨询资源的利用,限制了学生通过专业人员获得帮助,也限制了个人获取更加专业的求助渠道。事实上,心理咨询也面向普通群众,个体希望个人成长,寻求个人体验也可以借助心理咨询的帮助。

除了面对面的心理咨询之外,目前很多省份都开通了免费的心理援助热线。例如"962525"是由上海市政府支持,市建委、市教委联合指导,上海市精神卫生中心、上海市疾病预防控制精神卫生分中心、上海市健康促进中心、各区精神卫生中心等多家专业机构共同组建和实施的公益热线,该热线每周7天24小时全天候服务,由具有专业心理咨询资质的志愿者们轮流守护,为来电者免费提供心理咨询服务。又比如"12355"青少年综合服务台,是由共青团中央设立的青少年心理咨询和法律援助热线电话,由各级共青团组织建设和维护,为青少年提供免费的心理咨询服务和法律咨询援助。

第五节 异常心理的识别与处理

一、抑郁症的识别

(一) 抑郁症的临床表现

抑郁情绪每个人或多或少都会经历过,而抑郁症则需要专业的诊断与治疗。抑郁症是一种常见的心理疾病。WHO 2017 年指出,全球确诊的抑郁症患者已经达到 3.22 亿人,2005—2015 年 10 年间,抑郁症患者增加了 18.4%。目前全球范围内大概有 4.3% 的人罹患抑郁症,其中发病风险最高的三大群体是年轻群体、孕妇/产后妇女以及老年人。

有些人认为,患有抑郁症的人不能控制自己的情绪,是个人能力有限,或由于个人性格的软弱造成的,其实这想法存在严重的误解。抑郁情绪同样会降临到意志坚定、个性坚强的人身上。比如,沉重的人生打击,像是失去至亲、失业或破产、永久的身体创伤、患上不治之症、青春期心理转变、中年或老年危机等,都可能成为抑郁症的发病源头。抑郁症被形容为"心理疾病中的普通感冒",因为它发作频繁,也因为几乎人人都在一生的某些时间中或多或少地体验过,每个人都曾经历过丧失亲人朋友的悲哀,或经历过没有达到目标的沮丧。而这种悲哀、丧失的情绪只是抑郁症患者体验到的症状中的一种。

此外,抑郁症患者有年轻化的趋势,越来越多的青少年受到抑郁情绪的困扰。连绵不绝的功课与考试、父母关系的破裂、感情问题的困扰、对于物质生活的盲目追求、自我价值的迷失等,都是当今青少年要面对的沉重压力。了解及化解这些压力,可帮助预防抑郁症的形成。

一般来说,抑郁症需要同时考虑以下这些因素:

(1) 在感受方面,如持续出现抑郁情绪;紧张、担忧,突然出现令人沮丧的想法;无缘无故地闹情绪或感到沮丧;不想见人,害怕独处,对社交活动感到难以应付。

（2）在想法方面，如觉得自己成为别人的包袱；感到对前途无望；没有自信；觉得生命是没有意义和价值的；觉得自己被人遗弃；觉得自己一无是处，所做的事情都是错的，而且只会继续错下去。

（3）在行为方面，急躁易怒；不能冷静思考；对一向感兴趣的事情提不起劲；即使最简单的事情都觉得难以完成；经常思考自己出了什么问题，并对别人的指责感到内疚、罪责；有死亡或自杀的念头。

（4）在身体反应方面，难以集中精神和注意力；食欲突然增加或是减少；体重骤升或骤降；睡眠出现障碍，有时噩梦、持续失眠、睡眠不足；很早醒来，无法再睡或起床时感到疲倦；常常感到疲劳乏力；出现没有原因的身体疼痛。

如果以上抑郁症状持续超过两周，而且明显地影响了你的学业成绩、工作表现与人际关系，不必迟疑，最好立刻寻求专业帮助。在我国，自2013年《中华人民共和国精神卫生法》施行以来，只有精神卫生机构的专业精神科医生才能对抑郁症进行确诊，一旦确诊要尽快进行药物治疗或住院治疗。

（二）抑郁症的成因

抑郁症的成因目前医学的解释一般涉及先天遗传、生理、心理及环境因素。若有家庭成员有抑郁症，其他成员患上此症的概率则相对较高。心理和环境因素方面由于各人的经历与处理生活事件的方式不一，患抑郁症的机会也各不相同。然而，也有抑郁症的出现并无明显原因的情况。

目前关于抑郁症发病的真正症结依旧在不断地探讨中，以下主要介绍三个流行的假说，分别是一元胺假说、炎性假说和神经可塑性假说。

1. 一元胺假说

一元胺包括血清素、去甲肾上腺素和多巴胺。这个假说之所以形成，是因为精神病学家发现使用抗抑郁药物可以增强大脑中一元胺神经递质的传递。这个假说在20世纪中期被提出，直到现在仍然有效。比如，血清素在大脑当中的失衡和抑郁有关。在我们的大脑当中，各种神经激素不是越少越好，也不是越多越好，它们互相之间维持平衡内稳态才更重要。如果人们长期处于慢性的环境压力下，比如，家庭关系长期不和谐，学校里长期没有可以交心的朋友，被周围的人霸凌孤立等，这些压力会使大脑分泌的TG2（转谷氨酰胺酶2）蛋白增多，从而降低我们调节情绪的能力。研究发现，过高的TG2蛋白会使大脑中的血清素浓度过低，影响神经元之间的交流，导致出现"心力交瘁"的抑郁症状。在对小鼠的研究也发现,大脑中 TG2 蛋白增多会引起神经元萎缩,进而损害神经元之间的连接功能,而神经元之间有效的连接是维持神经信号传输、动物正常认知和情绪活动的生理基础。

2. 炎性假说

炎性假说认为,抑郁症可能是由于身体有炎症所造成的。大量研究发现,免疫炎性因子的富集与大脑功能、健康以及认知有着密切的关系。脑科学家发现,我们血液循环系统中的细胞因子可以穿透血脑屏障,或者通过能直接进入大脑的外周神经通路(比如迷走神经)直接作用于大脑的神经元和其他提供支持功能的脑细胞(比如星形胶质细胞和小神经胶质细胞),来显著影响大脑的功能。

这个机制也可以解释为什么有自免疫系统疾病或者严重感染的人有更大的可能性患上抑郁症,以及为什么为了治疗其他某些疾病而向体内注射细胞因子,会同时引发抑郁症。

炎症会引起抑郁并加剧抑郁。在儿童时期,如果一个人体内白介素更高,那么他成年之后得抑郁症的风险也更高。另外一个很重要的证据是在抑郁症病人死后的大脑当中发现的:抑郁症病人大脑当中的小神经胶质细胞被过多激活并伴有神经炎症。

3. 神经可塑性假说

抑郁症还可以从神经可塑性和神经再生的角度来解释。21 世纪最重要的发现之一是在成年人大脑中发现了全能干细胞。全能干细胞的存在意味着一个人的大脑在成年之后依旧可以产生新的神经元,这个过程叫作神经再生,这一特质叫作神经可塑性。大脑的神经可塑性会受到炎性反应和 HPA 轴(下丘脑-垂体-肾上腺轴)的功能失调的影响而下降,而这两者常常是因为环境压力过大造成的。

神经再生的过程涉及一些调节蛋白,其中就包括脑源性神经营养因子,这种蛋白在抑郁症病人的大脑当中会明显变少。而在抑郁症病人接受抗抑郁治疗之后,大脑中的脑源性神经营养因子水平就会有所回升。

对抑郁症病人的大脑研究中发现,那些从来没有受到治疗的抑郁症病人相较于健康人和有过治疗经历的人,前者大脑的海马齿状回当中的颗粒神经元的损伤更明显。而接受过治疗的抑郁症病人大脑当中则有更多正在分裂的神经祖细胞。这个研究结果进一步说明,有效治疗抑郁症可以帮助病人在一定程度上恢复大脑的神经再生,增强大脑可塑性,这可能是抑郁症治疗有效果的原因之一。

(三) 抑郁症的治疗方法

由于大众对抑郁症缺乏准确的认识,大多数情况下往往不能及早注意早期病状,误以为这不过是一般的情绪低落,以为只要想开点便没有什么问题,因而延误了治疗,继而更加影响正常生活及人际关系,甚至最终酿成难以挽回的悲剧。

大部分抑郁症患者的症状是间歇式的,时好时坏,有时候症状比较明显,而在两次发病的中间,他们的情绪状态又会比较稳定。有效的治疗方法能够使得抑郁症状在几周之内得到缓解,对抑郁症的治疗,轻度、中度和重度抑郁症的选择是不同的,其中最常见的治疗方法包括心理治疗、抗抑郁药物治疗以及两者相互结合。如果积极配合治疗,一次抑郁症的发作通常会持续3~6个月,而大部分病人会在12个月内康复。在经历了第一次抑郁症发病之后,有超过一半的人可以在6个月之内康复,大约四分之三的人在一年内可以康复。但是,仍然存在近25%的病人一年后无法康复,并发展成慢性抑郁症,这和患者没有积极参与治疗,或者没有积极配合治疗有很大的关系。

认知行为疗法是目前应用最广泛、效果相对显著的心理治疗方法。这种治疗方法的主旨是教病人识别头脑当中的消极思维方式,让病人认识到正是这些消极的思维方式加重了他们的抑郁体验。认知行为疗法会教抑郁症病人如何用更加健康、真实、客观的想法,去替代头脑当中那些错误、不真实、扭曲的消极想法。

心理治疗对抑郁症而言是有效的,但是效果取决于心理治疗师的专业水平以及医患关系的和谐程度。治疗师表现出来的温暖、积极的鼓励和真诚的关心,对抑郁症患者症状的缓解有着很大的影响。对轻中度的患者而言,心理治疗和药物治疗的效果差不多。但对于严重的抑郁症患者来说,心理治疗就不够了,因为严重的抑郁状态会导致他们没有足够的精力和动力坚持接受心理治疗。

认知行为疗法对治疗轻中度的抑郁症长期效果是较好的,其治疗效果可以持续至少一年甚至更久。相较于认知行为疗法,抗抑郁的药物只在服用的当下是有用的,一旦停药,症状可能就会反弹。但是对于严重的抑郁症,药物治疗是非常必要的治疗方法。虽然服用抗抑郁药物会有一些副作用,比如恶心、头痛等,但患者也不用太过担心这些副作用,因为在停药之后这些副作用都会自行消失。

二、焦虑症的识别

随着社会经济的快速发展,个体在人生每个阶段都有可能陷入各种各样的焦虑之中,学生时代有升学的焦虑,毕业时有求职就业的焦虑,有同学不同追求与目标达成之间比较造成的焦虑。生活中的任何事都会让人如临大敌。很多时候,一些人的焦虑甚至变成了没有具体焦虑对象的一种常态。

(一)焦虑症的临床表现

焦虑症最核心的特征是,过多且持续的恐惧、焦虑及回避感知到的威胁。这种威胁包括外部的威胁,比如社交场景,以及内部的威胁,比如身体的感觉。焦虑症的回避行为由重到轻有不同的呈现方式,严重的焦虑症患者会拒绝进入特定的处境,轻微的可能是在应对某些事物或者人的时候感觉比较勉强。

焦虑症主要可以分成以下七种类型:

1. 分离焦虑

分离焦虑的主要症状包括当一个人和其依恋对象,比如妈妈或者恋爱对象分离时,会感受到明显的恐惧和焦虑,而这种恐惧和焦虑是和年龄、情景不相称的。有分离焦虑的人通常会过度担心依恋对象和自己分离后可能遭遇不测,或者担心会有不好的事情发生导致自己失去依恋对象。他们不愿意离开依恋对象,分离焦虑的压力甚至会引发生理症状,比如做噩梦或者胃疼。

2. 选择性缄默症

选择性缄默症是指一个人一直无法在应该说话的特定社交场合说话。就像很多小孩子见到陌生人就不敢说话一样,很多人长大后在一些有很多人参加的讲座或者聚会上无法开口和陌生人说话。

3. 特定的恐惧症

恐惧症是对某些事物或者场景有明显的恐惧、焦虑或回避,比如,很多人会特别害怕鸟和蜘蛛,就连提到这两个词都会感到不自在。患有恐惧症的人表现出的恐惧和实际威胁是不相称的,虽然知道这些事物对自己不会造成实际的伤害,但他们的恐惧和焦虑是真实体验到的,即使他们也知道自己的表现是过分夸张和不合理的。

4. 社交焦虑障碍

患有社交焦虑障碍的人会对自己成为众人瞩目的焦点或者自己被注视的社交场景有明显的恐惧、焦虑或者回避。他们特别害怕其他人对自己的消极评价,害怕其他人不喜欢自己,害怕尴尬、被羞辱、被拒绝或者冒犯他人。这种对社交场景的恐惧是和实际的社交威胁不相称的,当事人也知道自己的症状是不合理的。

5. 惊恐障碍

惊恐发作是一种持续时间短而强烈的焦虑障碍,经常还会伴有一些身体症状。惊恐发作的人会突然产生强烈的不舒适感,可能还会有胸闷、喘不过气的感觉,以及心悸、颤抖、手脚发麻的濒死感,或者失去控制感的症状。惊恐发作每次持续15分钟左右,在10分钟内达到高峰,持续几分钟后会自动逐渐消失。

6. 广场恐怖症

广场恐怖症除了对广场有恐惧,还包括对空旷的地方、密闭的空间、排队、人群或者一个人出门有明显的恐惧、焦虑情绪或回避心理。有广场恐怖症的人害怕在这些场合,自己会毫无征兆地出现惊恐发作之类的突发症状,或者出现其他会让自己感到尴尬的症状,比如手抖、心跳加速等。

7. 广泛性焦虑症

患有广泛性焦虑症的人会对日常事务无缘无故地感到紧张,虽然没有明确的紧张对象,但总觉得有坏事要发生。他们会过分担心日常小事,比如健康、家庭、人际关系或工作等,并且容易感到疲劳和坐立不安,他们会难以集中注意力,出现肌肉紧张、睡眠障碍、换气过度或者心跳过速等症状。

以上这些不同类型的焦虑症状,如果持续半年以上,就可能变成特定的焦虑症。焦虑直接的行为后果是,它会导致一个人在特定场景中对特定对象的回避和退缩。

(二)焦虑症的成因

绝大多数焦虑症患者在儿童时期或者青少年时期就出现了焦虑症状,但因为缺乏专业的知识和及时的关注与治疗,逐渐发展成了慢性焦虑。焦虑症是由基因和环境共同决定的,有三个主要因素会增加一个人得焦虑症的风险:第一是性别。女性罹患焦虑症的概率是男性的2倍。第二是遗传和家族史。如果家庭成员中有人患有焦虑症或者抑郁症,那么个体患焦虑症的风险也会明显提高。如果父母有焦虑症,那么子女得焦虑症的风险比父母没有焦虑症的人要高2～4倍,出现焦虑症状的年龄也会明显偏低。第三是童年期的负面经历。体罚、漠视、冷暴力等家庭因素都会增加儿童出现焦虑、抑郁等心理问题的可能性。年轻的时候经历过重大生活压力事件,比如破产、家里有人重病或者重大创伤,都会增加焦虑症的发病率。

基因会通过影响一个人认知世界的方式来影响他的情绪。焦虑的人更容易存在认知偏差,把一件事情解释得比较负面。面对同样一个大环境,普通人看到的和焦虑的人看到的情况是不一样的,焦虑的人更容易把中性的环境看作威胁,由此产生更多的焦虑情绪。

(三)焦虑症的治疗方法

目前无论是成年人的焦虑症治疗,还是儿童和青少年的焦虑症治疗,全世界公认最有效的治疗方法就是认知行为疗法。

以下是四个日常生活中可用于减轻焦虑的方法:

1. 改变看待压力源的方式

一旦你把压力源看成威胁,你的身体的第一反应就是战斗或者逃跑,而这些原始反应对我们应付考试、完成任务、处理家庭矛盾等都没有任何用处。来源于我们本能反应的焦虑大多数情况下于我们正常的生活工作其实是没有什么用的。当我们换个角度,把生活中的这些压力源看作是生活中必然会出现的闯关任务,就像是饥饿、口渴一样,不需要与之对抗,而是根据身体的需要去满足自己的需求。

2. 细化目标

焦虑的典型思维特征之一就是反刍思维。当你有很多任务需要完成,但每天都在想怎么办,怎么应对任务,做不成就完蛋了,这样的反刍思维往往会让你越来越焦虑。应对反刍思维的有效方法是,把你的目标写下来,分成可以执行的几个小步骤。把大目标和小步骤都写在本子上后,你需要做的只是每天按部就班地完成一个个小步骤。你不需要经常去做过于长远的、无法掌控的展望和想象,也不需要在大脑中反复思考未来可能会发生的好或不好的结果。

3. 练习冥想

科学家发现,密集的冥想练习可以迅速降低人体促炎性因子基因的表达,减少因感到压力和焦虑而导致的皮质醇分泌,使身体摆脱焦虑的伤害。冥想的方式很简单：静坐，把注意力集中在呼吸上，任由大脑里的各种念头闪过而不做任何的评判或压抑。每天1小时左右的冥想可以明显减少焦虑。

4. 定期做有氧运动

这是自助减轻焦虑的最有效的方法。有研究发现，耐力运动可以促进大脑释放神经营养因子。在运动的时候，肌肉细胞会释放鸢尾素，这种物质不仅可以促进脂肪的分解，帮助减重还可以进入大脑，促进神经营养因子的表达。

第六节　心理危机的觉察与干预

一、关于危机的常见误区

（一）那些说要自杀的人只是嘴上说说，不会真的去死

几乎所有自杀的或尝试过自杀的人都曾事先流露出过一些线索或者预示。千万别忽略任何关于要自杀的警示。诸如"我死了你就开心了""我彻底完蛋了"等言语。这些言论无论是出自多么漫不经心或开玩笑的口吻，都可能导致自杀情绪。危机中不存在"狼来了"的侥幸心理。

（二）想自杀的人都是疯子

大多数自杀的人并不是"有病"或"疯子"，他们只是正在承受痛苦的人群，因为承受的痛苦过于沉重，以至于会过于消沉和绝望。极端的不幸和情绪上的痛苦的确是产生心理疾病的征兆，但并不是"精神病"的标签和标志。

（三）一个要死的人，做什么都拦不住他

即便是最抑郁的人也不是一门心思地只想死，直到最后一刻，个体还是在要生还是要结束之间痛苦挣扎。多数自杀的人并不是想死，他们只是想结束痛苦。结束痛苦与死亡并不能画上等号。那种想要终结一切的冲动不会永远持续，即使它很强大、很强烈。

（四）要自杀的人都不会寻求帮助

关于成年人自杀者的研究表明，超过一半的人在自杀前6个月内寻求过医

疗救治,并且大多数人在死前一个月都看过医生。

(五) 谈论自杀会给听者灌输自杀的想法

谈论几句自杀不会给一个要自杀的人再强化什么念头。而事实正好相反：敞开心扉和他谈论死亡,谈论痛苦才是能帮得上的最大的忙。

(六) 自杀无法预知

以自杀人群中最常见的农村妇女为例,通常她们所使用的自杀方式是喝农药,农药就用一些可乐饮料瓶子装着放在屋里的床底下,这些妇女在争吵时会当着亲戚的面喝下去,或威胁与其争吵的对方要喝农药,威胁无效后则转身回家喝药。可以说,她们自杀的信息传递得很清楚。还有一些人在自杀前已经出现可观察到的事件发生或有明显的情绪改变,但因为相关知识的匮乏,没人愿意干预。

(七) 询问自杀意念会增加自杀的危险性,真正想自杀的人是不会告诉任何人的

在中国的文化背景下,不仅亲人、朋友,还包括医生在内,对向病人传递询问关于死亡、自杀的消息都是比较避讳的。事实上,多数处于无助状态下的人们希望获得人们的关注和帮助,特别是那些想用自杀的话语、自伤的行为作为交流的方式来表达情感的人,他们也是在寻求帮助。

二、危机干预下的自我关怀

危机干预是对处于困境中的个体给予关怀、帮助和支持,使之恢复心理平衡的过程。危机干预只要针对心理陷入危机的个体,给予其适时的援助,帮助其度过危机的时刻,然后再从长计议,并且要根据个体的实际情况的轻重及时转介到专业机构接受治疗。处于危机中的个体,认知能力受到影响,可能会忽视一些客观的信息,包括一些自身可以利用和支持的积极资源。自我关怀的目的在于引导个体从自身的角度出发来面对和处理危机。

(一) 寻求滋养性的环境

改变境况的第一步就是要充分了解个体目前所遭遇的情况。虽然个体处于

危机中会陷于莫名其妙的恐惧和不知所措的境地，不知道自己发生了什么事，也不知道之后可能会发生什么事情，但可以肯定的是，那些过去有类似经历的人能够从其经验中得到帮助。人们还可以向有经验的人和处理危机的专家请教，或者从有关书籍中寻找解决问题的办法，依靠外在给予的客观的信息来源来减小因为深陷痛苦而造成的信息差。

（二）积极调整情绪

危机的出现显然会让人们极度地紧张、沮丧甚至是绝望。调整情绪的中心环节，就是要培养承受这些痛苦的感受能力。通过调整情绪，将使诸如焦虑导致恐慌、沮丧导致绝望等情绪的恶性循环得到控制和暂停。当危机超出我们的控制以及我们无力改变外部事物时，把握自己的情绪尤为重要。觉察自己的痛苦情绪，依靠自我调节或者借助他人的力量帮助自己积极调整情绪。

（三）寻求积极的社会支持

孤立无援的个体很希望能够得到别人的帮助。在危机期间和危机过后，个体都需要与周围的人保持良好的人际关系，以期共同顺利度过危机阶段。这样的社会支持不一定是要求他们提供强烈的情感支持，而是与他们保持日常的联系，共同分享经验，共同面对事物。这有助于遭受危机的个体重新适应社会，也可以分散他们聚焦于结束痛苦本身上的注意力，使得他们不再为消极情绪所困扰。这种良好的关系可以表现为与自己的朋友一起散步、听音乐或者仅仅是安静的陪伴。从心理学的角度来说，每个人在与朋友的交往动机中都包含着肯定自我的成分，人们在交往中倾向于选择能肯定其自身价值、肯定其存在感的人。

（四）面对现实，正视危机

当个体遭遇痛苦时，大部分人倾向于采取积极的态度来应对困扰，他们会积极寻求资源，利用一切可以利用的资源来避免痛苦带来的损害。但是，当个体意识到积极应对痛苦的策略是失败的，个体依旧无法摆脱痛苦时，他们可能会因此感受到沮丧、绝望，开始消极地逃避现实，消极地采取退缩的策略来应对，继而使得危机陷入恶性循环的怪圈。面对现实，正视危机，意识到自我的调节能力有限，有利于个体减轻寻求专业帮助的心理负担，以此通过自身的成长，寻求专业力量来解决危机。

(五) 暂时避免做重大决定

处于危机中的个体处理问题的能力相较于平时的水平要低,由于个体受到问题和情感的双重困扰,搜集信息和处理信息的能力也会受到一定的限制。这时,个体对面临的问题无法有充足的认知资源进行深入的分析,掌握的信息量又太少,无法做出正确的决策,个体虽然在这时很想摆脱危机,努力去寻求一切解决问题的办法,但危机的无法控制往往使得个体无功而返,甚至造成更大的伤害。在危机时期,避免做重大的决定,有利于个体的自我保护,以免再次受到伤害。

三、危机干预六步法

危机干预六步法是专业心理咨询工作者和心理咨询师用于帮助危机来访者的工作方法,贯穿于整个干预过程的六个步骤包括确定问题、保证安全、心理支持、提出应对、制定计划、得到承诺。

(一) 确定问题

从危机学生的角度而言,理解和确定危机学生的问题,在整个危机干预的过程中尤为重要。心理咨询师可使用核心倾听技术,理解、接纳危机学生的困难。

(二) 保证安全

危机学生存在生命安全的危险,心理咨询师应该以保证他们的生命安全作为首要目标,要把危机学生的生命危险和心理危机降低到最小可能,使得危机学生尽可能地处于安全的境地,无论是物理环境还是心理环境,保证危机学生的安全必须贯穿于整个干预过程。

(三) 心理支持

在这个阶段,心理咨询师需要与危机学生做进一步的沟通和交流,让危机学生知道心理咨询师是能够给予其关怀与帮助的人。在这个过程中,不去评价危机学生的经历与感受是否妥当,他们作为危机的亲历者,正遭受着痛苦,比起批判和教育,咨询师需要给予危机学生一种被关心、被支持的感觉。

(四)提出应对

危机学生往往认为无路可走,心理咨询师的有效工作能帮助危机学生认识到,有许多可以变通的应对方式可以选择,其中有些选择比别的选择更为适宜。例如,变通环境支持、变通应付机制和思维方式等,如果能陪伴危机学生找到可变通的选择,往往能给予感到绝望和走投无路的学生极大的支持。

(五)制定计划

制定计划是从提出应对发展而来的,心理咨询师需要与危机学生共同制定行动计划来改变其情绪失衡的状态。计划应该包括:确定危机的个体在这段时期有其他个人、团体与机构能够提供及时支持;提供应付机制,即如果之后遇到紧急的情况,危机学生可以采取怎样的行动应对危机。计划的制定应与危机学生合作,让他们感觉到自己的控制性和自主性。

(六)得到承诺

如果制定计划进行得比较顺利,得到承诺这一步则顺理成章可以让危机学生复述一下刚才一同制定的计划,明确危机学生是否发自内心地同意合作的协议。在结束危机干预前,心理咨询师需要从危机学生那里得到诚实、直接、适当的承诺。

参考文献

[1] 胡谊,张亚,朱虹. 大学生心理健康教育[M]. 上海:华东师范大学出版社,2019.

[2] 黄希庭,郑涌. 大学生心理健康教育[M]. 上海:华东师范大学出版社,2020.

[3] 格里格,津巴多. 心理学与生活[M]. 北京:人民邮电出版社,2014.

[4] 美国精神医学学会. 精神障碍诊断与统计手册[M]. 张道龙,译. 北京:北京大学出版社,2016.

[5] 马斯洛. 需要与成长:存在心理学探索[M]. 张晓玲,等译. 重庆:重庆出版社,2018.

[6] 姚乃琳. 大脑修复术:你的大脑病了吗?[M]. 北京:中信出版集团,2020.

[7] 余小鸣. 大学生健康教育[M]. 北京:高等教育出版社,2018.

[8] 马建青. 大学生心理卫生[M]. 2版. 杭州:浙江大学出版社,2003.

[9] 帕帕拉,奥尔兹,费尔德曼. 发展心理学[M]. 北京:人民邮电出版社,2013.

[10] Baird A A, Gruber S A, Fein D A, et al. Functional magnetic resonance imaging of facial affect recognition in children and adolescents[J]. Journal of the American

Academy of Child and Adolescent Psychiatry,1999,38(2):195-199.
[11] Bjork J M,Knutson B,Fong G W,et al. Incentive-elicited brain activation in adolescents: similarities and differences from young adults [J]. The Journal of Neuroscience,2004,24(8).

第五章 性　健　康

第一节　性健康与性健康教育概述

一、性与性健康的概念

(一) 性与性行为

1. 性的概念

性是生物存在的普遍现象,是使物种得以生存,生物繁衍的基础,是生物的一种自然本能,性是人类生活的重要组成部分,也是人类生存必需的一种本能,性是每一个人都避讳不了的,并且十分关注的问题。人类的性行为有别于动物的是:性既有自然属性,又有社会属性,包含生理、心理、思想、情感、伦理、精神以及各种社会因素在内的一种生物本能,是人的自然属性和社会属性两者的结合和统一。性是人体最基本的生理和感情需要,也是人类延续的基本方式,同时还是社会稳定的要求,性是一门科学,作为一种生理、社会现象,始终伴随着每一个人,它深刻地影响着一个人的健康、幸福和人格。

通常,性在不同的背景下,涉及不同的观点,一般来说,"性"有狭义和广义之分。狭义的性(sex)是指男女两性在生物学上的差别,如性染色体不同,性腺不同,内、外生殖器官不同。广义的性包括狭义的性、性别、性别认同、性身份、性取向、性欲、情感依恋、情欲和生殖。它是以思想、幻想、欲望、信仰、态度、价值、行为、习惯、角色和关系予以体验或表达的。

2. 性行为的概念

性行为是指满足性欲和获得性快感而出现的动作和活动,包括性交、手淫、接吻、拥抱和接受各种外部性刺激形成的性行为。性行为的功能是繁衍后代,维护健康和获得愉悦。狭义的性行为专指性交。广义的性行为指和性活动有关的行为,包括准备性、象征性及与性有联系的行为,如恋爱、结婚、阅读色情书刊等。

动物的性行为是其本能的生殖行为,是与生俱来的、自然的生理活动和反应。人类性行为是性欲的外部显现,包括一系列具有特定内涵且可以观察到的动作、反应和活动。人类所有的性行为都是受到社会制约的、具有情感基础的心理活动,这也是人与动物最大的区别。

人类性行为受生物、心理和社会三方面因素的影响和综合作用。这三方面因素相辅相成、相互制约,并由此形成了个体千姿百态的性行为。人类性行为的社会属性主要表现在:① 人类性行为是有意识、有目的的,是由自身的文化素质和需求层次所决定的,而这一切无不带有社会文化的深刻烙印,受到社会发展的深刻影响;② 人类性行为的状况会对社会发展产生很大影响。人类性行为的社会属性表明,个体面对性行为必须保持理智、对社会负责的态度,接受社会道德和法律规范的制约。社会也要正确认识性行为,对人类自身的性问题进行科学规范,综合运用法律、道德、知识、习俗等各种手段。规范性行为是为了维护社会的安定与发展。性行为的社会属性越是彰显,表明人类在性问题上的文明程度就越高。

(二) 性健康

性是人类生活中不可避免的重要部分,贯穿于生命的始终,联系着人的生理和行为,涉及心理、伦理、法律等多个层面。WHO 将性健康定义为:"与性有关的身体、情感、心理和社会健康状态;不仅仅是没有疾病、功能障碍或虚弱。性健康需要对性行为和性关系采取积极和尊重的态度,以及在没有胁迫、歧视和暴力的情况下获得愉快和安全的性经历的可能性。为了获得和维持性健康,所有人的性权利都必须得到尊重、保护和实现。"所有人都应该意识到并且主张性权利的必要性,只有这样,才能真正达到和维持性健康。

性健康要求人们对生活采取积极的态度,从躯体、情感、精神、社会等方面去寻求全面满足,从而增进与改善性生活质量和人际关系。这要求人们具有依照社会伦理和个人道德准则享受性生活和控制生殖行为的能力;消除抑制性反应、削弱性能力、损害性关系的各种消极心理因素；没有器质性障碍、各种生殖系统疾病及妨碍性行为与生殖能力的躯体缺陷；具有抵御包括艾滋病在内的各种性传播疾病的能力；具有防止意外妊娠的能力。综上所述，性健康实际上包含生殖健康、性心理健康和性生理健康三个方面的内容。

大学生性健康同样包含生殖健康、性心理健康和性生理健康。不过，其生殖健康主要是面向处于青春期的大学生群体，旨在实现其生殖系统的功能完善以及生殖过程中生理、心理和社会的良好状态。青春期生殖健康观念不仅是倡导全面的生殖健康，更是要考虑到青春期特有的身心发育规律以及现代青少年性发育和性行为的变化趋势，充分顾及青少年特殊的性与生殖健康需求。

同时，大学生性健康还包括性生理健康、性心理健康以及具有正确的性观念、高尚的性道德和健康的性行为。性生理成熟与性心理尚未完全成熟之间的矛盾、性的生理需求与性的社会规范之间的冲突，是大学生心理卫生中的主要问题之一，直接影响着大学生的心理健康和发展。

二、性健康教育

为实现性健康就必须重视卫生保健，而健康教育则是性卫生保健的基础，性健康教育已成为大学生健康教育的重要内容。性健康教育有助于人们树立正确的性观念，更好地面对人生，构筑和谐、稳定的社会环境，减少性传播疾病的发生。

性健康教育是指通过系统的性生理教育、性心理教育和性价值教育、性道德教育等，帮助受教育者具有科学的性知识、正确的性观念、高尚的性道德、健康的性行为和成熟的性心理，科学地认识自己、了解异性，树立正确的性角色责任意识、行为规范和价值观念，成为身心健康、人格健全的人。

全面的性健康教育应当关注人的全面发展，包括身体、情感和心理等各方面。在数字经济时代，性健康教育应该充分发挥和利用数据挖掘、人工智能等现代信息技术，让有价值的信息资料在性健康教育方面发挥积极作用，主要包括：① 应用所有可利用的措施来预防性传播疾病和防止意外妊娠，并评估这些措施的风险、效益和有效性；② 建立和谐的人际关系，尤其是性关系；正确对待性的自我表达和性表达的差异。

第二节　性生理及性心理健康

相对于人体其他器官来说，性器官的性别差异最大，也是最具有魅力的器官。不同时期、不同文化的人们对性器官的态度也是不同的，有些是保持缄默，有些是称赞歌颂，还有些是狂热崇拜，这些在文化艺术作品中都有体现。

生殖系统是人体内与生殖密切相关的器官总和。生殖系统的基本功能是产生生殖细胞，繁殖新个体，分泌性激素，形成并保持第二性征。

进入青春期后，下丘脑分泌的各种促激素释放激素显著增加，在这些激素的作用下，腺垂体各种促激素释放明显增加。在促激素的调节下，体内各内分泌腺分泌的激素也随之增加，如性激素、甲状腺素、肾上腺素等均维持在较高水平，进而促进各器官和性征的发育。相应地，日常生活中要注意生殖器官的卫生保健，预防或减少疾病的发生。

一、青春期性生理发育

青春期发育指儿童向成人过渡、以性发育为突出表现的发育阶段。生殖系统是全身各系统中最后发育的一个系统，在 10 岁以前发育缓慢，进入青春期后快速发育，并逐渐趋向成熟，具备了繁衍后代的能力。WHO 专家建议的青春期年龄范围是 10~20 岁。生活在不同社会背景下的青少年身心发育存在巨大群体差异，各国学者根据女性发育早于男性发育，且结束早的特点，把青春期的年龄范围划分为女性 10~18 岁；男性 12~20 岁。

（一）男性青春期性生理发育

进入青春期，男性身高、体重迅速增加，阴茎、睾丸逐渐增大，喉结突起，声音变粗，体毛（包括胡须、阴毛、腋毛）出现，开始发生遗精现象。

1. 男性生殖器官发育

青春期前的男性，睾丸的体积增加很小，曲细精管细长呈条索状，没有明显的管腔。大约从 10 岁起，在生成精子的曲细精管中的精原细胞开始出现有丝分裂活动。经过 3 年左右的时间，睾丸就可以产生成熟的精子。同时，前列腺和精囊等伴随睾丸发育也逐渐成熟,并产生分泌物。精子与这些分泌物混合组成乳白色的液体,这就是精液。经历青春期之后,生殖器官基本达到了成熟水平,即性成熟。男性生殖器官发育成熟受睾丸激素(睾酮)的控制。研究认为,男性生殖器官的发育可以分为五个阶段:

第一阶段:幼稚型的睾丸开始增大,此时,阴茎与阴囊在形态上没有明显的变化。

第二阶段:阴囊皮肤颜色变红,睾丸体积开始增大,出现竖直阴毛,前列腺开始分泌前列腺液,阴茎开始变粗,曲细精管管壁上的精原细胞开始分裂增殖。

第三阶段:阴茎增大,睾丸间质细胞已分化,次级精母细胞出现。但阴茎的周径增加不大,睾丸和阴囊的体积继续增大。

第四阶段:阴茎长度和周径快速增加,阴茎头发育变大,阴囊皮肤色泽变深,睾丸体积继续增大,出现卷曲阴毛,首次出现遗精。此阶段,乳头突出且有疼痛感,音调低沉,身高迅速增长。

第五阶段:外生殖器官的形状和大小开始表现为成人型。精液中出现精子,伴随睾丸发育而分泌大量以睾酮为主的雄性激素刺激了男性附属腺(附睾、精囊、前列腺等)的生长发育,功能逐渐完善。此阶段,腋毛生长,体脂减少,汗腺、皮脂腺增大。

首次遗精被认为是男性开始性发育成熟的重要标志之一,但也有少数男性不发生遗精。

由于各人的遗传因素和后天的家庭生活条件、社会环境不同,性发育的成熟年龄亦有明显的差异。

尤其需要注意的是,阴茎的大小是困惑青春期男性比较常见的一个问题。当一些男性发现自己的阴茎比同龄人小的时候,会担心自己的发育及性功能是否有问题。其实,真正的"小阴茎"是极少见的。所谓"小阴茎"是指男性到了成年后,阴茎仍像幼童样的形状和大小,而且也不能充分勃起。这是一种性发育不良的表现,与遗传和其他疾病有关。

正常男性的阴茎,其长度因体格、身高、发育等因素而有所差异。根据有关测量,我国青少年发育成熟后,阴茎勃起时的长度约为 7～12 cm,部分人约为 5～7 cm 或 12～18 cm。

男性如果怀疑自己的阴茎短小,千万不要有沉重的思想负担,而应该到正规医院请教医生。医生会通过系统检查,做出正确的诊断。如果确有必要,医生会采取进一步的医疗措施。

2. 男性第二性征发育

男性第二性征主要有阴毛、腋毛、胡须、变声、喉结等。阴毛11~12岁出现，1~2年后出现腋毛，再过1年左右胡须萌出；额部发际后移，脸形从童年型向成年型演变。随着雄性激素水平的增高，喉结增大，声带变长、变厚，一般13岁后变声。多数男性18岁前完成所有第二性征发育。另外，在腋毛出现的同时，部分男性的乳房也开始发育，经常是一侧，有时两侧都有，表现为乳头突起，偶尔在乳晕下有硬块，少数有不舒适感或轻度触痛，数月后即消失。这些都是正常的生理现象，可能与雌性激素分泌过多有关。如果这些硬块半年多还不见消退，就应该到正规医院进行检查。

（1）阴毛发育。男性阴毛发育大致会经历如下五个阶段：

1）阴部无阴毛；

2）阴茎根部及耻骨区出现少量短小、色淡、细软的阴毛；

3）阴毛开始卷曲增粗，颜色加深，稍硬，其分布扩展到耻骨联合上缘及腹股沟部，并逐步扩展为倒三角形；

4）阴毛变得粗密、黑色、质硬，分布较广，并向脐部方向扩展；

5）阴毛进一步向脐部、两大腿内侧和肛门四周扩展。

（2）腋毛发育。以双臂侧平举位时观察，腋毛生长开始于腋窝的外侧，随着成熟进程而向腋窝中央扩展，但达到内侧者极少。腋毛发展经历如下四个阶段：

1）腋下无毛；

2）腋窝外侧出现细软、短稀的毛；

3）腋窝外侧毛密而长，中心部也出现短细的毛；

4）腋窝外侧及中心部腋毛均变密而长，色黑稍粗硬。

男性青少年需要了解性发育成熟的顺序，在各种性征出现之前有充分的知识储备和心理准备，心情愉快地迎接青春期的到来。阴茎勃起、遗精、自慰都是生理发育过程中的正常现象，无须产生不必要的心理负担。阴茎的大小与男性性交能力或满足性伴侣的能力毫无关系，更与"男子气概"无关。

（二）女性青春期性生理发育

女性的青春期发育，表现为生殖器官的发育、乳房的发育、月经初潮、腋毛和阴毛的出现等生理变化。

1. 女性生殖器官发育

进入青春期后,女性在雌性激素的作用下生殖器官开始迅速发育。阴部隆起富有弹性,大阴唇由平薄变为肥厚,小阴唇由小变大,出现阴毛,并有色素沉着,整个外生殖器官逐渐转变为成人型。此外,卵巢功能开始启动,卵泡开始发育和生成黄体;子宫体积扩大、长度增加,宫颈相对变小,子宫内膜受雌性激素作用而增厚,并出现功能上的周期性变化。阴道变长、变宽,黏膜增厚,出现皱襞,颜色灰暗,分泌物增多,由碱性变为酸性。成熟的女性生殖器官在解剖结构、分泌物质等各个方面具备了自然防御能力,如自洁功能及免疫功能。

月经初潮被认为是女性开始性发育的重要标志之一。第一次来月经称为月经初潮,发生年龄约为12~14岁,但在10~17岁之间仍属正常。月经初潮年龄主要与遗传、营养状况和生活环境有关。由于自然环境、生活水平和社会条件的不同,各个地区女性人群的初潮年龄也会有所不同。一般到18岁,女性的卵巢才完全发育成熟,周期性分泌雌性激素,维持正常的月经,定期排卵,具备生育功能。但是,女性成熟年龄的个体差异较大。

2. 女性第二性征发育

女性第二性征主要包括乳房、阴毛和腋毛等。首先是女性的骨盆增宽变大,骨盆的耻骨弓的弧度大于男性。其次是乳房开始发育,并在其后的0.5~1年出现阴毛,再过1年左右出现腋毛。

(1) 乳房发育。乳房开始发育是女性进入青春期后,显现身体外部变化的第一个信号。乳房发育一般分为五个阶段:

1) 乳头开始突起;

2) 乳晕直径增大,乳房和乳头像小土丘样隆起;

3) 乳房及乳晕进一步增大和隆起,外形上没有分开,呈现圆锥形的轮廓;

4) 乳头进一步隆起,在乳房上形成继发的丘形隆起;

5) 成熟阶段,乳房丰满,圆而光滑,呈半球形。

由于遗传、营养、地区和文化环境条件不同,女性乳房发育的年龄、乳房大小差别较大。实际上,乳房的大小、形状是由遗传基因决定的。

(2) 阴毛发育。女性阴毛的发育迟于乳房的发育,有些女性阴毛出现和乳房发育的时间间隔很长,甚至在乳房发育的第四阶段才出现阴毛。阴毛发育程度的个体差异极大,少数女性的阴毛可能极稀少,这属于正常现象。女性阴毛发育一般经历如下五个阶段:

1) 青春期初,有细茸毛分布,但不是真正的阴毛;

2) 大阴唇外侧和阴阜上有稀疏阴毛分布,颜色比平常体毛稍黑,质软而竖直;

3) 阴毛数量有较少的增加,颜色变深,质粗硬而卷曲;

4) 阴毛数量剧增;

5) 阴毛分布在阴阜区达到成人型的倒三角形。

女性阴毛颜色、数量、分布情况也是由遗传基因决定的。

(3) 腋毛发育。腋毛通常在乳房发育的第三、四阶段才出现,极少数女性可能早于乳房发育。腋毛一般在阴毛出现 0.5~1 年以后出现。许多女性的腋毛短而稀,且仅限于腋窝外侧部。

女性性生理发育开始的时间和进程是有差异的,青春期对每个人来说结束的时间也不尽相同。因此,在某一方面的发育早几年或晚几年都属正常现象,不必因自己某一方面的发育比他人早或晚一些就产生紧张情绪。

尤其需要注意的是,由于遗传、营养、运动等因素的影响,每个女性的乳房发育有较大差异。有的女性乳房长得圆润丰满,挺拔诱人;有的女性乳房小而平坦,几乎看不到乳峰;还有的女性的乳房,一个大一个小,或一个高一个低,或两个乳房相距较宽或较窄。这些生理上的差异在一般情况下都属于正常现象,不影响日后夫妻性生活或哺育孩子。

二、男女正常生殖器官

(一) 男性正常生殖器官

男性生殖器分为内生殖器和外生殖器两个部分。内生殖器包括生殖腺、输精管和附属性腺。生殖腺即睾丸;输精管道包括附睾、输精管、射精管以及一部分尿道;附属性腺包括精囊腺、前列腺和尿道球腺等;外生殖器包括阴茎和阴囊。

1. 外生殖器

(1) 阴茎。阴茎是一种圆柱状海绵样器官,位于阴囊的上方,成年人平均长度为 7~10 cm,由两个阴茎海绵体和一个尿道海绵体构成。尿道海绵体的前端膨大部分为阴茎头,尿道贯穿于尿道海绵体的全长,有着丰富的血管和神经分布,外有皮肤等包围。

(2) 阴囊。阴囊为一皮肤囊袋,其中包含有睾丸、附睾等器官,位于阴茎根部和会阴之间。

2. 内生殖器

(1) 睾丸。睾丸在阴囊内,左右各一,为稍扁的椭圆体,表面光滑。成年人的睾丸长约 4~5 cm,宽约 2.5 cm,前后径约 3 cm,是产生精子和分泌雄性激素的器官。雄性激素可以促进男子生殖器的发育,保持男子的生理特征和性机能。阴囊内的温度一般较腹腔低 2℃~4℃,适宜于精子的生长和发育。缺乏维生素A、E 等营养成分以及放射线和某些药物等均可引起睾丸生精功能的减退。

(2) 附睾。附睾位于睾丸的后外侧上方,与睾丸相连,左右各一,形状扁平,分头、体、尾三部,头部由睾丸网发出 10~15 根睾丸输出小管弯曲盘绕而成。这些输出小管逐渐会合成一条管子,称附睾管,构成附睾的体、尾部。

附睾对精子的成熟和储存有着重要的生理作用。精子从睾丸排入附睾,停留 5~15 天,逐渐成熟。睾丸制造的精子约有 70% 储存于附睾,在此处有部分精子被解体吸收,其他精子则在性交时随精液一起排出体外。

(3) 输精管和射精管。输精管是附睾的直接延续,左右各一条,全长约 50 cm,末端和精囊排泄管汇合成细的射精管,穿于前列腺底,开口于尿道。输精管有收缩和蠕动能力,其主要生理作用是输送精子。

(4) 精囊和前列腺。开口在尿道,能分泌一种黏稠的液体,为精液的主要成分,可帮助精子活动。

(5) 尿道。尿道为一条细长的管道,全长约 12 cm,内口连膀胱,贯穿前列腺,外口在阴茎头上,具有排尿、排精两种功能。

(二) 女性正常生殖器官

女性生殖系统包括内、外生殖器官、骨盆、骨盆底以及调节生殖功能的有关组织和器官。女性的一生从婴幼儿经过发育成熟到衰老,分为新生儿期、儿童期、青春期、性成熟期、围绝经期、老年期几个不同阶段,生殖器的解剖结构和生理也随之有不同程度的变化,下面介绍的是成年未孕妇女的情况。

1. 外生殖器

外生殖器又称外阴,是指生殖器官的外露部分,位于两股内侧之间,前面为耻骨联合,后面以会阴为界,包括阴阜、大阴唇、小阴唇、阴蒂、阴道前庭。阴阜即耻骨联合前面隆起的脂肪垫。大阴唇是一对纵形的皮肤皱襞,皮下富有脂肪、血管、淋巴、神经,平时对阴道、尿道起保护作用。小阴唇为位于大阴唇内侧的一对薄皱襞,无毛,富含神经末梢,故敏感。阴蒂位于两小阴唇顶端的联合处,富含神经末梢,极为敏感,是引起性兴奋的重要女性器官。阴道前庭为两小阴唇之间的裂隙。

2. 内生殖器

内生殖器是指生殖器在盆腔内的部分,包括阴道、子宫、输卵管、卵巢。输卵管与卵巢合称为附件。

(1) 阴道。阴道为前后略扁的管道,全长约 10 cm,上端包围子宫颈,下端开口于阴道前庭后部,其壁由黏膜、肌层和弹力纤维构成。表面黏膜呈多数横纹皱襞,所以有很大的伸展性。前壁与膀胱、尿道为邻,后壁与直肠贴近,环绕子宫颈周围的部分称阴道穹窿,可分前后左右四部分,后穹窿较深。阴道为性交器官,同时也是月经血排出及胎儿娩出的通道。

(2) 子宫。子宫位于盆腔中央,呈倒置的扁梨状,长约 7~8 cm,宽约 4~5 cm,厚约 2~3 cm,其上部较宽,称为子宫体。子宫体的上端隆突部分称为子宫底,底两侧为子宫角,与输卵管相通,下部较窄呈圆柱形,称为子宫颈。未产妇的子宫颈外口呈圆形,已产妇的子宫颈外口则呈横裂状。子宫是以肌肉为主的空腔器官,腔容量约 5~8 mL。腔表面覆黏膜,称子宫内膜,受卵巢刺激的影响,有周期性变化,未孕时内膜周期性脱落,表现为月经。受孕后子宫为受精卵植入(着床)、胚胎发育成长的场所。分娩时子宫收缩,使胎儿及其附属物(包括胎膜、胎盘、羊水等)娩出。性交时,精子经子宫颈入宫腔而到达输卵管。

(3) 输卵管。输卵管左右各一,是一对细长而柔软的管子,全长 8~12 cm,近端与子宫角相通,远端呈喇叭状,开口于腹腔,与卵巢接近,由近至远可分为处于子宫肌壁间的间质部、峡部、扩大的壶腹部和喇叭口的伞部(漏斗部)。绝育手术常在峡部进行,伞部有吸收摄取卵细胞的作用,壶腹部为卵子和精子相遇受精的场所。输卵管通过蠕动,能输送受精卵进入子宫腔。

(4) 卵巢。卵巢位于输卵管的后下方,是一对扁椭圆形、灰白色的性腺。育龄妇女的卵巢多为 3 cm×2 cm×1 cm 大小,绝经后逐渐萎缩变小。青春期开始,由于受中枢神经系统、丘脑下部和脑垂体前叶促性腺激素的调节,每月有一批卵泡发育,其中一个成熟排卵,排卵后卵泡形成黄体,其余的萎缩消退。卵泡生长成熟过程中分泌雌激素,黄体分泌孕激素,间质组织也有分泌的潜力。髓质在卵巢的中心部位,是疏松的间质和卵巢的血管、神经、淋巴管等汇聚出入之处。

三、性生理反应

性生理反应指的是男女性兴奋组织对外来性刺激的应答,包括视觉的(含性内容的画面)、听觉的(情话)、触觉的(接吻、拥抱、性交等)、嗅觉的(特殊体味、异体化妆品味)。性生理反应可分为局部性器反应(如勃起、阴道润滑等)和皮层性反应(如性想象、性梦等)。前者是先天的能力,属非条件反射反应;后者是后天习得的能力,反映出个体性经验、性观念的差异。后者对前者有调整(强化或抑制)功能,这种调整功能增加了人类性反应的复杂性,不能简单地用刺激-反应(S-R)模式来归纳。譬如,在没有外来性刺激的情况下,可利用性想象,达到性兴奋;也可能出现虽有性刺激、但因意念的干扰而无性反应的状况。性反应与其他反应一样,刺激必须达到一定强度(即阈上刺激)时才会出现。性反应阈值究竟多少,目前尚无明确的实验室数据和临床调查资料。已知性反应阈值个体差异很大;就同一人来说,不同时间阈值也在变化,如消退期、连续手淫等可使阈值升高。从理论上讲,"正常性反应阈值"应是一个统计的、文化的和生理的概念,代表某一社区95%的男女在生理常态下的性反应阈值。

性反应是由性刺激所致的性生理、性心理、性行为的阶段性变化模式,其基本形式为一种神经反射行为。美国的玛司特斯和约翰逊(1966)在对近700名男女被试进行实验室研究的基础上,提出了人类性反应周期的划分法,以及性功能障碍的分类和治疗,从而为性行为的跨文化比较研究提供了基础,并为世界各国性医学工作者所接受。性反应周期的四期划分如下:

(1)性兴奋期。这是男女接受性刺激后的初期,其特征性生理反应表现为:女性乳头竖起,阴道出现润滑作用,阴道扩张,子宫上提,大阴唇伸展,为阴茎插入作准备;男性则出现阴茎勃起。

(2)持续期。这一时期的性兴奋状态维持在一个较高的水平或缓慢地上升,其特征性生理反应表现为:女性乳房增大,阴道外1/3处因高度充血而形成"平台",使阴道能"紧握"插入的阴茎,以增强性刺激;男性阴茎因瘀血而冠部颜色加深,体积增长,可见精液不自主溢出;男女胸部以上均可出现"性红晕"。

(3)性高潮期。当男女性兴奋超过某一阈值时,性高潮便一发不可收拾地来临,表现为:女性的子宫、阴道外1/3和肛门括约肌同时不自主地节律性收缩;男子突然精液射出,伴肛门括约肌收缩;双方均有明显的血压升高,心率和呼吸加快,意识清晰度下降,获得高度的满足感。这一过程持续时间短暂。

(4)消退期。在这一时期,躯体肌肉的紧张性骤降,身体出汗,有疲劳感。生理反应向常态过渡,男性进入性反应不应期,但女性无不应期。

四、性心理健康

性心理健康作为身心健康的一部分,与人的身体构造、生理功能、心理素质和社会适应密切相关,因而影响性心理健康的因素也是多方面的。一是父母的素质。在相当大的程度上,遗传基因和胚胎发育决定身心的状况。二是本人。因为人自懂事起,便对自己的身心发展拥有一定的支配能力和责任。三是家庭与社会的教育。凡生活在科学文明的社会和有健康家庭环境的人,往往都能自然、自主而愉悦地对待性;而在谈性色变的家庭或社会环境里,人被迫对性产生肮脏、神秘、不光彩的心理,这种逆自然性的精神状态,与自然的人生需求的矛盾和抗争,往往扭曲人性。这不仅导致性心理的不健康,而且还会对人的一生都产生不良影响。

在当今社会,由于人们来自各个方面的心理压力逐渐增大,从而导致很多人的心理健康出现问题,其中性心理健康的问题最为严重。因为性问题从古至今一直属于极为敏感的问题,很多人都采取能避则避的态度来面对性问题,所以长期累积的性问题如不能及时解决,则会导致很多人出现性心理健康的问题。

根据性心理健康的内涵,个体的性心理健康应该符合以下标准:

(1)能够正确认识自我,愉快地接纳自己的性别。一个性心理健康的人,能够正视自己性生理的发育和性心理的变化,会自觉地把自己融于社会这个大背景下来认识自我,能客观地评价自己和他人,并乐于承担相应的性别角色。

(2)具有正常的性欲望。性欲是能够获得性爱和性生活的前提条件。一个人如果没有性欲望,就不会有性爱与和谐的性生活,性心理健康就无从谈起。但性欲望并非就是正常的性欲望。正常的性欲望的标志是性欲望的对象是指向成熟的异性,而非指向不成熟的异性、同性或以物品作为替代物。

(3)性心理特点和性行为符合相应的性心理发展的年龄特征。在生命发展的不同年龄阶段,人的心理发展表现出不同的特征,其性心理发展也同样呈现出阶段性的特点。如果一个人的性心理与大多数的同龄人格格不入,就绝不是健康的性心理。

(4) 具有较强的性适应能力。性适应是指个体在生长和发育过程中,性活动和所处的社会环境、文化形态之间所形成的一种和谐关系,也就是性生理、性心理、性社会这三要素在性生活的过程中交互作用而显示出一种协调状态。因此,性适应是个体的性活动与外界交互而形成的一种和谐关系,性适应能力则是个体的性活动与外界交互形成和谐关系的能力。性适应能力的获得是一个漫长而复杂的过程,伴随着个体性生理的成熟过程而逐渐建立。它表现为个体性的自我同一性的建立,能够正确地释放、控制、调节性冲动,使之符合社会规范的要求,等等。

(5) 能和异性保持和谐的人际关系。随着性生理和性心理的发展与成熟,期待与异性交往并能保持良好的关系,是人类自然而正常的性要求。性心理健康的个体,能够在日常学习生活中,与异性进行自然的、符合社会规范要求的交往,并可在彼此的交往过程中,保持独立而完整的人格,有自知之明,不卑不亢,做到相互尊重、相互信任、自然有礼。

第三节 性 道 德

性道德是规定每个人性行为的伦理规范。具体地讲,性道德是人类社会生活中所特有的,由物质生产活动所决定的,维系人类延续和发展,并且依靠人们内心对性的信念和社会手段,以善恶进行评价的性意识、性行为和性原则规范的总和。

一、社会性别和性别平等

性别是性教育中一个非常重要的话题,性别平等更是教育平等中最为主要的内容之一。对于大学生而言,摒弃沿袭已久的性别刻板印象和性别偏见,形成性别平等的理念,对中国实现社会公平和教育平等具有重大的现实意义。

(一) 性别界定

性别问题是两性研究领域的重要问题。虽然两性在生理、社会行为等方面都存在着显著差异,但有些差异并不是由与生俱来的生理因素所决定的。

1. 生理性别

从解剖学、生物学的视角来看，人作为生物体，在生理上具有男女两性的区别。男女两性不仅在生殖器官、染色体、性激素分泌方面有着差异，其发育过程、身体素质也存在一定的不同。因此，生理性别是指男女两性在生理上的分化，具体表现为生理结构和生理功能两方面的差别。

早期的许多性别研究，更强调生理性别的决定作用。这些研究试图从人的生理构造、遗传基因等方面探讨男女差异，并认为这些生理机能是造成性别差异的主要原因。

2. 社会性别

一些学者认为，男女两性的差异并非完全由生物学因素所决定，在很大程度上是由社会文化所造成的。人作为社会动物，形成了其特有的社会性别。社会性别是指在一定的文化和社会中，由社会建构的男性和女性的角色、责任和期望。这些角色、责任和期望源于家庭、朋友、社区、宗教机构、学校、工作区、广告及媒体，同时也受风俗、法律、阶级、种族、个人或社会偏见的影响。女性和男性的含义就在人的社会化过程中得以界定，并随着时间的推移和文化的不同而有所变化。

作为生物构成的生理性别，是用以表现男女两性之间由基因、解剖结构等不同而造成的生理差异，是男女两性与生俱来的生物属性；社会性别则反映的是在社会实践中，男女两性在角色、行为、思想和感情特征方面的差异，属于社会范畴，是一种文化构成。

社会性别概念的提出有其独特的时代背景。20世纪60年代，第二次女性主义浪潮促进了女性主义的学术研究，各女性主义流派在探讨男女平等的过程中，都会探究女性受压迫的根源，即造成男女性别分工的决定因素是什么。当时的社会意识形态强调，男女的性别角色分工是由生理构造和功能的差异决定的，女性贤妻良母的角色是由生物因素所决定的，这也就决定了女性的从属地位。

在这一时代背景下，女性主义者开始采纳社会性别这一概念，解释女性气质的社会构成，并从社会性别关系的角度分析男性特权，进而冲击男女性别的生物决定论。到了20世纪70年代，社会性别的概念逐渐在女性主义者中广泛流行开来。

社会性别概念的提出具有重要的社会意义。它强调性别角色主要受社会文化的制约；两性在社会中的地位、社会对性别角色的期待和评价，这些都主要是社会观念的产物，而不是由生理所决定的。社会性别与生理性别在概念上的区分,让更多的人意识到,生理特性并非区分性别角色的决定因素。人的性别意识不是与生俱来的,而是在与父母、同伴的互动中所逐渐形成的。人的性别角色观念、行为受到社会文化的影响和规范,也会伴随着社会文化的变化而改变。

尽管社会性别这一概念自产生伊始,就受到了来自多方的质疑,引发了更深层次的争论,但作为西方女性主义理论的一个核心概念,它在探索不平等性别关系的形成与改善、推动女性思想解放等方面,均发挥了重要作用。

(二)性别角色

社会对不同性别的人有着不同的要求,使男性和女性在行为方式、心理特征等方面出现了明显的差异,并由此而形成了性别角色。随着这些关于性别差异的观念不断累积,人们对男性和女性形成了较为固定的看法,这就是性别刻板印象。这些观念直接影响着人们的行为,但却并不是完全客观的。

1. 性别角色的概念

性别角色是指每种性别在所属的社会和群体中占有的位置,以及被该社会和群体所规定及希望的特定的行为模式。正如联合国1991年的一份报告指出:"世界各个地方,都是女性负责多数的家务劳动。而且在夫妻共同做的家务中,烹饪和洗盘子是最少被分享的家务活。"这类对男女行为的期待,界定了性别角色。性别角色也是一种个体对自身性别认同感的表达,即个体用言行来表明自己的性别。有学者认为,性别角色不仅指行为模式,也包括外在形象。

2. 性别角色的形成

很多研究表明,性别角色分化是个体社会化的结果。在很小的时候,男孩和女孩就已经被区别对待了。进入幼儿园时,儿童已经能很清楚地意识到性别角色期望,并遵从这一期望,做出相应的行为。孩子的父母和同伴对他们抱有与其性别相符的性别角色期望,并对于符合这一期望的行为予以相应的奖励。儿童通过观察,会注意到某种特定的行为更多地表现在某种性别的人身上。因此,父母、同伴和媒体在个体获得性别角色的过程中,均发挥了重要作用。

(三)性别刻板印象

性别刻板印象是一些高度抽象概括的性别观念,常常让人们忽略了同一性别的个体之间存在的巨大差异。性别刻板印象影响着每个人的生活。突破不合理的性别刻板印象的束缚,有助于让两性同时获得更多的发展机会。

1. 性别刻板印象的概念

性别刻板印象是一种普遍的社会心理现象,指人们对男性或女性在行为、人格特征等方面的期望、要求和笼统的看法。传统的性别角色观念普遍具有刻板性质,是性别刻板印象的重要组成部分。

以男性为主的传统社会文化,要求男性勇敢、独立、理性、果断、坚毅、主动,要求女性温柔、依赖、感性、文静、整洁、委婉、被动,逐渐形成了男性要阳刚、女性要阴柔的性别角色刻板印象。关于性别刻板印象的调查也显示,被调查者认为男性最重要的人格特征是自立、乐观、精干,认为女性最重要的人格特征是善良、贤淑、温柔、文雅。这些特征反映出了社会对于两性特质不同的期望。

2. 突破性别刻板印象的束缚

当代许多学者认为,严格地界定性别角色标准会限制男性和女性的行为发展,因而是有害的。为了更好地测量和识别性别角色行为,美国心理学家桑德拉·贝姆于 20 世纪 70 年代提出了一种新的理论,即双性化模型。双性化模型认为,男性特征和女性特征是相对独立的特质,而不是同处于一个连续体上的对立面。此外,双性化模型还认为,只有男性特征或女性特征的人都缺乏适应能力,一个适应性良好的人必须具有一定的可塑性,在需要时表现出相应的男性行为或女性行为。

双性化理论为个体性别的社会化过程指出了一个新的发展方向,即鼓励传统观点中男性特征和女性特征的合理融合,促进男女两性潜能的充分发挥和健康发展。可以说,在如今这样一个更具包容性的社会中,性别角色已经变得越来越灵活——学前教育不再是女性的专属工作,建筑也不再是男性的专属工作。事实证明,这些挑战传统性别刻板印象的行为也可以获得成功。

需要说明的是,不能将"双性化"简单地理解为"中性化",如男性追求阴柔、女性追求刚强,却摒弃了两性原有的气质,这样的观念忽略了客观存在的性别差异。双性化理论的实质在于鼓励男女双方相互学习,集合两性的优点,摆脱性别角色刻板印象的束缚。

二、性倾向

人的性本质不仅包含生理性别和社会性别角色,也包括性倾向和性别认同。人们对生理性别和社会性别角色的了解,远远多于对性倾向和性别认同的认知。

在性倾向和性别认同方面与主流不符的一些人群,如同性恋、双性恋和跨性别群体,虽然在数量上来说属于少数群体,但是他们跟所有人一样,享有平等和不受歧视的权利。社会主流人群曾经将这些群体统称为弱势群体,但近年来"性少数群体"这一不带有感情色彩的表述则更为性别多元者所接受。

有学者认为,人的性倾向是天生的而非后天塑造,但受文化、社会宽容度等因素的影响,有些人可能不会一开始就清楚地意识到自己真正的性倾向。虽然从20世纪80年代起,一些所谓的先锋文化观点认为人的性倾向不是天生的,而是通过社会和文化建构的,但这种理论并没有得到科学界研究的支持,只在文学评论、性别文化表达和性权运动中具有一定的影响。

当代大学生要能区分作为生物属性的人的性倾向和作为文化研究视角下的性倾向表达,以及上述两者与人类个体的相互关联性。

(一)性倾向的类型

性倾向是指一个人在情感、浪漫与性上对男性和女性有何种型态的耐久吸引。通常,性倾向被归为三类:异性恋(对异性产生浪漫情感与性的吸引)、同性恋(对同性产生浪漫情感与性的吸引)、双性恋(对两性均能产生浪漫情感与性的吸引)。此外,亦有无性恋的概念(对两性均无浪漫情感与性的吸引)。性倾向的多样情况,在人类历史和世界不同国家与文化中均有相应的记录和描述。

根据心理学、社会学和人类学等统计结果,异性倾向者约占总人口的95%,而同性倾向者、双性倾向者的比例分别为3%~5%和1%~2%。没有科学研究足以证明"改变性倾向"的治疗是安全或有效的。事实上,对于同性恋者或双性恋者而言,这些治疗通常会给其带来负面影响或心理阴影。

研究表明,性倾向形成于童年或青少年早期。通常情况下,个体在7~10岁时已经出现性吸引。通过觉察性吸引和感情欲望,个体可以判断自身的性倾向。有学者主张,性倾向具有持久性,是不可改变的,而人类的性行为具有高度可控性。因此,个体可能出现与性倾向不相符合的性行为,如同性倾向者涉入异性性行为,或异性倾向者涉入同性性行为。与同性或异性的性行为,并不能说明一个人的性倾向。

(二)性倾向的根源

性倾向的根源可能与遗传基因有关。有针对男性的调查结果显示,如果同卵双生子中的一个是同性恋者,另一个也是同性恋者的比例为52%,在异卵双生子中,这一比例为22%,而在非双生子的兄弟中,这一比例为9%。另一项关于女性同性恋者的调查结果与此相似,两者都是女同性恋者的比例在同卵双生子中占51%,在异卵双生子中为10%。这也就是说,共享的遗传基因越多,性倾向相同的可能性也就越高。人类的性倾向还有可能具有解剖学基础。通常情况下,男性的下丘脑前部较女性更为复杂。西蒙·列维的研究发现,男同性恋者的下丘脑前部组织数量约是男异性恋者的一半,与女性的组织数量更接近。根据动物实验结果,下丘脑前部是控制雄性老鼠性行为的脑区。研究者据此推测,怀孕早期的激素阻断可能导致后代的下丘脑前部变小,并影响到后代的性倾向。

环境学派的研究者则通过追溯同性恋者的童年家庭教养经历和早期性经历去寻找可能的原因。这些研究往往反映出同性恋者父辈和异性恋者父辈的不同。譬如,男同性恋者表明,母亲对他们的态度是引诱而压抑的,并且不允许他们追求"男子气",而女同性恋则表明,她们的家庭环境中,母亲疏远自己,她们的行为方式是非女性的。还有的研究提示,青春期的第一次性经历对性倾向也有重要影响。

目前,产生不同性倾向的原因还有待进一步的研究,但多数学者认为,这一现象是多种因素共同作用的结果。

仅有少数人,特别是在女性群体中,性倾向存在一定的流动性,绝大多数人的性倾向是终身不变、也无法改变的。迄今为止,没有足够的证据显示通过外界干预的方式,可以改变个体的性倾向。

(三)平等对待不同性倾向者

过去,将性障碍定义为损害男女之间亲密性关系的各种不正当情况,并据此将同性恋等性倾向视为一种性障碍。现在的理论则认为,虽然同性恋可能会损害两性间的性关系,但并不会损害两个男人或两个女人之间的关系,因此已不再把同性恋视作一种性障碍。尽管如此,非异性性倾向人群仍存在被社会边缘化的现象,并且承受着较大的压力。目前,社会上依然存在基于性倾向和性别身份的污名和歧视,包括对于双性恋存在的漠视等。很多同性恋者在儿童时期就曾经因为其不同的性表达和性行为而遭受过言语和身体上的羞辱、骚扰甚至暴力,这严重影响其身心健康和正常生活,严重者甚至会出现自杀倾向和行为。鉴于这种状况,当代大学生应该认识到,不同的性倾向者同样享有健康、教育、安全尊严、不受歧视和暴力的权利,同样需要社会的关爱并给予其充分表达的空间。

第四节 科学避孕及优生优育

胎儿在子宫内尚未发育到可能存活的阶段而妊娠就此中断的,称为流产,俗称小产。发生在妊娠12周以内的,属早期流产;发生在12~28周的,属晚期流产。流产通常分为自然流产和人工流产两种。

人工流产是避孕失败的一种补救措施。当然,有时妇女因患有某种疾病不宜继续妊娠时,也需进行人工流产。由于医学技术的发展,如今人工流产特别是无痛人流手术的开展已经非常普遍。这也导致很多妇女,特别是处于热恋中的青年女性都把人工流产看成一件很简单、似乎是无足轻重的小事,认为怀孕了不要紧,反正可以到医院去做人工流产手术,并且无痛人流可以使自己在没有任何痛苦的情况下完成手术。基于上述原因,我国人工流产的人数和例数都在飞速增长,《中国卫生健康统计年鉴》显示,2022年我国人工流产人数达976.2万人。

随着社会的发展,尤其是互联网的普及,青少年的性开放思想令人瞠目结舌,婚前性行为发生的比例不断增高、年龄日益提前。年轻女性,特别是中专院校和中学女生人工流产的人次数大大增加,其身体健康和心理健康均受到了严重的伤害。有鉴于此,本节专门介绍人工流产的危害和正确的避孕方法,希望能够减少人工流产对女性的身心健康所造成的伤害。

一、自己如何知道已经怀孕

处在生育年龄的女性,如果发生了没有采取避孕措施的性行为,当出现下列征象时,应当想到自己有可能怀孕了:① 月经过期。平常月经周期一直正常,应该来月经时不见月经来潮(即停经)。一旦月经过期10天以上,应该考虑怀孕的可能性。② 出现早孕反应。一般在停经后4周左右出现厌食、偏食、喜酸辣、厌油腻、晨起恶心呕吐等现象,严重者则恶心剧烈、饮食难进、呕吐不止。早孕反应一般在怀孕第3个月即可消失。有些曾口服避孕药的妇女,有时也可有厌食、恶心的表现,但一般比较轻微且短暂,通常与早孕反应不难区别。③ 小便次数增多。由于子宫增大,向前压迫并刺激膀胱,容易出现便意,从而使小便次数增多。

④ 乳房胀痛、乳头及乳晕着色加深。怀孕以后，乳房由于受到雌激素、孕激素的刺激，脂肪、腺体逐渐增加，并有压痛感，乳头、乳晕色素沉着，乳头立起。

二、怀孕的诊断

如果妇女出现上述表现，必须去医院做检查，以证实是否怀孕。医生除了要询问妇女的自觉症状外，还要采用以下方法确诊：

（一）妇科检查

初次怀孕的女性应当克服羞怯和恐惧心理，很好地配合医生检查。怀孕妇女的阴道壁及宫颈会充血、变软、呈紫蓝色。子宫增大、变软，怀孕 6 周时，子宫约鸡蛋样大小。

（二）妊娠试验

怀孕早期，妇女体内促绒毛膜性腺激素（HCG）分泌增加，血液中 HCG 水平升高，部分 HCG 从尿液中排出，因此可以通过检测血液及尿液中的 HCG 浓度来确定是否怀孕。尿妊娠试验在停经 40 天以后可以呈阳性。血、尿放射免疫测定妊娠试验极为敏感，在受孕后的 7～8 天，即月经尚未过期，就可以确定是否怀孕。

（三）黄体酮试验

对于月经不规律的妇女，妇科检查时子宫增大又不明显，此时医生会肌内注射黄体酮 3 天（每天 10 mg），以鉴别是闭经还是早孕。假如注射后停药 1 周内月经来潮，说明是月经不规律；如果停药 10 天月经不来潮，就应想到有早孕的可能。但计划妊娠生育者，不宜选用此法。

（四）超声检查

超声波对胎儿无害。怀孕 5 周时做超声检查，可在子宫腔或子宫角部见到一圆形光环，怀孕 8 周可以见到胎心搏动。超声检查是目前常用又比较准确的一种诊断方法。

三、人工流产的概念及常用方法

（一）人工流产的概念

采用药物或机械性干预等人工方法，使已经发育但还没有成熟的胚胎和胎盘脱离母体，达到结束妊娠的目的，称为人工流产。人工流产适用于因母体患有某些严重疾病（如活动性肺结核、严重的心脏病等）或出现严重的妊娠并发症而不适宜继续妊娠者，以及避孕失败者。

（二）负压吸宫术

负压吸宫术就是用负压将子宫内的妊娠产物吸出，以终止妊娠。这种方法操作简便，手术时间短，流产效果好。但负压吸宫手术也有一些不尽如人意之处，比较常见的问题是妇女在手术过程中会感到疼痛。引起疼痛的原因可能是多方面的，牵拉宫颈时由于子宫位置的变动可使人感到不适；吸管进入宫颈口或以扩张器扩张宫颈口时，均可产生较明显的下腹胀痛不适；以负压吸引宫内妊娠物时，子宫收缩也会让妇女感到疼痛。如同时并发有心律不齐、血压下降、大汗淋漓、面色苍白、呕吐、头晕、胸闷等症状，称为人流综合征，其发生率约为 10%。负压吸宫术的其他并发症还有手术时子宫出血、子宫穿孔、宫颈裂伤等。虽然这些并发症的发生率非常低，但一旦发生就会给妇女的健康造成损害。负压吸宫术还容易使蜕膜组织随血液逆流入腹腔，造成术后的子宫内膜异位症。近年来，负压吸宫术后所造成的子宫过度屈曲或宫腔粘连所致的宫腔积血，也日益引起人们的关注。

（三）药物流产

药物流产简称药流，俗称服药打胎，即采用注射、口服或外用药物的方法来流产。如米菲司酮（RU486），其化学结构与维持正常妊娠所必需的孕激素十分相似，一次服用 200～300 mg，或每次 25 mg，每天 2 次共 3 天，即可生效。米菲司酮进入人体后"以假乱真"，很快与孕激素受体结合，让孕激素不能与使之发挥作用的受体结合从而丧失其生物学效应，胚胎突然失去孕激素的支持则发生蜕变，最终流产。

药物流产可以说是女性偏爱的一种流产方式。如果自己偷偷吃一些药就能流产,没有任何后遗症,又不让别人知道真是最好不过了。遗憾的是,目前还没有这样好的药物。应用于药流的米菲司酮诞生不过十几年的时间,其预后问题尚无法明确得知。西方研究者提醒,该药有可能破坏免疫系统;国内妇产科医生也忠告,药流的妇科病并发率达70%,而且流产后的出血时间较长,平均为18~20天,部分妇女会因出血多、时间长而导致贫血或并发子宫内膜炎、盆腔炎等,甚至出现腹痛、大出血以及诱发某些疾病等意外情况。法国就曾发生过妇女在服药过程中心脏病突发而死亡的例子。此外,还有利用一些刺激性药物塞到子宫颈或注射到子宫内部来流产的,也有利用中药流产的。但无论哪一种药物,效果都不十分理想,而且均有一定的危险性。

(四) 无痛流产

无痛流产又称无痛人流,即在进行人工流产手术时,使用静脉麻醉的方法。

以往的人工流产往往使受术者感到恐惧,紧张的情绪难以言喻,无痛人流确实改变了人工流产的这一弊端。然而,当无痛人流的广告在报纸、电台以及其他媒体上铺天盖地般袭来时,不少对人工流产怀有恐惧心理的年轻女性长长地舒了一口气。她们不再害怕流产,对做人工流产手术完全丧失了畏惧感,认为手术可以"轻而易举"地解决问题,有些甚至一年做三四次流产手术。这种认识让一些女性的生活方式更加随便。

在做无痛人流时,虽然由于受术者能在安静入睡、无疼痛的状态下接受手术,因此避免了以往人工流产时受术者因为疼痛而不配合造成的子宫穿孔,但是,无痛人流是加用了静脉麻醉才"无痛"的。而任何一种麻醉都会有一定的风险,尽管它的危险发生概率极低,但在手术前医师还是必须与受术者及其家属沟通,也必须征得本人及家属的同意后方能进行。

总之,即使采用最先进的医疗方法,选择最可信赖的医院和医生,无痛流产也只应被视为避孕失败后的一种补救办法。当女性对自己的身体有了更多的自主权时,更应加倍珍惜自己的身体,保持其完美和健康。

四、人工流产的危害

(一) 手术时发生的危害

(1) 大量出血。需要立即补充液体和输血,同时迅速地将胚胎组织吸出,并注射子宫收缩剂进行急救。

（2）子宫穿孔。一旦穿孔，就需要立即经腹部进行手术修补。

（二）手术后发生的危害

手术后并发症的发生，通常是因为没有将胚胎组织清除干净，血流不止或不时地大量出血，这时就需要再次清宫。当然也有虽然清除干净了，但新的子宫内膜增生缓慢，血管没有闭塞而继续出血的情况。此外，最常见的是由于清宫时，外来的或阴道内的病原微生物被带到子宫腔内而引起子宫炎症，进而引起盆腔炎症，这时需要及时进行抗感染治疗。如果当时没有根治，病程迁延，转为慢性盆腔炎，就会经常出现腰痛、腹痛、白带增多等不适症状。有些人在手术期间虽然没有出现异常，术后也没有什么不适，但常常在以后月经来潮时经量特别多，甚至有些人在几年以后出现月经不调、月经少、性欲减退等现象；也有些人出现内分泌紊乱的表现，如肥胖、易困倦、记忆力减退等。

（三）其他危害

（1）有可能影响今后的生育。

（2）少数人因非法人流、私自堕胎等造成终身后遗症。

（3）造成严重的心理创伤。

五、人工流产后的保健

流产是女性不愿面对却又往往不得不面对的现实。当女性不得不流产时，也应当懂得更好地保护自己，注意做到以下四点：

（1）注意休息，加强营养。人流术后应卧床休息2~3天之后方可下床活动，逐渐增加活动时间。人流后半月以内不得从事重体力劳动或在冷水环境下劳动，避免受寒。注意增加营养，增强机体对疾病的抵抗力，促进受损器官的早日恢复。人流术后，应多吃些鱼类、肉类、蛋类、豆类制品等蛋白质含量丰富的食物和富含维生素的新鲜蔬菜，以加快身体的康复。

（2）保持外阴清洁，严禁性交。人流术后，子宫颈口还没有完全闭合，子宫内膜也有一个修复的过程。在这段时间内，女性要特别注意保持外阴部的清洁卫生，所用的卫生巾等用品和内裤要勤洗勤换。术后半月内不要坐浴，以免脏水进入阴道,引起感染。人流术后若过早性交,易造成急性子宫内膜炎、盆腔炎,还可继发不孕。因此,人流术后1个月内严禁性交。

(3) 观察出血情况。人流术后阴道出血超过1周以上,甚至伴有下腹痛、发热、白带混浊有臭味等异常表现,应及时到医院复查诊治。

(4) 坚持做好避孕。人流术后卵巢和子宫功能逐渐恢复,卵巢按期排卵。如果不避孕或避孕措施不当,很快又会怀孕。因此,人流术后,应及早选择可靠的避孕措施。人流手术只能作为避孕失败后不得已而采取的一种补救手术,必须坚持以避孕为主,不能把人流手术当作避孕节育的措施。

六、常用避孕方法

(一) 基础体温法

基础体温法需要妇女每天早晨测量体温并记载在体温单上。此体温单提供了月经周期中安全期及危险期的资料。体温上升当天及以后的3天内,应避免性生活。

(二) 月经周期表记载法

月经周期表记载法即安全期的算法,首先对月经周期需要记载6个月以上,才能区分出最长与最短的周期,经期的第1天就是周期的第1天。受孕期范围是从最短周期结束前第18天(包括这一天)到最长周期结束前第11天。例如,某妇女的月经周期为24～28天,则其易受孕期将定为第6(=24-18)天到第17(=28-11)天。一旦有了这些资料,妇女便能找出易受孕期与安全期。

(三) 情境避孕

情境避孕不必事前准备,但须在射精前中断性活动,故又称为性交中断或抽回。这是古老的避孕法,需要很强的意志力。但是这种方法并不可靠,因为在射精前的分泌液中已有精子存在。

(四) 子宫帽

子宫帽(diaphragm)能更好地预防受孕,尤其是配合使用杀精冻胶时,效果更好。子宫帽必须于性交前在其帽上及边缘涂上杀精子的冻胶,由阴道插入盖住子宫颈口。子宫帽的中部应盖住子宫颈,可用手指触摸来感觉位置是否正确,如果置入后到性交时间超过 4 小时,则应再涂上杀精子的冻胶。子宫帽须在性交后 6 小时方能移出,且移出后应用中性肥皂和清水清洗,干燥后才能放入原来的容器内。

(五)宫内节育器

宫内节育器(IUD)由在宫内不会产生化学反应的塑料或金属所制成。其避孕机制并不清楚,有人说 IUD 可以干扰受精卵着床;加速输卵管的收缩,使卵子快速通过而无法受精;或能增加子宫腔内炎性细胞数目,并促进其对受精卵的吞噬作用,不利于受精卵着床。一个令人满意的 IUD 应易于置入,不易滑脱,不会引起疼痛、出血等问题。目前宫内节育器种类较多,有惰性宫内节育器(如不锈钢环、塑料环等)、活性宫内节育器(如带铜宫内节育器、含孕激素宫内节育器)等。IUD 的优点是有效,无全身性反应,并可减少人为疏忽而致怀孕的概率。缺点是可能会造成出血,IUD 异位,子宫颈与子宫穿孔、感染,也可能引起带器妊娠或异位妊娠(宫外孕)。

(六)排卵抑制剂

口服雌激素和孕激素的合成类固醇制剂,可以抑制下丘脑释放促性腺激素释放激素,使得卵泡刺激素(FSH)生成减少。一旦缺乏 FSH,卵泡即无法成熟,就无法排卵。有少部分女性服用后会出现不良反应,如恶心、下腹部不适、背痛、乳房酸痛、不安、沮丧、体重减轻、多毛症等。通常这些反应会在 3~4 个月后消失,但也可能发生血栓栓塞、子宫纤维瘤的快速生长及黄疸。35 岁以上的吸烟者服避孕药,会增加罹患心脏病的机会。还有报道称,口服避孕药会使因感染假丝酵母(念珠菌)所致的女性阴部炎症增加。

另外发现,使用口服避孕药会导致叶酸、维生素 C 和 B_1 缺乏,若原本就很健康且有良好的饮食习惯,一般不易发生;如果原来就偏食或营养不良的妇女,则应在口服避孕药时补充维生素和矿物质。到目前为止,尚未发现长期使用口服避孕药会发生持久性的不良影响。

(七)杀精药剂

各式各样的冷霜、冻胶、泡沫剂、气溶胶、栓剂和锭剂,都是具有杀灭精子作用的化学试剂,其中以冷霜、冻胶、泡沫剂最为有效,这些全都需在性交之前挤入阴道。不同的制剂在性交前塞入阴道的时间不同,性交后 6 小时内应避免冲洗阴道。若在短时间内性交一次以上时,须检查是否需用另一种方法避孕,因为猛烈的性交活动会将大部分药剂挤出阴道,使其不能发挥作用。此法与其他避孕方法如安全套、隔膜等合并使用,效果更佳。

(八) 手术绝育法

目前,绝育法的使用越来越普遍。它可终止男性或女性的生育能力,其常用方式有男性输精管结扎术和女性输卵管结扎术。

1. 男性输精管结扎术

男性绝育,可借输精管结扎术来达成。只需使用局部麻醉,在睾丸两侧的输精管上切开 2~3 cm,分离输精管,切断并结扎末端,最后缝合皮肤。亦可单纯结扎输精管,但再通的机会较大。术后必须继续采用其他避孕措施 2 个月,精液检查确诊无活动精子后,才可停用其他避孕措施。此手术的不良反应包括血肿、精子肉芽肿,有的可能自发性再接合。

2. 女性输卵管结扎术

女性绝育,可经腹部或阴部进行手术,大部分个案是做输卵管横切。对受术者进行全身麻醉,在脐下做一小切口,将输卵管切断,压扁后结扎;或使用腹腔镜,用套管导入腹腔内,捉住峡部用凝结法将其切断。常见的并发症有凝结时肠烧伤、肠穿孔、感染、出血和麻醉的不良反应等。

(九) 安全套避孕法

安全套的不良反应小,只要正确使用,不但可以避孕,还可以预防性传播疾病。另外,安全套还可以保护女性,避免因性行为导致的宫颈癌。所以,安全套是最适合年轻人使用的避孕方法。

1. 女用安全套

女用安全套是相当新的产品,外观就像大号的男性安全套,通过贴于阴道壁上,达到保护的功能。

2. 男用安全套

男用安全套即阴茎套,俗称避孕套,为筒状优质薄型乳胶制品。使用时,要先用拇指和食指将安全套前端的空气挤出,以避免产生气泡而造成安全套破裂。

当阴茎勃起时,将安全套套在阴茎的头部,抓紧安全套的头部,顺势套上阴茎,且一直套到阴茎根部。在射精之后,抓紧底部取下安全套。要注意的是打开安全套时,不要以锐利的东西,如指甲或牙齿打开,否则可能损坏安全套,从而导致避孕失败。使用安全套时可能会因中途滑落、破裂或使用不当等原因而导致避孕失败,所以应"温柔"使用,以免使其失去应有的保护功能。

3. 安全套使用的注意事项

安全套只要使用正确,既可以避孕,又可以防止性传播疾病。在使用时除了要注意大小是否合适外,还应注意下列事项:

(1) 女用安全套的材质为聚亚胺酯,有润滑的功能。女用安全套对于避孕及防止性传播疾病的失败率比男用安全套高,故使用女用安全套时,务必配合使用杀精润滑剂。

(2) 千万不要把脂溶性润滑剂(如食用油、护手乳液或凡士林等)涂在安全套上,因为脂溶性的润滑剂会破坏安全套,使之产生裂缝而无效。医生建议用水溶性的润滑剂如 K-Y 来制造润滑效果最佳。

(3) 阴茎勃起后而两人性器官尚未接触前,就应该戴上安全套。

(4) 每一次性交都必须使用安全套,千万不要心存侥幸。

(5) 男性使用安全套时要检查是否戴好,务必要一直戴到阴茎根部。

(6) 每个安全套只能使用一次。

(7) 事后注意检查,若安全套出现滑脱或破裂等情况,要赶快采取补救措施。

(8) 未用过的安全套要保存在干燥、阴凉的地方,避免阳光直接照射,以免湿度、温度影响安全套的品质,尤其不可长时间放在皮夹或车内,以免造成乳胶变质。

(十) 紧急避孕

紧急避孕是指在无防护性生活后或者避孕失败(避孕套破裂、滑脱、漏服避孕药、安全期计算失误等)后几小时或几天内,妇女为防止非意愿性妊娠的发生而采取的避孕方法。不同于常规避孕的是,这种避孕方法是一种临时采取的紧急办法,是一种补救措施。这种"紧急"补救措施可以减少妊娠的发生,从而保护广大育龄女性特别是在校女大学生的身心健康。

1. 开展紧急避孕的原因

虽然避孕药有了很大发展,但仍存在许多不足之处,全世界每年有近 3 000

万例妊娠是由于避孕失败所造成的。加上由于其他种种原因,性交时未能采取避孕措施,导致许多非意愿妊娠,而多数非意愿妊娠又是通过人工流产终止的。人工流产直接导致了每年至少 20 万名妇女死亡。据统计,目前我国每年的人工流产近 1 000 万例,其中大约有 1/3~1/2 是由于未采取避孕措施而导致的非意愿妊娠。如果她们知道或有机会获得紧急避孕服务,将能使人工流产例数减少 300 万~400 万例。不安全流产已成为当前亟待解决的问题。针对这一紧迫任务,世界各国均提出全面开展"紧急避孕"的行动,由此可见紧急避孕的重要性。

2. 需采用紧急避孕的情况

(1) 未采取任何避孕措施。

(2) 避孕套破损、滑脱或使用不当。

(3) 宫颈帽、女用安全套放置位置不当或取出过早。

(4) 体外射精失败。

(5) 在阴道口射精。

(6) 安全期计算失误。

(7) 排卵期性交只用避孕栓、药膜等杀精剂避孕。

(8) 短效避孕药漏服。

(9) 发现宫内节育器脱落。

(10) 遭到性暴力。

在以上意外情况发生后,很多女性因担心怀孕而寝食难安、束手无策,只能消极地盼望月经来潮。紧急避孕可以为这些妇女排忧解难,采取紧急避孕至少可以避免 50%~70% 的非意愿妊娠,使广大妇女免受人工流产造成的身心损害。

3. 紧急避孕方法的种类

(1) 避孕失败或无防护性生活后 2 小时内服用紧急避孕药——左炔诺孕酮(毓婷)。性交后 72 小时内口服 1 片,12 小时后再服 1 片。

(2) 避孕失败或无防护性生活后 5 天内放置宫内节育器——适合于经产妇或曾做人工流产手术的未产妇。

(3) 紧急避孕药不等同于流产药。

(4) 很多女性都把紧急避孕药误认为可以作为流产药使用,所以这里必须明确地指出,紧急避孕不是流产,紧急避孕药不是流产药。一旦遇到因意外妊娠而需要流产的情况,一定要到正规的医院或计划生育门诊就诊,千万不能到没有医疗条件的私人诊所进行药物或手术流产,以免出现意外而造成各种恶果。

4. 紧急避孕的效果

一般来说,服用紧急避孕药可以阻止绝大部分妊娠的发生。如果服用药物的方法正确,紧急避孕的失败率低于 2%。

为了保证紧急避孕成功,妇女应了解紧急避孕的适用时间:紧急避孕药必须在性交后 72 小时之内使用才有效,如果已经超过 72 小时但尚在 5 天之内,那么可以放置宫内节育器。

5. 服用紧急避孕药——左炔诺孕酮可能发生的不良反应及其处理方法

左炔诺孕酮的不良反应发生率极低,可能引起的不良反应及其处理方法如下:

(1) 恶心。一般不超过 24 小时就会消失。

(2) 呕吐。与食物同时服用或睡觉前服用可减少呕吐的发生率。如果在服药 2 小时内发生呕吐,应立即补服 1 片。

(3) 不规则子宫出血。有些妇女服药后会有点滴出血,一般无须处理,2 天左右症状自行消失。

(4) 月经改变。绝大多数妇女月经按期来潮,也有一部分妇女有月经提前或延迟的现象。如果月经延迟 1 周,应做妊娠试验,以明确是否为避孕失败。

(5) 其他不良反应,如乳房胀痛、头痛、头晕、无力,这些症状一般不超过 24 小时。

第五节 艾 滋 病

艾滋病(AIDS)起源于非洲,后由移民带入美国。1981 年 6 月 5 日,美国疾病预防控制中心在《发病率与死亡率周刊》上登载了 5 例艾滋病病人的病例报告,这是世界上第一次有关艾滋病的正式记载。1982 年,这种疾病被命名为"艾滋病"。不久以后,艾滋病迅速蔓延到各大洲。1985 年,一位到中国旅游的外籍人士患病入住北京协和医院后很快死亡,后被证实死于艾滋病。这是我国第一次发现艾滋病病例。

艾滋病病毒(HIV)感染者要经过数年、甚至长达 10 年或更长的潜伏期后才会发展成艾滋病病人,因性机体抵抗力极度下降会出现多种感染,如口腔霉菌感染、特殊病原微生物引起的,念珠菌、肺孢子虫等多种病原体引起的严重感染等,后期常常发生恶性肿瘤,并发生长期消耗,以至全身衰竭而死亡。虽然全世界众多医学研究人员付出了巨大的努力,但至今尚未研制出根治艾滋病的特效药物,也还没有可用于预防的有效疫苗。艾滋病已被我国列入乙类法定传染病,并被列为国境卫生监测传染病之一。

一、流行趋势

(一) 全球流行趋势

2006年,全球艾滋病死亡人数达到顶峰,共计195万人;HIV发病在1999年时最多,共计新发316万人。联合国艾滋病规划署《2022全球艾滋病防治进展报告:危急关头》中的数据表明:尽管目前拥有有效的治疗方法以及机会性感染的预防、检测和治疗工具,2021年全球仍有65万人死于艾滋病相关疾病,有150万艾滋病病毒新发感染者——比全球目标要多出100万例,其中15~24岁的新发感染青年人数为40万人,艾滋病相关的青年死亡人数达4.4万人。2021年,艾滋病大流行导致平均每分钟1人死亡。2020—2021年间,全球新增艾滋病病毒感染仅减少3.6%,降幅为2016年以来的最低水平。

艾滋病在全球的流行有五大趋势:① 病情上升的总体趋势未减,21世纪亚洲成为继非洲后感染率最高的地区;② 工业化国家艾滋病病毒感染率趋于稳定,而多数发展中国家快速增长,从感染到发病和从发病到死亡的平均时间短于发达国家;③ 传播方式依然是多途径并存,但经性传播正逐渐成为主要传播方式;④ 妇女艾滋病病毒感染率有上升趋势;⑤ 年轻人感染人数激增,全世界每年新感染的人中,每10人中就有6人为青少年。

(二) 国内流行趋势

国家卫健委数据显示,截至2021年底,我国现存艾滋病感染者114.8万例,在治106.6万例,新报告12.9万例。我国HIV感染呈现"两头翘"的发病趋势,即青年人和老年人发病率高,其中青年人群的比例持续增加。2022年我国新报告15~24岁青少年感染HIV(人类免疫缺陷病毒)/AIDS(艾滋病)为1.07万例,其中,男性同性传播占82.5%,异性性传播占15.6%。在我国,很多青少年尤其大学生群体,由于缺乏艾滋病毒相关知识,尤其是对艾滋病毒治疗、自我检测和暴露后预防知识的缺乏,酿成了终身的遗憾。

艾滋病的传播方式以性传播为主,占 94.8%,其次为毒品注射,占 3.0%。全人群感染率约为 9.0/万。参照国际标准,与其他国家相比,我国艾滋病疫情处于低流行水平,但疫情分布不平衡。两广、河南、云南、四川现存活病人较多;新疆、四川、广西、云南现存活感染者/AIDS病人人口占比较高。

我国艾滋病疫情呈现以下特点:① 疫情地区差异大,部分地区疫情严重;② 疫情区域不断扩大,由原来集中贩毒通道和非法采供血活动所及的农村地区,通过大规模的流动人口向广大城乡扩散;③ 疫情发展迅速,2001 年起进入发病死亡高峰;④ 传播途径复杂化,以多种传播途径为主,性接触传播的比例正在逐年增大;⑤ 感染人群多样化,艾滋病由高危人群向一般人群扩散的态势仍在继续;⑥ 流行形势复杂化,男男同性传播比例逐年上升。

二、艾滋病与艾滋病病毒

(一) 艾滋病

艾滋病的医学名称叫"获得性免疫缺陷综合征"。英文全称是:Acquired Immune Deficiency Syndrome。"艾滋"是其英文名称缩写"AIDS"的音译。

"免疫缺陷"是说免疫功能出了毛病。正常人体都具备一定的抵抗外界细菌、病毒和其他有害微生物的能力,也即免疫力。正因为有了这种能力,人体才会及时地抵御病菌的侵袭,才不会天天生病,才可能健康地生活。然而,艾滋病病毒破坏的正是人体的免疫能力,艾滋病病人也因此会表现得非常脆弱。一些在常人身上不会致病的细菌、病毒都会乘虚而入,在常人身上表现很轻的病症,在他们身上都会成为严重的、难以治愈的疾病。所谓的"综合征",意思就是说艾滋病表现出复杂多样的症状。

(二) 艾滋病病毒

艾滋病病毒又叫"人类免疫缺陷病毒",英文全称是 Human Immune Deficiency Virus。英文缩写为"HIV"。艾滋病病毒很小,小得在普通显微镜下看不到。艾滋病病毒进入人体后,主要破坏人体的白血球。而且,病毒变异很快,让研制预防性疫苗非常困难。

艾滋病病毒直接侵犯人体的免疫系统,干扰破坏具有抗感染能力的免疫细胞,使人体抵抗疾病的能力下降。

不过,艾滋病病毒其实也很脆弱,白血球外的艾滋病病毒在外界环境中很快会死亡。常用消毒药品,如"84"消毒液、漂白粉、消毒灵、酒精等都可以将它杀灭。

(三) 什么是艾滋病病毒感染者和艾滋病病人

当人们谈起艾滋病,或是看到有关预防艾滋病的宣传品时,常常会面对艾滋病病毒感染者和艾滋病病人两个词语,这两者有什么区别呢?

1. 艾滋病病毒感染者

在人体感染艾滋病病毒后的开始阶段,体内的艾滋病病毒数量还很少,体内的免疫功能还没有受到严重的破坏,尚未表现出什么异常症状,这种被艾滋病病毒(HIV)感染但还没有出现症状的人称为艾滋病病毒感染者,又称艾滋病病毒携带者。他们的特征是:"两只眼睛,一个鼻子,一张嘴",外表上和一般人一样,没有任何区别。

2. 艾滋病病人

当艾滋病病毒携带者体内的病毒增长到一定的数量时,他身体的免疫功能也被破坏到一定程度,也就是说他的抵抗力已经很低。此时,其他的病菌乘虚进入人体,使其发生多种疾病,如严重的腹泻、肺炎、多种癌症,还可以使人痴呆,这时的病人即称为艾滋病病人。最后,艾滋病病人往往死于由这些疾病造成的身体衰竭。

从艾滋病病毒感染者发展到艾滋病病人,短则几个月,长则十年,甚至更长(平均 7~10 年)。这个时期的艾滋病病毒感染者外表看上去和正常人一样,可以正常地工作、生活、学习。值得注意的是,艾滋病病毒感染者是具有传染性的,他们体内的病毒可通过一定的方式传播给其他人。

3. 艾滋病病毒感染者与艾滋病病人的区别

从艾滋病病毒进入人体起,人体就开始了同它的斗争。病毒在人体内的繁殖需要一定的时间,所以艾滋病病毒感染者并不是从带有病毒的第一天就"病入膏肓"的。在开始阶段,感染者的免疫功能还没有受到严重破坏,因而没有表现出明显的症状,我们把这样的人称为艾滋病病毒感染者。有些感染者在艾滋病病毒进入体内 2~4 周时,可能出现类似流感一样的表现,如发热、肌肉疼痛和皮疹等，但是这些表现常常不会引起人们的特别注意，而且并不是所有感染者都有这些表现。这时感染者表面上就如同常人一样生活和工作着。

当感染者的免疫功能被破坏到一定程度后，身体抵不住艾滋病病毒的进攻，其他病菌就会乘虚而入，使人发生多种疾病，如严重的腹泻、肺炎或某些癌症，还有些病人会发生痴呆等。这时，感染者就成为艾滋病病人了。艾滋病的表现可以是多种多样的，最后病人往往会死于由严重腹泻、肺炎、肿瘤等造成的身体衰竭。

从全世界的资料来看，从艾滋病病毒感染者发展到艾滋病病人，可能需要数年到10年甚至更长的时间。这段时间（医学上称作无症状期或潜伏期）的长短有很大变化，有的感染者在诊断后的一两年内很快就发病了。影响发病快慢的因素也很多，积极地寻求医学指导，采取有效的预防治疗、营养和保健措施等，都对延缓发病有着很重要的作用。

三、艾滋病的主要症状和临床表现

（一）艾滋病的窗口期

健康人感染艾滋病病毒后不能马上通过测血液中的HIV抗体检查出来，一般在2～3个月后可以检查出来。从受到艾滋病病毒感染到可以检查出来的这一段时间称为窗口期。只有窗口期之后，从感染者的血液中检测到HIV抗体才能证实一个人是否感染了HIV。

在窗口期虽然检查不出HIV抗体，但在血液、精液、阴道分泌物等体液中已含有大量的艾滋病病毒，有很强的传染性。接受检测的人若其结果为阴性，3个月之后要进行复查。如果的确已受到感染，经过这段时间，抗体就可以检测出来。

（二）艾滋病的潜伏期

从感染上HIV到发展成艾滋病病人，这一段时间称为潜伏期。潜伏期可以短至约6个月至1年，通常为5～7年，长的可达10年以上。

当一个人感染了HIV后，由于潜伏期很长，有很长一段时间一点症状也没有，在外表和自身感觉上都与健康人一样。如果不经验血发现HIV抗体呈阳性反应，就连感染者本人也不知道自己已感染上HIV。潜伏期中感染者有很强的传染性,可以通过性交和血液等途径将病毒传给他人。因此,凡是怀疑有机会感染 HIV 的人都应该主动找医生咨询或接受 HIV 抗体检查。

(三)艾滋病的传染期

传染期是指感染者或病人有能力把病毒传染给其他人的这段时间。就艾滋病而言,从感染到发病死亡前都属于传染期。

一般来说,艾滋病病毒感染者在窗口期和艾滋病发病期的传染性较强。无症状期虽然传染性比窗口期和艾滋病发病期要弱,但因时间长(平均 8～10 年),所以在病毒传播扩散方面的作用却非常大。

怎样确定一个人是否感染了 HIV?从外表看不出一个人是否感染了 HIV,因为病毒可以长期潜伏在身体内而不表现出任何症状或体征。

确定一个人是否感染了 HIV,通常都是化验血液中有没有 HIV 抗体。抗体是指人体的免疫系统产生的能抵抗和破坏侵入人体的各种病毒、细菌的物质。在一个人的血液中如果发现有 HIV 抗体,就表明这个人感染了 HIV。如果检测未发现 HIV 抗体,即测试呈阴性反应,表示被检查者:① 没有受到感染。② 刚受到 HIV 的感染,但还没有产生抗体(因为抗体的形成需要 2～3 个月的时间),需要进一步检测。

(四)艾滋病的主要临床表现

当 HIV 感染者的免疫系统受到病毒严重破坏,不能维持最低的抗病能力时,便被其他致病微生物侵害成为艾滋病病人。病人一旦发病,实际上已经到了晚期,死亡率极高。

艾滋病病人表现的症状无特异性,其症状是复杂多样的。常见症状有:长期低热,短期内体重减轻十分之一以上、消瘦、乏力、冒汗、慢性腹泻、慢性咳嗽、全身淋巴结肿大、头晕、头痛、智力减退、反应迟钝等。

艾滋病病人常见的感染主要以卡波济氏肉瘤最多见,表现为皮肤出现深蓝色或紫色的斑丘疹或结节。除了卡波济氏肉瘤外,其他的如淋巴瘤、肝癌、肾癌等也不少见。

由于目前艾滋病治疗药物均不具有长期疗效,更不能治愈,艾滋病患者的病程长短取决于个人的体质,以及生活和医疗条件的好坏。病人将最终死于感染和恶性肿瘤造成的衰竭。

(五) 艾滋病的传播途径

由于 HIV 主要存在于人的血液、精液、阴道分泌物和乳汁中,所以任何让这些体液进入其他人身体里的行为都有可能导致 HIV 的感染。

在正常情况下,皮肤和黏膜是一种天然屏障,但是这个屏障有时会破损,譬如切伤、擦伤、疮、溃疡等。日常生活经验表明,破损的皮肤和黏膜很容易发生感染。

HIV 主要通过下面三种途径从一个人传播到另一个人:

1. 性接触传播

存在于精液、阴道分泌物、月经血中的 HIV 可通过生殖器黏膜而进入另一个人的体内。当然淋病、梅毒、生殖器疱疹等性病也可通过性交传播。

2. 血液传播

(1) 静脉注射毒品的人共用未经消毒的外具。

(2) 输入含有 HIV 的血液制品或器官移植。

(3) 注射器和针头消毒不彻底或不消毒,例如儿童预防注射做不到一人一针一管。

(4) 其他可刺破皮肤的医疗器械,如消毒不彻底或不消毒的口腔科器械、妇产科器械、外科手术器械、针灸针等。

(5) 其他可能引起血液传播的途径,例如理发、美容、文身、扎耳、修脚等用的刀具不消毒;与其他人共用刮脸刀、电动剃须刀、牙刷;体育运动外伤和打架斗殴引起的流血;救护伤病员时,救护者破损的皮肤接触伤员的血液。

3. 母婴传播

艾滋病病毒感染的妇女所孕育的胎儿或婴儿,可以在孕期、分娩期、分娩后或哺乳期感染艾滋病病毒。

四、艾滋病的治疗

联合国艾滋病规划署、WHO 提出,当前艾滋病的治疗要实现三个"90%",即 90% 的感染者通过检测知道自己的感染状况,90% 已经诊断的感染者接受抗病毒治疗,90% 接受抗病毒治疗的感染者病毒得到抑制,至 2030 年再将上述目标提升到三个"95%",那么才可以说艾滋病基本得到了"消除",但还不能说"根除、终结"。这意味着艾滋病的年新发感染率应小于 1%。这是一个任重而道远的目标。面对艾滋病、结核、疟疾全球三大公共卫生问题,只有疟疾在我国已经得到很好的控制,但结核、艾滋病仍是重大的健康危害问题,艾滋病更是面临诸多严峻的挑战。

(一) 90%的知晓率

就艾滋病而言,要清楚地了解究竟哪些人以及多少人得病,这其实是非常困难的。一个人感染 HIV 病毒后,身体在初期没有特异性的临床表现,可能像流感一样有感冒发烧的症状,但这种症状是可以自愈的,因而经常会被忽视,导致无论是发达国家还是发展中国家都很难做到早期发现。当疾病进入 6~10 年的无症状期时,不做 HIV 抗体检查很难发现患病,此时得到诊断的患者也并不多。

随着病毒在体内不断增殖,很多患者只有到了比较严重艾滋病的发病期才发现自己被感染。因为患者此时体内免疫细胞(CD4)的水平很低,免疫功能极度低下,特别是出现常人少见的感染性疾病(如肺孢子虫病)或者肿瘤(卡波西肉瘤)的时候,或在医院做其他手术准备的时候,这些患者才最终被确诊。

早期诊断是治疗艾滋病的关键,越早治疗病人活得会更长。免疫细胞(CD4)很低患者的预期寿命,要比免疫细胞(CD4)高的患者要短很多。此外,确诊很晚,除了更加难以治疗,同时还意味着在不知情的状况下有更大概率将艾滋病病毒传染给别人。从这个角度而言,尽早确诊,既是保护自己,也是降低艾滋病病毒传播力度的有效方法。

(二) 90%的治疗率

自 2004 年以来,我国开始实施艾滋病的"四免一关怀"政策。"四免"是指对农村居民和城镇未参加基本医疗保险等医疗保障制度的经济困难人员中的艾滋病病人,免费提供抗病毒治疗;所有自愿接受艾滋病咨询检测的人员都可得到免费咨询和检测(咨询和检测也是保密的);为感染艾滋病病毒的孕妇提供免费母婴阻断药物及婴儿检测试剂;对艾滋病遗孤免收上学费用。"一关怀"是指国家对生活困难的艾滋病患者给予必要的生活救济,积极扶持有生产能力的艾滋病感染者开展生产活动,不歧视艾滋病感染者和病人。我国希望通过这一政策,将所有的 HIV 阳性的患者都纳入治疗的范畴。

可以看到,我国对艾滋病的免费治疗投入很高,但仍有一部分患者拒绝治疗。究其原因,他们一方面是担心药物的毒副反应,另一方面则是每天服药给生活带来了很多不便,同时也担心社会不接纳自己。此外,还有一部分人会中途退出。从全国的数据来看,每年大概有 6%～9% 的患者退出治疗。这些也都会极大地影响艾滋病的总体治疗效果。

(三) 90% 接受治疗的感染者病毒得到抑制,但仍然存在差距

艾滋病患者治疗的成功率已经超过 90%：如果按照规律治疗的患者计算,他们每年做一次病毒载量检测,91% 的人的抗病毒治疗是成功的。但是这个数字不能过分乐观,还有不少人并没有查,比如忘记了或者外出务工没时间查。但是只要坚持规律治疗,定期检查的患者控制成功率在 90% 以上。

不过,我国的艾滋病用药种类相对有限,与世界发达国家相比仍有一定差距。就国际层面艾滋病的治疗指南而言,第一类是发达国家如美国、欧洲制定的,共有 6 大类 30 多种艾滋病药物已获批准;第二类是 WHO 为发展中国家以及医疗资源有限的国家制定,也有 11 种药;而在我国的治疗指南中,成人免费的一线二线用药只有 7 种。

(四) 让患者像普通人一样生活

想要战胜艾滋病,未来的路还很长。我们需要新药,努力实现功能性治愈,直到研发出彻底治愈艾滋病的药物。如果艾滋病患者尽早治疗且坚持服药,就能实现较好的防控效果,可以有更长的预期寿命。不过,艾滋病的治疗不能仅仅着眼于病毒载量这个单一指标,由艾滋病感染所致的并发症同样也需要纳入合并治疗的范畴。

艾滋病患者尽早接受治疗,虽可延长生存期,但并没有将病毒从机体中根除。与 HIV 阴性的人群相比,艾滋病患者有更高风险患上心血管、肝、肾、代谢、内分泌、非指证性肿瘤、神经认知障碍等各类疾病。因此,除了抗病毒治疗,患者还要定期筛查上述疾病,做到早发现、早治疗。患者还要注重自身的心理问题。艾滋病容易伴生其他性传播疾病,如梅毒、尖锐湿疣等,导致患者产生更大的心理压力和负担。同时,每天服药、定期就医也会给患者带来一些负面的心理暗示,这种心理负担很难完全消除。社会对艾滋病患者也存在歧视的现象,对其就业、就学和就医造成相应的麻烦和困难。因此,艾滋病患者在接受抗病毒治疗的同时,也需要通过同伴教育、社会关爱等多种方式予以相应的鼓励和支持。当

然，更新更长效的药物是解决这一问题的根本方式。

此外，我国还要特别关注与艾滋病相关的一些其他问题，例如男男性行为人群感染率持续上升，中学生、大学生等青少年群体感染率较高，中老年异性商业性活动导致 HIV 感染，对社会流动人口的艾滋病预防不到位。这些问题都需要全社会的共同参与，政府加大资金投入和政策支持，医务人员进一步提高医疗水平，民众提高认识、减少歧视，个人良好掌握及熟练应用艾滋病防治知识。

五、大学生进行艾滋病健康教育的重要性

（一）认识艾滋病的危害性

艾滋病是严重危害人类健康与生存的疾病。在缺乏有效药物治疗及疫苗预防的情况下，性健康教育是预防艾滋病的首要选择。

处于青春期的大学生，其生理和心理开始发生急剧的变化，愿意接受并尝试各种想法、观念和行为，包括一些易感染艾滋病的高危行为。因此，不要以为艾滋病与校园相距甚远，而要帮助大学生提高自我保护能力，抵御艾滋病对大学校园的侵袭。总体而言，艾滋病具有以下危害性。

1. 普遍的易感性

所有人群，不论贫富、年龄、性别、种族，都缺乏对艾滋病病毒的免疫力，普遍易感。

2. 威胁的长期性

艾滋病的潜伏期长，且该时期无症状或仅有类似感冒的轻症，在未发病约 60% 的感染者对此毫无察觉，因此易在潜伏期中感染他人。

3. 控制与治疗的困难性

艾滋病病毒具有变异性和多型性，潜伏期长，导致疫苗研发和基因治疗都极为困难。目前虽然有抗反转录病毒疗法（俗称鸡尾酒疗法），对降低病毒载量、延缓发病有一定效果，但用药复杂，价格昂贵，不良反应大，且无法根治。

4. 资源的消耗性

艾滋病引起的医疗费用和卫生资源的消耗很大。研究表明，与未感染艾滋病的普通病人相比，艾滋感染者的平均总医疗费用要高出 3 倍多。艾滋病主要患者为青壮年，这一人群是国家的主要劳动力和兵员来源，其数量和质量的下降

直接影响社会经济发展,削弱国防力量。

5. 社会的毁灭性

艾滋病一旦严重流行,全社会的人均期望寿命下降,不仅影响当代人,而且会发生代际影响。大量的失业、家庭破裂、单亲儿童和艾滋病孤儿等都会造成社会难以承受的压力和负担,其损失将是毁灭性的。

(二) 认识艾滋病的可预防性

艾滋病是可预防的"行为性"疾病。目前,尽管艾滋病仍是一种不治之症,但其传播途径十分明确,且对常用消毒剂及温度十分敏感。如能学习掌握艾滋病防治的科学知识,坚决摒弃导致艾滋病传播的危险行为,大学生在日常生活中免遭艾滋病的威胁是完全可能的。预防艾滋病传播的主要措施如下:

1. 安全的性行为

性接触是艾滋病最主要的传播途径,可分为异性传播和同性传播两类。进行安全的性行为,是最为有效的预防。当代年轻学生应倡导洁身自爱,遵守性道德,不提倡婚前性行为,与配偶建立忠诚专一的性关系,坚持正确使用避孕套,以减少感染的风险。

2. 远离毒品

吸毒已成为日趋严重的全球性问题。在人类的不良行为中,吸毒的危害性非常巨大,静脉注射毒品尤其是共用针管是艾滋病病毒血液传播的高危行为。因此拒绝一切毒品,应成为大学生日常生活的准则。

3. 避免血液感染

(1) 尽量减少输血和不使用未经检验的血制品。必须输血时,要使用经过艾滋病病毒抗体检测的血液和经过严格消毒的输液器,不接收来历不明的血液和血制品输入。

(2) 避免不必要的静脉注射。静脉注射时使用一次性注射器具。

(3) 日常生活中要注意个体防护:不与他人共用刮脸刀、剃须刀、牙刷等,不在消毒不严格的理发店、美容店等刮胡子、修鬓角、文身、文眉、扎耳洞等,尽可能避免使用易刺破皮肤的公用工具。

(4) 接触艾滋病病人及血制品的医务人员必须严格遵守操作规程,避免医源性感染。

(5) 不去消毒不严格的个体医疗机构接受医疗行为。

4. 孕前检查

母婴传播的概率全球估计为30%。预防母婴垂直传播应做到如下四点：

(1) 劝告艾滋病病毒感染的妇女避免怀孕，或在怀孕后最好终止妊娠。

(2) 劝告艾滋病病毒感染的妇女使用高效的避孕方法（如绝育术），坚持要求男方使用优质的安全套，以降低性伴侣感染以及妊娠的机会。

(3) 教育有高危行为的妇女主动血检，加强自我保护能力。

(4) 对坚持妊娠者应加强监护并进行药物预防，对其进行分娩和喂养方面的指导。

5. 不会感染艾滋病的途径

了解艾滋病在什么情况下不会传播，与了解艾滋病的传播途径一样重要。艾滋病虽然可怕，但可预防。关键是摈弃危险行为，保持健康的生活方式。目前已肯定以下方式不会感染艾滋病病毒，更不会患上艾滋病：

(1) 日常接触，包括咳嗽、打喷嚏、握手、拥抱、礼节性接吻。

(2) 与患者一起游泳、进食，使用一个浴盆、浴池或电话机，用同一套饮具和餐具喝水、吃饭。

(3) 蚊子叮咬不会传播艾滋病。

6. 反对歧视，提供关爱

对艾滋病患者的歧视行为，根源来自不了解艾滋病的传播途径，从而产生了错误的认知，即"艾滋病恐惧症"。

许多人认为只要对艾滋病患者采取疏远和歧视态度，就可以远离艾滋病。实际上对艾滋病患者的歧视非但不能阻止艾滋病的继续蔓延，而且还会导致严重的不良后果。许多感染者和患者失去了自己的社会地位、职业和尊严，许多患者的家庭甚至完全失去了谋生的手段和环境。当前，中国艾滋病的感染群体更加分散，感染渠道更加复杂，许多感染者无法再过正常的生活，只能背井离乡成为"影子"感染者，反而会对自己和社会造成更大的伤害。因此，反对歧视艾滋病患者，消除"艾滋病恐惧症"，对他们提供关怀、爱护，是预防艾滋病健康教育活动的重要内容。因为艾滋病防控策略取得的每项进展，都与感染者歧视状况得到明显改变紧密相关。

大学生尤其要扭转自身对艾滋病患者的歧视态度。我们的敌人是艾滋病病毒，而不是感染艾滋病病毒的人。尽管艾滋病病毒的传播途径中存在一些为社会道德所不容的行为，而且感染者中确实有人是由于这些行为而感染的，我们应当明确,艾滋病是一种疾病,不能以一个人得病与否作为道德评价的标准。艾滋病感染者也是受害者,应与其他病人一样,获得社会给予的人道主义关心和帮助。

第六节 常见的性传播疾病

性传播疾病(Sexually Transmitted Disease,STD)是由 WHO(1975 年)提出的新名词,用于取代传统的"性病"一词,泛指各种由性生活传播或其他与性有关活动传播的疾病,还包括由孕妇传给胎儿或新生儿的一些疾病。传统的性病范围较窄,仅指梅毒、淋病、性病淋巴肉芽肿和软性下疳等少数种类。常见性传播疾病的病原体、传染源、传播方式和所致疾病种类可见附表5-1。

表5-1 性传播疾病概况

病原体	微生物名称	传染源	传播途径	所致疾病种类
细菌	淋病奈瑟氏菌	淋病患者	性接触	急性尿道炎(淋病)
	杜氏嗜血菌	患者	性接触	软性下疳
螺旋体	苍白密螺旋体	患者	性接触、胎盘、接吻等	梅毒
衣原体	沙眼衣原体	患者、亚临床感染者	性接触、产道感染	性病淋巴肉芽肿、尿道炎、附件炎、新生儿眼炎等
支原体	解脲支原体	患者	性接触、生殖道	尿道炎、附件炎、流产、死胎等
病毒	人类免疫缺陷病毒(HIV)	患者、HIV携带者	血液、精液、唾液、乳汁等	人类免疫缺陷综合征(艾滋病)
	单纯疱疹病毒(HSV)	患者	接吻、生殖道	宫颈炎
	人类巨细胞病毒(CMV)	患者、携带者	输血、生殖道、口腔	巨细胞包涵体病、胎儿畸形、智愚、间质性肺炎、Kaposi肉瘤

续 表

病原体	微生物名称	传染源	传播途径	所致疾病种类
病毒	人乳头状瘤病毒（HPV）	扁平疣或尖锐湿疣患者	生殖道	生殖器疣
	乙型肝炎病毒（HBV）	患者、无症状携带者	输血、注射、胎盘、生殖道	各类乙型肝炎

一、梅毒

梅毒是由梅毒螺旋体感染引起的一种慢性全身性传染性疾病。根据病程的不同，又可分为早期梅毒和晚期梅毒。早期梅毒一般分为一期梅毒和二期梅毒，晚期梅毒又称三期梅毒。

（一）一期梅毒

1. 临床症状

潜伏期一般为2～4周，硬下疳直径为1～2 cm，圆形或者椭圆形，边缘稍微隆起，呈肉红色轻度糜烂或潜在溃疡，创面比较干净，分泌物少，不痛不痒（无继发感染时），触诊时有软骨样硬度。一般单发，也可多发。患部的近卫淋巴结可肿大，常为数个，大小不等，质硬，不粘连，不破溃，无痛感。

2. 发生部位

男性梅毒多发生于阴茎包皮、冠状沟、龟头或系带部，有些发生于尿道内、阴茎干或其基底部、阴囊上。女性最多见于阴唇，也可见于阴唇系带、尿道、子宫颈及会阴等处。阴部外最常见的部位是口唇、舌、扁桃体、乳房、肛门等部位。一期梅毒患者，如果没有及时治疗，梅毒螺旋体会由淋巴系统进入血液循环，并大量繁殖、播散，侵犯皮肤、黏膜、骨、内脏、心血管及神经系统，进而出现多种症状。

（二）二期梅毒

1. 临床症状

从感染梅毒后在2年以内发病者，一般发生在感染后7～10周或硬下疳出现后的6~8周。皮疹具多形性，各种皮疹和斑疹、斑丘疹、丘疹、鳞屑性皮疹、毛囊疹、脓疱疹均可出现，以斑丘疹最常见，常泛发对称，掌足可见暗红色圆形脱屑性斑疹，外生殖器及肛周可见扁平湿疣，部分患者可有脱发。口腔可发生黏膜斑，全身浅表淋巴结肿大。也可出现骨关节、眼、神经系统及内脏损害。

2. 发生部位

二期梅毒常发生于大小阴唇间、包皮内、肛门周围及会阴，少数可发生于腋窝、乳房下、股内侧及趾间等。

（三）三期梅毒的症状和部位

三期梅毒的损害主要表现为结节性梅毒疹、梅毒树胶肿、心血管梅毒和神经梅毒等多种损害。

1. 三期皮肤黏膜梅毒

通常发生于感染2年以上的患者，特点是损害面积小，不对称，但破坏性大，愈后遗留萎缩性瘢痕，损害部位不易查到梅毒螺旋体；自觉症状轻微，客观症状较重；不经治疗，其损害经数月到数年也可自行愈合。

2. 骨梅毒

三期骨梅毒一般在感染5~20年，长骨部出现骨炎及骨膜炎，颅骨、鼻骨、骨盆及肩胛骨等出现树胶肿，分布局限，不对称，疼痛较二期骨梅毒轻微。

3. 心血管梅毒

基本病理变化为梅毒性主动脉炎，常见病变部位升主动脉，其次为主动脉弓。常发生于感染梅毒后15~25年，发病年龄在35~55岁，男性多于女性。

4. 神经梅毒

未经治疗的梅毒患者，有8%~10%出现神经梅毒，多发生于感染后的10~20年，男性多于女性。临床常见麻痹性痴呆及脊髓痨。

（四）预防

首先是控制传染源。梅毒患者是最主要的传染源，及早发现、及早治疗是消除传染源的最好方法。在做婚前、产前、供血、就业、参军、入学、住院等各种体检时应做梅毒血清筛查试验。其次是切断传播途径。绝大多数的梅毒是通过性传播的，做好宣传和健康教育十分重要。通过宣传和教育使人们认识到梅毒的危害，增强自身的防范意识，发生性交行为时，采取保护措施，减少梅毒的传播。

二、淋病

通常指由淋病奈瑟菌引起的泌尿生殖系统的化脓性感染,也包括眼、咽、直肠、盆腔等其他部位的淋球菌感染和播散性淋球菌感染。

（一）临床症状

1. 男性症状

男性潜伏期为 2～10 天,通常以尿道轻度不适起病,数小时后出现尿痛和脓性分泌物。当病变扩展至后尿道时可出现尿频、尿急。检查可见脓性黄绿色尿道分泌物,尿道口红肿。

2. 女性症状

女性通常在感染后 7～12 天开始出现症状,虽然症状一般轻微,但有时开始就很严重,有尿痛、尿频和阴道分泌物。子宫颈和较深部位的生殖器是最常被感染的部位,其次依次为尿道、直肠、尿道旁腺管和前庭大腺。子宫颈可发红变脆伴有黏脓性或脓性分泌物。压迫趾骨联合时,可从尿道、尿道旁腺管或前庭大腺挤出脓液。输卵管炎是常见的并发症。

（二）预防

首先,提倡在性生活中使用安全套,做好个人卫生,防止淋球菌的传播和感染。如果有一方已经感染淋病,应该避免性生活,并严格分开使用毛巾、脸盆、床单等。污染物应该消毒。其次,做好淋病知识的宣传和教育工作,让更多的人对淋病有所了解。

三、生殖器疱疹

生殖器疱疹是由单纯疱疹病毒 1 型或 2 型感染泌尿生殖器及肛周皮肤黏膜引起的一种常见的、易复发、难治愈的性传播疾病。

（一）临床症状

生殖器疱疹由单纯疱疹病毒 1 型和 2 型引起,可分为原发性和复发性两种临床表现。

1. 原发性生殖器疱疹

一般潜伏期为3～14天,皮疹好发于生殖器及肛门周围,通常表现为红斑、丘疹基础上或外观正常皮肤上出现群集或散在的小水疱,2～4天后破溃形成糜烂或者溃疡,逐渐结痂。有明显疼痛,腹股沟淋巴结常肿大有压痛,可有发热、头疼、乏力等全身症状。病程为2～3周。

2. 复发性生殖器疱疹

原发皮损消退后皮疹反复发作,复发性生殖器疱疹较原发性全身症状,病程较短。起疹前局部有烧灼感、针刺感或感觉异常。好发部位与原发皮疹类似,在外生殖器或肛门周围。皮疹一般为群簇小水疱,很快破溃,形成糜烂或浅溃疡,疼痛症状较轻。病程一般7～10天。

(二) 预防

(1) 避免不安全性交。

(2) 对于已经患有生殖器疱疹的患者来讲,要加强对损害部位的护理,每天用清水清洗外生殖器部位,并保持局部清洁和干燥,防止继发。当出现局部的感染后,要在医生的指导下,用消毒水清洗局部。

(3) 患病后需注意预防感冒、着凉、劳累,以减少复发。治疗期间要停止性生活,并动员性伙伴共同检查、治疗。

(4) 注意休息,增强体质,睡眠充足。在饮食上,不吃各种辛辣食物,多吃富含维生素、蛋白质的食物有助于疾病的康复。

(5) 生活洁具分开使用,并且严格消毒。

四、尖锐湿疣

尖锐湿疣又称生殖器疣或性传播疾病疣,是由人乳头瘤病毒感染引起的皮肤黏膜良性增生性性传播疾病,常表现为外生殖器及肛周部位的疣状增生物。

(一) 临床症状

症状尖锐湿疣潜伏期一般为3周至8个月,平均为3个月,此期感染者是重要的传染源。好发于任何年龄,16～35岁发病率最高。尖锐湿疣常见于外生殖器湿润处,如男性的冠状沟、龟头、包皮系带两侧或包皮内侧面,有时见于尿道口、阴茎、阴囊等处;女性好发于大小阴唇、尿道口、阴蒂、阴道壁、子宫颈、会阴处等,也可发生于肛周直肠、口腔和乳房等部位,前者多见于有被动肛交者。

初发皮疹为淡红色、淡褐色至深褐色带蒂突起或丘疹。逐渐发展为大小不等赘生物,呈乳头样、鸡冠状或菜花样突起,表面凹凸不平,湿润柔软。大多数无自觉症状,有时伴有轻度瘙痒、灼痛感等。多数缺乏自觉症状,少数患者有瘙痒、烧灼感和压迫感。伴阴道损害者可出现白带增多,刺痒或性交后出血现象。发生于肛门、直肠者可有疼痛和里急后重感。

(二) 预防

与其他一些性传播疾病一样,预防尖锐湿疣最好的措施就是避免与尖锐湿疣患者发生性接触。在日常生活中,还要注意以下四点:

(1) 认真了解该性病的有关知识,如传染途径、发病后的特征性表现等,增强自我保护意识,降低感染尖锐湿疣的风险。

(2) 早期发现、早期诊断、早期治疗。注意观察自己的外生殖器官是否有可疑增生物出现,争取做到早发现、早治疗。

(3) 家庭成员中有尖锐湿疣患者时,应该防止家庭用具受到污染而造成间接感染。患者的浴盆、浴巾、内裤要严格分开,并经常煮沸灭菌。

(4) 尖锐湿疣患者,治疗期间要停止性生活,治疗好后定期复查并注意卫生、增强抵抗力、注意劳逸结合等,以保持身心健康,减少反复发作。

五、非淋菌性尿道炎

非淋菌性尿道炎通常是指男性性交后几天或几周发生尿道脓性或黏液脓性分泌物,可有尿道刺痒和尿痛,但分泌物镜检和培养均不能发现淋球菌。如果发生在女性则宫颈可见水肿及黏液脓性分泌物,可有腹痛、白带多等症状,也可无症状,称非淋菌性宫颈炎。

(一) 临床症状

男性临床表现与淋病相似但程度较轻。常见症状为尿道刺痒、疼痛感或灼烧感,少数有尿频、尿痛;体检可见尿道口轻度红肿,尿道分泌物多呈浆液性,量少,有些患者晨起时发现尿道口会有少量分泌物结成的脓膜封住了尿道口或内裤被污染;部分感染者无任何症状或症状不典型,无症状性脓尿或尿道拭子涂片有阳性发现。女性患者主要发生沙眼衣原体感染引起的宫颈炎,阴道分泌物异常,非月经期或性交后出血。体检时可发现宫颈接触性出血,宫颈管脓性分泌物,宫颈红肿、异位,拭子试验阳性。自觉症状多半不明显,或者仅有阴道分泌物增多。

(二)预防

首先,减少性伴侣数、慎重选择性伴侣和提倡使用安全套等,预防衣原体等感染。其次,早检查、早治疗,避免进一步传播。患者一定要按照医生的要求进行治疗。同时性伴侣也要治疗,并且在治疗期间不要有性交行为。最后,加强卫生保健的宣传和教育。

六、软下疳

软下疳又称第三性病,是经典性传播疾病之一,是由杜克雷嗜血杆菌引起的疾病,主要特征表现为生殖器部位的一个或多个疼痛性溃疡,50%以上的患者合并腹股沟淋巴结肿大。此病在热带及亚热带地区比较多见,在我国一直很少发生。但是,20世纪80年代性传播疾病在我国再度流行以来,软下疳在我国各地,如广西、四川等地均有报道。软下疳患者绝大部分是男性。

(一)临床症状

1. 在感染了杜克雷嗜血杆菌后,通常会在2～5天内出现皮肤损害症状。其特点为圆形或椭圆形的溃疡,溃疡比较浅表,边缘不整齐,上面有脓性分泌物,溃疡的底部较软。另外,大部分患者腹股沟淋巴结肿大,局部潮红,随后化脓、破溃。由于溃疡边缘外翻形状像嘴唇,俗称鱼口,溃疡长好后会形成大块的瘢痕。

2. 好发部位对男性而言,主要是包皮内、外表面、包皮系带、冠状沟、龟头、阴茎体、会阴部及肛周等处,常伴包皮水肿;女性则多见于大小阴唇、阴唇系带、前庭、阴蒂、子宫颈、会阴部及肛周等处。少数报告偶见于股内侧、乳房、口腔内、手等处。

(二)预防

(1) 避免发生不安全性行为,一定使用安全套。

（2）早检查、早治疗，及时就医。

七、性病性淋巴肉芽肿

性病性淋巴肉芽肿是由沙眼衣原体引起的一种慢性经性传播的疾病。其病程较长，各期表现不同。主要临床表现为外生殖器部位出现一过性疱疹损害、溃疡、局部淋巴结肿大，化脓穿孔和晚期外生殖器象皮肿及直肠狭窄等。

（一）临床症状

1. 早期

开始感染上性病性淋巴肉芽肿病原体后，首先是生殖器部位出现初疮。初疮可有四种形式：表现无痛性小丘疹、小丘疹或脓疱、浅溃疡或糜烂、非特异性尿道炎。最常见的损害是在感染部位出现 5~6 mm 的小丘疹或水疱，可形成溃疡，无自觉症状，常不被注意。男性好发于冠状沟，其次是包皮系带、龟头、包皮、尿道和阴囊等；女性好发于阴道后壁，其次是前庭、阴唇、阴唇系带、子宫颈及外阴等部位。指交和口交者发生于手指和口腔。

2. 中期

在原发性皮损初疮发生后 2~6 周，病程进入第二期。此期腹股沟淋巴结发生病变，出现近卫淋巴结炎，发生腹股沟横痃或称腹股沟综合征，是该病最常见表现。

3. 晚期

性病性淋巴肉芽肿发病经数年或者 10 余年的漫长发展，其主要危害为可以引起生殖器部位发生象皮肿及直肠狭窄。

（二）预防

（1）对可疑患者以及不洁性接触者，应及时诊疗。

（2）与所有性病性淋巴肉芽肿患者接触的性生活对象，如果在出现症状之前 30 天内与患者有过性接触，则必须进行检查和治疗，无把握除外的性病性淋巴肉芽肿者，也应该给予抗生素预防治疗。

（3）不断提高卫生水平，加强健康教育宣传，避免不安全性交。

参考文献

[1] 马骁. 健康教育学[M]. 北京：人民卫生出版社，2004.

[2] 戈甲. 健康教育实用手册[M]. 上海：上海财经大学，2004.

[3] 黄敬亭. 健康教育学[M]. 上海：复旦大学出版社，2006.

[4] 陈天翔. 大学生健康教育[M]. 成都：四川大学出版社，2009.

[5] 王斌有. 性健康教育学[M]. 北京：人民卫生出版社，2008.

[6] 何敏. 大学生健康教育[M]. 上海：上海财经大学出版社，2022.

第六章

现场初级救护

在生活中,各种突发状况都可能出现,需要及时的急救措施。尤其是在学校、家庭和社会活动中,意外事故经常发生,有的甚至危及生命安全,因此大学生学习急救知识和技能显得尤为重要。

首先,大学生是青春年华的群体,不少人对于疾病或者突发状况的认知度不高。如果遇到突发情况,常常不知道怎样处理,错失了救命的黄金时间,导致事态积重难返。因此,大学生急救知识和技能的学习,可以提高他们的急救及处理突发状况的能力,使他们在遇到紧急情况时能够及时、有效地处理。

其次,在遇到自然灾害或公共事件等一些特殊情况发生时,有急救知识的大学生在这个时候就尤为重要了。他们可以迅速反应,给予最基本的急救,挽救人命。

最后,急救学习可以提高大学生的人文素养,培养他们的责任感、爱心和大局意识。在学习过程中,不仅可以掌握基本的急救技能,还能学会分析问题、合理运用器械,具备更强的协调与合作能力,并且在学习中积淀的沉稳、冷静和果断处理突发状况的决策能力,都会在日常生活和以后的工作中受益。

总之,大学生急救学习尤为重要。它不仅是必要的公民责任,也是一种绝佳的体验和锻炼机会。通过学习,大学生可以充分掌握急救技能,能够迅速反应、果断处理突发情况,不但可以保护自己的安全,也能担负起救援他人的责任,提高生命质量,保障人身安全。

第一节　现场初级救护的概念

一、定义

现场初级救护是在事故或突发疾病发生时,由身处现场的人员采取的紧急医疗措施,以保证事故、疾病的迅速处理和救援工作的成功开展,并减轻和避免事故、疾病对人体可能造成的伤害或威胁。

现场初级救护的内容包括:① 发现与判断危重伤病员;② 快速采取有效措施(如心肺复苏、止血等),维持基本的生命体征;③ 安全的转运,将伤病员转移到进一步救治的地点并传递基本救护信息等。现场初级救护在现代社会中普遍被认为是一项非常重要的技能,具有广泛的适用性。因为在紧急情况下,这一技能常常是最基本、最重要的生命救援措施。掌握现场初级救护技能可以帮助我们更好地预防和应对突发事件,在许多计划好的赛事、活动、旅行或单纯的日常生活中,都可以起到积极的保护作用。

二、特点与目的

(一) 特点

1. 快速性

现场初级救护是院前急救的重要组成部分,需要及时进行,尽可能快速地掌握伤病员的病情,进行救护处理,争取获得更多的干预机会。

2. 简易性

现场初级救护需要简单、易操作,并尽可能减少对伤病员的二次伤害。

3. 实用性

现场初级救护需要在条件受到限制的情况下,利用有限的设备、药品和人力资源,达到救治效果的最大程度。

4. 治疗性

现场初级救护旨在抢救伤病员的生命或避免病情恶化,并且能够控制损伤程度,减少并发症和后遗症。

（二）目的

1. 挽救伤病员生命

在现场采取任何急救措施的首要目的是挽救伤病员的生命,要快速地识别伤病员的病情,根据不同的疾病进行有针对性的处理。

2. 防止伤病恶化

需要加强监测伤病员的生命体征,掌握病情变化情况,合理控制病情发展趋势,尽可能防止伤病继续发展和产生继发损伤,以减轻伤残和死亡。有条件的情况下,可通过物理、药物等手段有效缓解伤病员的疼痛、呼吸困难等症状,减轻伤病员痛苦和不适。

3. 促进身心恢复

现场救护人员提供心理支持和安慰,帮助伤病员缓解紧张情绪和焦虑,减轻痛苦和恐惧感。还可以为伤病员提供必要的康复建议和指导,帮助他们在治疗后更快地恢复健康,回到正常生活中去。

三、程序

现场初级救护,要在环境安全的条件下,迅速、有序地对伤病员进行检查和采取相应的救护措施(即 D. R - A. B. C. D. E. 程序)。

（一）评估环境

评估环境(Danger)是在救护过程中,对伤病员和现场环境进行评估的过程,是救护程序中非常重要的一步。在任何事故现场,救护员都要冷静观察周围,只有确保安全的情况下才能进行救护。评估环境包括以下内容:

1. 环境安全评估

救护人员在到达现场时,必须先进行环境安全评估,确定现场是否安全,是否存在危险因素,并采取相应的措施确保安全,例如制定周围人员的职责、疏散受伤人员等。

2. 伤病员身体状况评估

救护人员需对伤病员进行全面的身体状况评估,包括呼吸、脉搏、血压、意识等方面,并根据所评估的指标,判断伤病员是否出现身体状况异常等情况。

3. 自身救护能力评估

救护员在现场救援中会面临各种危险和挑战,需要具备良好的自身救护能力,确保自己的安全和稳定的现场救援。自身救护能力评估旨在评估救护员的身体素质和应对紧急情况的能力。通过对自己的能力进行评估,救护员可以更好地了解自己的优势和不足,制定更合理的现场救援计划和护理措施,避免自身在救援现场发生意外,从而提高救援效率和成功率。

4. 现场应急救治措施评估

在发生紧急情况时,救护人员应根据所评估到的状况来选择合适的现场应急救治措施,例如止血、心肺复苏、使用急救工具等。

5. 个人防护

由于救护人员不知道伤病员是否携带传染性的病原体,同时在现场环境中也可能存在一些危险物质,所以个人防护是非常重要的(如口罩、手套、防护服、护目镜等)。救护人员在现场救护时,必须注意安全,确保自己免受任何通过危险毒素或者身体接触传染的伤害。

评估环境是一项非常重要的工作,只有把握好这个环节,才能为伤病员提供及时、准确、高质量的救护服务。

（二）初步检查和评估伤（病）情

一旦确认环境安全或采取了必要的安全措施后,应立即检查伤病员的伤(病)情,并对发现的伤病及时采取相应的救护措施。

1. 检查反应（Response）

在现场救护中,判断意识是非常关键的一个步骤,因为意识情况可以反映伤病员的神经系统功能状况,特别是大脑的功能状态。判断意识的方法如下：

（1）观察伤病员表情。对于伤病员,正常的表情和对刺激的反应是在清醒和平静的情况下呈现的。因此,观察伤病员的面部表情可以了解到他们是否有清醒和正常的反应。

（2）呼唤伤病员。救护员可以称呼伤病员的名字来唤醒伤病员,如果伤病员可以根据唤醒方式进行简单回答或者合作,那么说明伤病员有意识。

（3）拍打伤病员。如怀疑伤病员意识不清,救护员可用双手轻拍伤员的双肩,并在伤病员两侧耳边大声呼唤,同时观察伤病员是否有反应,如婴儿,用手指轻弹或拍打足底。如伤病员无反应,则可认为意识丧失。

2. 检查气道(Airway)

没有意识的伤病员往往由于各种原因导致呼吸道阻塞或者呼吸受损,打开气道可以帮助维持呼吸道开放,保证氧气的到达,有利于维持伤病员的生命体征,防止病情恶化。

无论是因为意外伤害或突发疾病,意识丧失的伤病员在失去了生命意识之后,很可能出现暂停呼吸的状况。打开气道有利于保持呼吸道畅通,增加氧气供应,维持呼吸功能的正常运作,并且为后续的救治和转运铺平道路。可以说,打开气道是处理无意识伤病员的第一步,它保证了伤病员呼吸的正常,从而为后续的急救创造必要的条件。

(1) 放置伤病员:确认伤病员没有颈部、头部和脊椎损伤,将伤病员放置在平坦、坚硬的地面上,身体直立,头部后仰。

(2) 检查口腔:使用手指缓慢地拉开伤病员的口腔,检查是否有呕吐物和异物,如有异物,将伤病员头偏向一侧,尽量清除。

(3) 保持开放:采用仰头举颏法,使喉咙保持开放状态,以便于空气的流通。

3. 检查呼吸(Breathing)

没有意识的伤病员因为呼吸道受到阻塞等原因,常常会出现呼吸困难、呼吸停止等情况,这会对人体造成严重的影响。因此,在进行急救时,检查呼吸是非常重要的。检查呼吸可以通过观察伤病员胸腹部的起伏、听取呼吸声、感受伤病员呼吸的气流来判断。正常呼吸的频率是每分钟16~20次,如果呼吸困难或者停止就需要立即采取措施。检查呼吸是进行急救时非常重要的步骤之一,有助于判断伤病员的身体状况并决定下一步的救治措施,检查时间约10秒钟。

4. 检查循环(Circulation)

没有意识的伤病员需要检查循环系统是因为循环系统是人体中最重要的系统之一,它将氧气和营养物质输送到身体的各个部位,同时排出二氧化碳和其他废物。如果循环系统出现问题,可能会对伤病员的生命造成威胁。在现场救护中,可以通过触摸伤病员颈动脉,观察其口唇及肤色来判断循环体征,检查时间约10秒钟。

5. 检查清醒程度(Disability)

在现场救护过程中,检查伤病员的清醒程度是非常重要的。评估伤病员的清醒程度可以帮助救护员确定伤病员的意识状态,并对伤病员的治疗进行相应的调整。方法如下：

（1）观察伤病员的眼睛：观察伤病员的眼睛是否能够睁开，并能否主动注视着物品或人物。

（2）语言回应：询问伤病员简单的问题，例如"你叫什么名字？"或是"你现在感觉怎么样？"来检查伤病员是否能够回应恰当。

（3）运动反应：要求伤病员做简单的动作，例如"举起手臂"或"张开嘴巴"，观察其是否能够明确地理解问题并进行相应的动作。

利用这些方法对伤病员进行清醒程度的评估可以帮助救护员初步确定伤病员的病情严重程度，以便更好地实施救护措施和治疗。

6. 详细检查伤情（Exposure）

现场救护过程中，即使伤病员情况看起来平稳，进行详细的检查仍然非常重要。因为许多疾病在早期阶段可能没有明显症状，但如果不能及时诊断和治疗，这些疾病可能会恶化到危及伤病员的生命。另外，如果救护员没有对伤病员进行详细的检查，可能会错过一些重要的病史或症状，这些信息可能对最终的诊断结果和治疗方案产生重大影响。

例如，一个伤者可能会在事故发生后几小时内觉得自己还好，但在检查时发现他的脑震荡得到了严重的忽略。另一个伤者可能会因偏头痛而看似病情平稳，但在检查时发现他其实正在经历中风或心脏病发作等严重问题。因此，在现场救护中进行详细的检查，即使伤病员情况看起来稳定，仍然是至关重要的。检查结果可以帮助医生做出更好的诊断和治疗决策，从而提高伤病员的生存率和恢复速度。

通过检查，包括头部（眼、耳、鼻、口腔）、颈部、胸部、腹部、上肢、下肢、骨盆、脊柱等，同时询问伤病员发生伤病的经历和病史。救护员可以初步确定伤病员的病情严重程度和可能的诊断，以便尽快采取适当的措施。同时，救护员在检查过程中应保持冷静、耐心、温和，尽可能减轻伤病员的痛苦，并对伤病员进行有效的安抚和沟通。

注意：

（1）在任何情况下，都应该首先处理在检查中发现的严重伤病，采取呼救、心肺复苏、止血、保持气道通畅等措施。

（2）在专业医务人员到达之前，要在不同时段对伤病员反复检查和记录，并比较前后检查的结果，判断伤、病情是否发生变化。

正常的生命体征可以用来衡量人体的健康状况,包括以下四个方面:

(1) 体温:正常体温可以作为评估人体健康状况的重要指标之一。正常人的体温范围为 36.1℃~37.2℃,但体温可能会因为各种因素如时间、环境、激动或呼吸率而有所变化。

(2) 呼吸:健康成人的呼吸频率约为每分钟 16~20 次。

(3) 心率:健康成人的心率应为每分钟 60~100 次。

(4) 血压:成人的正常血压范围为 90/60 mmHg 到 140/90 mmHg。血压过高或过低都可能表明存在某种健康问题。

这些生命体征是健康状况的基本指标,但每个人的生命体征都有差异,在评估健康状况时,还需要结合年龄、性别、身体状况、生活习惯等因素分析。

(三) 呼救

现场有人受伤时应该立即拨打急救电话 120 进行呼救。呼叫 120 可在 24 小时内全年无休,响应时间一般在 5~15 分钟内,具体时间视所在地区的交通和急救设备情况而定。

在拨打 120 之前,如果情况危急也可以拨打警方的 110 电话或消防部门的 119 电话进行求助。但是,在进行救助时要注意防护自身的安全,避免因为救援操作不当加重伤员的伤势。

拨打急救电话需要注意以下五点:

(1) 确保信息准确。在拨打 120 急救电话前,一定要确认现场情况和伤病人员的状况,并提供准确、明确的信息,以便救护人员能够更快速地到达现场。提供的信息应包括:现场地址、联系人姓名及电话号码、伤情状况及现场情况等。最好将现场的详细地址、门牌号码、附近的标志性建筑物等地标明确地告诉救护人员,以便救护车寻找。

(2) 保持镇静。在拨打 120 急救电话的过程中,要确保自己的声音稳定、清晰、响亮,以便电话的接听员能够清楚地听到,同时也要尽量保持镇静,不要紧张、慌乱或情绪失控。

(3) 提供所需信息。接听员会询问一些细节信息,有些询问可能与紧急状况看似无关,这些信息以及所提供的各种数据,方便救护人员确定合适的急救队伍。尽可能提供详细的信息,包括现场情况、人员伤情以及其他有用信息。

（4）按照指示操作。电话接听员会要求你按照一定的方法和步骤进行操作，比如指示你进行基础救护、如何使伤病人员稳定等，请认真听从和执行接听员的指示和建议。

（5）等待救护人员到达。在等待的过程中，要继续保持镇静并关注伤病人员的状况，小心照顾伤病人员，做好必要的急救处理。

总之，在拨打120急救电话时，要保持冷静，提供准确的信息，配合救护人员，尽快抢救伤病人员的生命安全。

（四）急救

现场初级救护是指在专业医务人员到达现场之前，利用现场可提供的一切条件，通过对伤病员进行现场基础救护和伤情评估所实施的现场救治。如出现可能危及伤病员生命的状况时，采取及时、科学、有效的初步救护，降低伤病员危险程度的行为，包括心肺复苏、止血、缓解呼吸道梗塞等。

因此，进行现场初级救护的人员应该明确紧急急救措施的重要性，并熟悉急救技能和基本步骤。同时，为了提高现场初级救护的效果，更好地应对突发危险情况，对公众也应该进行基础救护和急救知识普及，提高公众的危机解决能力和应变能力。

第二节 现场初级救护的原则

现场初级救护是对意外伤害的第一时间处理，是一项需要快速、准确、有效的紧急措施，以保障伤病员的安全和健康。救护时要区分轻重缓急，合理救治伤病员，注意保护伤病员和他们的财物，争取与其他救护员协调、配合，共同实施急救。

一、保证安全

在进行现场初级救护操作时，安全问题至关重要，必须始终牢记"安全第一"的原则，才能有效地应对各种突发状况，降低事故风险。

(一)判断现场是否安全

在进行任何救护操作前,需要先进行现场安全评估,确保现场的安全情况。现场安全必须得到保障,不仅确保施救者自身的安全,也要为伤病员提供安全的环境。因此,救护员首先需要迅速评估现场危险点,如火灾、毒气泄漏、水淹、地震后余震的发生等等。如果发现现场存在安全风险,必须马上采取措施,采用适当的防护措施,加强通风,隔离毒气区域等等,以避免任何可能发生的危险。

(二)判断自身安全

在进行救护操作时,也要注意自身的安全问题。因为如果救护员遭遇了意外或者不慎造成更大的伤害,则不利于施救操作。因此,救护员必须认真评估自身技能、自身身体情况,以及现场环境是否适宜操作。在进行救护操作时,要保证自身的安全,采取适当的防护措施,如穿戴手套、口罩、隔离服等,以便防止感染其他疾病。

(三)现场的安全防护措施

当现场存在安全问题时,应当采取适当的措施,以确保救护员、伤病员和旁观者的安全。比如对火灾的现场,应当迅速安排人员撤离并立即采取灭火行动;对水域救援情况,应当确保救援人员有防护措施;对交通事故的救治,尤其是高速公路上,应在车后位置放置警示标志;抢救触电者时,首先要设法切断电源;在极端气温下,救护员要注意防暑或保温;如果遇到不能排除的危险,要立即呼救,争取救援。此外,也要统筹考虑并处理相关的媒体关注等事宜。

(四)调动相关资源

救援工作往往需要全面合作,涉及人员多、场地大,需要组织良好的救援团队和相关资源。应当短时间内广泛协调各方资源,以确保现场救援行动的效果。如在学校发生突发事件,应快速启动应急预案,明确突发事件救护组织,明确各部门职责和行动方案。应当将突发事件救援和应急预案纳入安全工作的重要内容,明确各部门的职责、任务和协作方式,保证生命财产安全。

现场初级救护原则中保证安全十分重要,这不仅关系到救护员自身生命安全,更关系到伤病员的生命。救护员应该时刻保持冷静,严格遵守安全操作规程,根据现场实际情况迅速采取措施,确保施救过程中的安全,并最大限度地拯救伤病人员。

二、防止感染

在现场进行急救时,避免感染是非常重要的,因为很多突发性事件导致的伤口和伤病都可能是传染性的。防止感染的原则如下:

(一)戴手套、口罩和护目镜

现场初级救护时,救护员应该戴上手套、口罩和护目镜,以保护自己不受感染。若是在伤病员呼吸、唾液、血液或体液等情况下可能造成传染时,应该更加注意口罩和护目镜的使用。

(二)手部清洁和消毒

现场初级救护要求救护员具备一定的手部清洁和消毒知识,使用洗手液或消毒液清洗手部,避免细菌和病毒传播。

(三)防止交叉感染

现场初级救护时,应当注意严格防止交叉感染,避免与健康人员和伤病员的接触,尤其避免直接接触伤病员的血液和其他体液。救护员在救护时不慎划破自己的皮肤,或者伤病员的体液溅入救护员的眼睛,要立即彻底地冲洗局部,并尽快地就医采取必要的免疫措施。

(四)建立隔离带和警戒区

在现场进行急救时,需要及时建立隔离带和警戒区,封锁事故现场,隔离伤病员和病原体的扩散,保护其他人员的生命和健康。

(五)医疗卫生垃圾的处理

现场急救后,需要及时处理医废垃圾,按规定进行分类、收集、消毒处理和包装,以减少感染的风险。

在现场进行急救时，防止感染就是保障救护员和伤病员安全的关键环节，所以救护员应当掌握现场规范的操作技能和保护技能，时刻尽最大努力减少伤病和病毒扩散的风险，并且进行救援后要做好彻底的消毒和处理工作，以减少后续的感染概率。

三、及时、合理救护

现场初级救护的目的是在突发事件中挽救生命，缓解伤痛，预防病情恶化，及时合理救护是突发事件中对伤病员的必要和紧急需要之一。及时、合理救护原则如下：

（一）快速实施救助

现场初级救护要求救护员迅速反应，迅速对伤病员进行救助，确保最快速、最合理的救援。救护员要有高度的敏锐性和处理判断能力，掌握现场救护相关知识和技能，采取合理急救措施，有针对性地处理伤情，促使伤病员得到最快速的救助。

（二）正确识别伤情

现场救助必须要先进行最初步的诊断，确定伤病员的伤情和症状，以便做出快速准确的救助措施。对不同伤者推断出不同的初级救护措施，尤其是在低温、高原、水域、危险区域等复杂环境下的救护更应考虑到环境因素，这需要更加准确的判断和更加专业化的救援知识，以免出现误诊导致严重后果。

（三）按照病情优先级处理

在现场根据病情优先级处理急救事项。优先处理生命垂危者，如处理要先考虑呼吸道阻塞、心跳骤停、失血性休克这样的紧急关键指标。救护员要根据伤情的严重程度和优先级进行事态的排列和逻辑推理，采取最优、最快、最安全的救援方案。现场如果伤病员较多，救护员应根据伤病情的轻重缓急合理救护，原则是先救命，后治伤。

（四）保护受伤部位

现场初级救护要求保护受伤部位，采取相应的应对措施，比如骨折固定、包扎等。一定要保证伤病员受到及时有效的各项保障，防止病情恶化，同时也需要采用独立的装备和器械、消毒措施等来保护伤病员和自身。

（五）调动专业救援力量

如果现场情况比较复杂，超出救护员自身能力，需要及时联系专业救援力量，尽快救援。

在现场初级救护中，及时、合理救护是抢救生命的一个重要环节。救护员必须具备适应短时间、适应复杂环境、处理复杂病情的锐利思维、急救技能和敏锐判断能力，"快、准、狠"的现场初级救护可以在第一时间最大化保障伤病员的健康。

四、心理支持

现场初级救护除了医疗技术和处理伤情外，心理支持也非常关键，它可以帮助伤病员减轻紧张和焦虑的情绪，增强伤病员的勇气和保持积极乐观的态度，能够更好地应对突发事件的挑战。

（一）心理问题

根据心理学家和研究人员的研究和统计，特大突发事件（如自然灾害、恐怖袭击、重大事故等）后，大约10%～30%的人会出现心理问题。具体表现为：

1. 外伤后应激障碍（PTSD）

常常伴随着噩梦、回忆、过度警觉、恐惧、愤怒等强烈的负面情绪。

2. 抑郁症

常常表现为情绪低落、失去兴趣、精力不足、自责、内疚等。

3. 焦虑症

常常表现为紧张、害怕、恐惧、不安、易怒等。

4. 社交恐惧症

常常表现为害怕和回避社交场合，避免与人交往和交流。

5. 恐惧症

常常表现为对某些事物或场景的过度害怕和回避，例如火灾、地震等。

(二) 心理治疗与支持措施

不同事件和个人的反应有所不同,大约 1~6 个月后,一些人可能会自我恢复,但也有些人需要专业的心理治疗和支持。救护员要关心和理解伤病员的情感,采取以下措施:

1. 认真倾听

救护员应该对伤病员的诉求、疑虑和恐惧等情绪进行认真倾听。在不能过多把伤病员情绪转移的情况下,力求耐心了解伤病员内心的需求。通过认真倾听,救护员可以获得伤病员对自身状况的描述,了解伤病员紧张和恐惧的来源,更好地为他们提供支持。

2. 积极传达正向信息

救护员需要明确传达给伤病员乐观和正向的信息,告诉他们"目前已经做了什么"以及"下一步的安排是什么"。积极强调救护员已经采取的救援措施以及支援队伍的状态,让伤病员意识到他们正在接受最好的救援和治疗。救护员应该鼓励伤病员说出他们的期望和愿望,同时进行有效的信息反馈,给予放心及时的安排和指导。通过积极传达正向信息,可以让伤病员保持乐观和积极的态度。

3. 告诉伤病员正在实施的救援计划

在现场初级救护中,特别是在需要医疗支援时,救护员应该及时通知伤病员正在进行的救援计划,以便让伤病员感觉到自己的处境有所改善。救护员应该采取实际的行动来安抚伤病员的心理,鼓励他们保持勇气和希望。

4. 给予积极支持

救护员还应该给予伤病员积极的支持和安慰,以减轻其紧张和焦虑的情绪。支持的方式可以是对伤病员微笑,给予问候和鼓励,让伤病员感到温暖和关心。根据伤病员的需要,救护员也可以在适当时候提供一些帮助和支持,比如陪同伤病员进行心理疏导、安排亲友探视等。

5. 做好情绪疏导

在突发事件中,很多伤病员会处于紧张和焦虑的情绪。救护员需要了解伤病员的情绪,鼓励他们分享自己的感受,并提供空间让伤病员自己去吐露所想所感,做好情绪疏导,降低伤病员不良情绪对身体的影响。救护员需具备一定的心理疏导技能,了解心理控制的有效方法和结果。

现场初级救护的心理支持,是突发事件中的一个重要环节,它可以通过各种方式为伤病员提供帮助,减轻他们的紧张和焦虑。尤其要注意不仅是提供阳光正向的心理支持,在伤病员需要时,也要给予他们空间,让他们表达情感,及时调整心态,保持积极向上的态度,以达到更好的救援效果。

五、现场协作

现场救护需要不同组织和人员之间的协同合作,尽快争取周围人的帮助。具体要求如下:

(一) 现场指挥

有一位或几位现场指挥官,负责组织、协调和指挥救援行动。现场指挥需要具备冷静、果断、灵活和有条不紊的要求。

(二) 救护人员

救护人员是最基层的现场救援力量,包括救护车司机、急救医务人员、掌握急救技能的救护员等,他们需要做好现场的急救工作,快速疏散、抢救伤病员,以及对现场状况进行实时调整和反馈。

(三) 消防救援人员

消防救援人员主要执行灭火、疏散和搜救任务,需要和救护人员密切配合,确保现场的安全和救护工作的顺利进行。

(四) 警察人员

警察人员主要维护现场的秩序,保护现场安全,同时也需要协助急救、消防等救援力量实施行动,以便救援工作更加高效、快速地进行。

(五) 志愿者

志愿者在特殊时期也需要参与到现场救援之中,他们的工作包括救援人员、后勤保障、现场安全控制、心理疏导和社区救援等。他们的重要性在于释放各级救援力量,更好地对现场伤病员进行处理。

第三节　气道异物梗阻

一、概述

气道异物梗阻是指异物通过口、鼻、喉等进入呼吸道，阻塞了气道，导致空气无法顺利进入或排出。是一种突发的临床急症，通常是由于呼吸道内进入了异物，如食物、小玩具、纸团、鱼刺、咳嗽时咳出的黏液等等，导致呼吸道狭窄或阻塞而引起的呼吸困难、突然窒息甚至死亡的危险状况。

气道异物梗阻的病程通常非常急促，常常会发生在不经意的时刻，如进食、玩耍或咳嗽等情况下。在现代社会，气道异物梗阻伤病员的范围很广，包括小孩、老人、残疾人、精神不健全者、酒醉者，等等，他们都有可能遭遇此类突发的情况。

二、病因和判断

判断气道异物梗阻病因非常重要，有助于救护员向伤病员提供更加精准的急救，缩短病程，及时挽救伤病员生命。

(一) 病因

气道异物梗阻的主要病因如下：

1. 误食异物

误食食物、吸入异物等，特别是老年人与儿童因未完全掌握自我保护能力而容易误食异物。

2. 饮酒或吸烟（或其他药物）过度

会导致口咽部和喉部肌肉松弛，声带失控，喉部黏膜水肿等问题，使得气管和食管之间的隔扇（即环状软骨）放松，容易引起气道异物误吸或喉痉挛，导致气道阻塞和危险。此外，这些行为会导致人的行动和判断力减弱，增加了气道异物误吸的危险。

3. 脑部病变

脑部病变、中风后偏瘫、痴呆、气道皱缩等。

4. 意外

发生意外如跌倒、汽车事故等造成异物卡住呼吸道。

5. 其他因素

声带水肿、喉头炎、扁桃体发炎、咳嗽剧烈或长期吸烟过度等其他因素。

(二) 判断

当一个伤病员出现了突然病发的情况,突然变得喘不过气,出现口唇发紫等症状,出现明显的呼吸困难感,可能是气道异物梗阻的症状。异物可以引起气道部分或完全梗阻,伤病员的表现形式完全不同。判断方法如下:

1. 不完全性气道异物梗阻

(1) 剧烈呛咳、声音嘶哑。气道受到了部分阻塞,就会出现伤病员的呛咳反射。在哽入异物的刺激下,呛咳是身体一种自我保护的反应,可以清除气道上的异物并防止其更深入地堵塞。此外,异物堵塞还会导致喉部肌肉的痉挛和声带的振动不协调,从而引起声音嘶哑的症状。

(2) 反射性呕吐。伤病员呼吸受到阻碍,氧气供应减少,二氧化碳排出减少,同时呼吸肌肉出现疲劳,体内出现代谢产物的积累,这些因素都可以引起呕吐反射的出现。此外,哽入气道的异物可能通过呼吸或咳嗽引起食管刺激,进而引起呕吐反射。

(3) 呼吸急促、面色青紫。由于无法吸入足够的氧气,伤病员会出现相应症状。

(4) 哮鸣呼吸。由于空气在气道受阻的情况下通过狭窄的通道流动,会产生高频响亮的呼吸音,即哮鸣呼吸。

(5) 典型体征。伤病员常常不由自主地以一手紧贴于颈前喉部,成"V"形手势,这也是气道异物梗阻特殊典型的体征,是否正确识别,也是抢救成功的关键。

当伤病员发生不完全性气道异物梗阻相应症状时,救护员不宜干扰伤病员自行排出异物的努力,但要守候在伤病员身旁,并监护伤病员的情况,如果气道部分梗阻仍不能解除,应迅速启动急救系统。

2. 完全性气道梗阻

(1) 面色灰暗、发绀。气道被异物完全堵塞,肺部无法正常通气,导致人体缺氧,血氧饱和度下降。为了更好地适应缺氧的环境,身体会出现一系列代偿反应,包括呼吸加快、心率加速,但这些代偿反应并不能保证正常的气体交换。此外,由于缺氧导致肺部血流量减少,血液中的二氧化碳排不出去,二氧化碳在血液中的含量升高,从而导致血液的酸碱平衡失调,进一步加重了缺氧的情况。由于缺氧和酸中毒的影响,伤病员面部和唇部往往呈现出灰暗和发绀的颜色,称为发绀。说明已经进入了危险的状态,需要立即处理。

（2）窒息。由于呼吸道完全堵塞,伤病员无法吸入足够的氧气,未得到及时的处理或紧急治疗,可能会导致窒息和死亡。

（3）意识障碍。由于缺氧的影响,伤病员可能会出现烦躁、昏迷等症状。

在判断出伤病员突然呼吸困难症状出现后,很多人就会十分的紧张焦虑。实际上,在现场处理时,救护员应该放松自己的情绪,采取正确的处理方法,最重要的就是让伤病员顺畅呼吸稳定下来。

三、清除呼吸道异物的徒手操作方法

如伤病员不完全性气道异物梗阻,尚有良好的呼吸通气,救护员需要保持镇静,询问伤病员:"你被卡(呛)了吗？"清醒的伤病员会点头示意,此时救护员应现场立即实施救治,同时尽快呼叫,寻求帮助。

（一）急救方法与步骤

1. 鼓励病人缓缓吸气,然后用力咳嗽,力争自行咳出异物,救护员注意观察伤病员的状况,以及是否有异物排出。

2. 救护员站在病人一侧,为了防止病人呼吸困难而摔倒,救护员可以用脚侧面顶住病人的脚尖,帮助伤病员低腰。用一只手支撑胸部,另一只手的掌根部在两肩胛骨之间用力叩击,最多5次。救护员同时要注意观察伤病员的状况,以及是否有异物排出。

3. 如以上方法没有有效缓解及解决,则立即采取腹部冲击法［海姆利克(Heimlich)法］:

（1）自救腹部冲击法

自救腹部冲击是一种简单而有效的急救方法,在紧急情况下,要尽快采取措施,保障自己的安全。适用于不完全气道梗阻伤病员,意识清醒,而且具有一定救护知识、技能,并且当时无他人在场相助,打电话又困难,不能说话报告情况之下所采取的自救方法。自救方法如下:

1) 站立,把身体稍微向前倾斜。

2) 用自己的手握空心拳,用拳头拇指侧抵住腹部剑突下、脐上腹中线部位,通俗一点就是肚脐上方两横指的位置。

3) 另一只手用力抓住拳头,向内上方冲击,运用力度要足够,以达到把气流上升,把异物冲出的效果。也可以选择依靠物体作为支撑,将上腹部抵压在一块坚硬的平面上,如椅背、桌缘、走廊栏杆,用同样的方法,向内、向上冲击5次。注意冲击5次,每次冲击动作要明显分开。

4) 重复这个过程,直到异物排出为止。

(2) 互救腹部冲击法

互救腹部冲击法是一种常见的应急救护方法,简单易学,在突发情况下,如何快速处理突发状况十分重要,这种方法能够迅速减轻伤病员痛苦、保护其生命安全。任何人都可以在短时间内掌握这种方法,并在紧急情况下给予伤病员有效的急救,很多企事业单位、学校、社区等都开展了腹部冲击法的培训班,以提高应急处理能力和紧急救助的技能。互救方法如下:

1) 伤病员立位,两腿分开与肩同宽。

2) 救护员站在伤病员身后,一腿放入伤病员两腿中间,成骑跨式姿势,以防在抢救过程中伤病员摔倒。救护员双臂环绕其腰,并嘱咐伤病员弯腰,头部前倾(图6-1)。

(a) 腹部冲击法1　　　　　(b) 腹部冲击法2

图6-1　腹部冲击法

救护员一手握空心拳,用拳头拇指侧抵住腹部剑突下、脐上腹中线部位,通俗一点就是肚脐上方两横指的位置。另一只手用力握紧拳头,并快速向内向上冲击。

3) 腹部冲击最多重复 5 次,如果没有得到缓解或解决,继续交替进行 5 次背部叩击和 5 次腹部冲击。

4) 如伤病员不宜采用腹部冲击,如孕妇、肥胖等,则救护员两臂从伤病员腋下环绕其胸部。一手握空心拳,拇指置于伤病员胸骨中部,注意避开肋骨缘及剑突。另一手紧握此拳,用同样的方法向内、向上有节奏冲击 5 次。

5) 如伤病员意识不清、在腹部冲击时发生意识丧失,则立即进行胸部按压。救护员跪在伤病员一侧,在心肺复苏胸外按压的位置进行按压。

6) 如伤病员是清醒的婴儿,为了操作方便,救护员可以抱着患儿,坐在椅凳上,救护员将婴儿的身体置于一侧的前臂上,手掌将后头颈部固定,头部低于躯干。另一只手固定婴儿下颌角,并使婴儿头部轻度后仰,打开气道。两前臂将婴儿固定,翻转为俯卧位,头部低于身体。保持头向下、俯卧的体位,使婴患儿俯卧在救护员腿上。此时救护员一只手的大拇指固定支撑婴患儿的头,另外 1 或 2 个手指放在下颌的另一边,保持下颌的角度,不要挤压下颌软组织。同时救护员用另一手的掌根部在肩胛骨之间给予 5 次快速叩击。在操作的过程中,救护员要随时观察婴患儿的状态,如叩击后仍无缓解,再迅速采用胸部冲击法。首先,救护员的双手及前臂将婴患儿固定,翻转为仰卧的体位,头部向下,保持婴患儿沿着救护员手臂的方向,顺放(或横放)在大腿上。接着,救护员用两指在婴患儿胸部正中、两乳头连线正下方进行冲击按压,深度约为胸廓前后径的 1/3,最多重复 5 次,如仍不能解除梗阻,则继续交替性进行 5 次背部叩击和 5 次胸部冲击。

7) 如伤病员是无意识、意识不清的婴儿,则应立即使用心肺复苏。

四、注意事项

气道异物梗阻会导致呼吸困难,甚至窒息、死亡的一种紧急情况。在处理气道异物梗阻时,需要注意以下五点:

(一) 快速识别

尽早尽快识别,如果伤病员突然出现咳嗽、呼吸急促、无法讲话,且表情焦虑、脸部发红,需立即考虑气道异物梗阻的可能性,并需立即进行急救处理。

(二) 立即叫救护车

在面对气道异物梗阻时,如有多人在场,最好在急救处理的同时立即拨打120急救电话。

(三) 规范操作

实施腹部冲击时,定位要准确,注意胃反流导致误吸。

(四) 注意观察

在处理气道异物梗阻时,需要始终保持警觉,持续观察伤病员的呼吸、心率等生命体征,并根据伤病员的状况,随时调整急救措施,以保证最大限度地保护伤病员的生命安全。

(五) 预防

1. 注意食物质量

在进食时,尽量避免吞咽过大或不易咀嚼的食物。特别是对于婴幼儿,应将食物切碎或捣碎成一些较小的粒子,以免吞咽不畅或被卡在气道中。

2. 勿将异物放于嘴中或接近鼻孔

对于婴幼儿或精神失常伤病员等无自我保护能力的人,应督促监管其行为,以防其将异物放入口腔或鼻腔中。

3. 安全地保存玩具

玩具等小件物品是婴幼儿最常吞食的气道异物,因此注意安全地保存玩具,避免将小件物品留在地面或床上,以免婴幼儿在玩耍时不经意地将其吞食。

4. 避免喝过热或过冷的饮料

饮料过热或过冷可能会烫伤口腔和喉咙,导致意外吞咽或呛咳。

5. 进食时避免活动

进食时避免活动非常重要,因为当人们在进食时活动或者移动时,容易分心和呛咳,还容易导致食物积聚在喉部,引发窒息等严重情况。因此,在进食时建议保持坐姿,并避免打闹、奔跑等活动,集中精力用正常的状态咀嚼食物,从而让食物被充分消化吸收,同时避免因分心导致的呛咳和食物卡喉现象的发生。

第四节 外伤与外伤救治的四项基本技术

一、外伤

(一) 概述

外伤是人体遭受外部力量作用而直接或间接引起的组织损伤和功能障碍。它一般可分为机械性和非机械性两种。其中机械性外伤是指由物体的碰、冲、击等导致的身体外伤,非机械性外伤则由高空坠落、烧伤、电击、放疗等不同的因素导致。

(二) 原因和特点

常见的机械性外伤包括切割伤、挤压伤、砸打伤、摔伤等。这些外伤发生的场合包括家中、开车、上学、上班等生活中随处可见。切割伤是指皮肤及其下方的组织被利器切开,比如用刀子割伤手指、用玻璃瓶破片切割等。挤压伤是指由重物压迫导致的组织损伤,比如车祸时车轮碾轧导致的挤压伤、拳击等体育竞技中的肌肉挤压伤等。砸伤是指身体被钝器猛烈打击后的外伤,常见的有被球棍击打、树枝砸中等。摔伤是指身体因失去平衡或外界作用而造成的摔倒等外伤,比如翻跟头、打滑摔伤等。

非机械性外伤包括跌倒、高空坠落、烧伤、烫伤、电击等,由于这些类型的外伤多为意外和特殊原因,具有先兆难以察觉、突然发作、损伤严重等特点。而且这类外伤导致的损伤范围广泛,如火灾,不仅会造成烧伤,还会有烟气中毒等不利影响。高空坠落也是非常危险的一种外伤,可以造成严重的骨折或伤害脏器,甚至致命。

不同的外伤类型有着不同的特征。机械性外伤表现为疼痛明显、局部红肿等不良反应。通常需要进行及时救治,避免产生继发感染和并发症。同时,机械性外伤的恢复速度较慢,需要有一段时间的休息和适当的物理治疗,以帮助机体重建受伤部位的正常功能。

对于非机械性外伤,其症状和影响会因伤害方式而异。例如:跌倒受伤会导致内外伤双重;烧伤引起的不仅是局部炎症反应,还可能在身体多个部位引起负面影响。治疗非机械性外伤的方法也比较复杂,需要全面考虑伤病员的身体状况以及创伤的具体特征,不同程度的损伤需要采用不同的治疗方案。

在日常生活中,预防外伤很重要。通过逐步改变不安全的行为习惯,如佩戴安全带、遵守交通规则、使用安全工具等,可以有效减少外伤的发生。对于受伤的人,细心的护理和及时的治疗是关键,早期干预和恢复治疗可以大大缩短所需的时间和治疗费用。

(三) 创伤应急救护的主要目的

创伤应急救护的主要目的是保证创伤伤病员的生命安全,并预防或限制创伤的进一步恶化。

1. 快速救治

创伤应急救护应该迅速进行,以防止伤病员的情况恶化。快速、准确地评估伤病员病情和损伤范围,采取相应的紧急处理是至关重要的。

2. 限制损伤区

创伤应急救护的一个主要目的是尽可能地减少创伤的伤害范围、减轻伤病员的痛苦和不适,并防止损伤进一步恶化,减少伤残和死亡。

3. 保证呼吸循环

大多数创伤病员的病情严重,需要紧急处理呼吸和循环问题,以确保伤员维持正常的生命功能。

4. 因地制宜,就地取材

尽最大努力即尽可能利用现场一切可以利用的物品,因地制宜,就地取材,与现场其他救护员协作,共同救护伤员。

针对不同的外伤,有不同的急救方法,但在进行外伤救治的过程中,有四项基本技术是非常重要的,这四项基本技术是:止血、包扎、固定、搬运。本节将详细介绍每一项基本技术的操作方法及注意事项。

二、止血

创伤出血是一种常见的医疗急救情况,现场救护中止血对于保障受伤伤病员的生命安全尤为重要。创伤出血如果不控制,可能造成失血量过大、休克、死亡等严重后果。因此在野外或现场救护时,首先应立即确定出血部位并采取急救措施控制出血,以减轻失血过多的风险。

(一) 概述

血液是人体内流动的液体,由血浆和血细胞组成。血浆主要由水、蛋白质、电解质、代谢产物等组成,是血液中的液体部分。而血细胞则分为红细胞、白细胞和血小板。红细胞携带氧气和二氧化碳,白细胞主要对抗感染和细胞损伤,而血小板则在出血时起到止血作用。血液在人体内具有多个重要的功能,包括输送氧气和营养物质、排除二氧化碳和废物、维持生理平衡、参与免疫防御以及调节体温等。因此,血液在人体健康中具有重要的作用。

(二) 出血类型

1. 按照出血部位可以分为外出血和内出血

外出血是指发生在人体体表或皮下组织的出血,例如皮肤擦伤、切口出血、手指切割等。外出血通常会造成局部明显的红肿、疼痛等症状,以及血液外流的明显表现。内出血是指发生在身体内部器官、组织或空腔内的出血,例如脑部出血、肺部出血、胃肠道出血、腹腔出血等。内出血通常不会立即显示症状,但会导致局部组织和器官的功能受损、血压下降以及全身性血管内血容量降低等。严重的内出血可能导致失血性休克,甚至危及生命。

2. 按照出血量的多少可以分为微量出血、轻度出血、中度出血、重度出血

其中轻度出血,成人一般失血量为 800 mL,占全身血容量的 20%,伤病员可出现轻度休克症状:口渴、面色苍白、出冷汗、手足湿冷、脉搏快而弱,可达每分钟 100 次以上;中度出血为 800~1 600 mL,占全身血容量的 20%~40%,伤病员可出现中度休克症状:呼吸急促、烦躁不安,脉搏可达每分钟 100 次以上;重度出血则失血量超过 1 600 mL,占全身血容量的 40%,伤病员可出现重度休克症状:表情淡漠,脉搏细、弱或摸不清,血压测不到,随时可能危及生命。

3. 按照出血的诱因可以分为阵发性出血、持续性出血、创伤性出血、药物性出血等

如血友病人易患阵发性出血,长期使用阿司匹林和抗凝药物的伤病员易患药物性出血,外伤伤病员可发生创伤性出血。

4. 按照血管类型可分为动脉出血、静脉出血和毛细血管出血三种类型

动脉出血是指断裂的动脉管壁中的血液喷射出来。动脉出血,血液通常呈

鲜红色,血流较快,如果不能及时止血,可能由于大量失血而导致休克。静脉出血是指断裂的静脉管壁中的血液缓慢流出。静脉出血的血液呈暗红色,不如动脉出血那么光鲜亮丽,缓慢流出,若血管破裂较大,流出血量较多也可能导致失血性休克。毛细血管出血是指发生在毛细血管的出血。毛细血管的直径很小,几乎和红细胞的直径相同,因此毛细血管出血一般是呈现渗出状血液,血液颜色淡红,渗出性出血较小时通常无法引起明显的体征和症状。

5. 按照形态特征可以分为出血点、出血斑、出血灶、淤血等

例如因血管破裂引起的小出血点叫作出血点,皮下青紫叫作出血斑,内脏出血的局部区域叫作出血灶。

(三) 外出血止血方法

1. 直接压迫法

直接压迫法是一种相对容易、较快速、简单有效的非专业止血方法,适用于撕裂口、刺伤口和割伤口等,也适用于大动脉等因创伤引起的持续大出血。具体方法为:救护员用干净敷料,如纱布、手帕或布条放在伤口上,然后用手掌压住伤口,以达到止血目的。需要注意的是:在高危部位的出血如颈部、胸部、股动脉出血,在等待救援过程中,不断地用手掌持续加压,直到专业医务人员赶到,则立即使用专业止血方法。

2. 提高患肢法

提高患肢是寻常的止血方法,适用于四肢出血和浅表血管出血。将受伤肢体抬高,这样可减缓血液流速,并且减少出血。如果是上肢出血,可将手臂抬到上方,如果是下肢出血,可以让伤肢垂直于躯干,从而减轻出血。

3. 包扎压迫法

在需要长时间的压迫止血时,有些人很难坚持用手大力压迫止血,因此包扎压迫法可以作为一种解决方案。包扎压迫方法是先用无菌纱布或敷料等物体直接压迫在伤口处,然后用绷带、三角巾等物体包扎伤口,使伤口处保持压力。

4. 特殊止血物质

止血海绵也可以用于现场救援中,通常用于上述止血方法无效的情况。止血海绵含有促进凝血的活性成分,能够整合在切割面组织上,使伤口迅速形成凝固体。止血海绵使用时,只需将其放在受伤处,即可取得稳定、有效的效果。

5. 止血带止血法

当四肢有大血管损伤,直接压迫无法控制出血,以致危及生命时,尤其在特殊情况下(如灾难、战争环境、边远地区),可以使用止血带止血,要求相对比较高,救护员应经过专门的训练。可以使用橡胶管,如听诊器胶管,弹性好,可作为止血带,但直径不可过细,否则易造成局部组织损伤。操作时,一定要先加好衬垫,以防给伤病员带来第二次伤害。在事故现场,往往没有专用的止血带,救护员可根据现场情况,就地取材,利用三角巾、围巾、领带、衣服、床单等作为布带止血带。但布带止血带缺乏弹性,止血效果差,如果过紧容易造成肢体损伤或缺血坏死,因此,尽可能在短时间内使用。

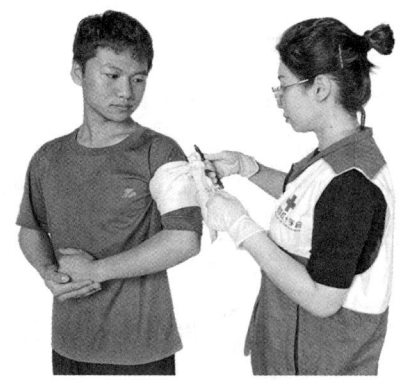 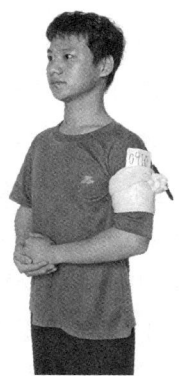

(a) 布带止血法1　　(b) 布带止血法2

图 6-2　布带止血带止血法

止血带使用注意事项:

(1) 止血带的使用时机应当掌握准确:只有在出血较大、无法用手直接控制出血口的紧急情况下才应使用止血带,否则会给受伤者带来更大的伤害。

(2) 止血带应正确地绑定在伤肢上:止血带应绑在伤口的近端,绑带位置要准确,不可在骨头或筋膜上使用,以免损伤血管、肌肉和神经。

(3) 止血带应适当松紧:在正确的位置上绑住止血带后,需要逐渐拧紧,以达到止血效果,同时也不能过紧,过紧会影响受伤部位的血管供应,不易恢复。

(4) 使用止血带后应尽快将伤病员送往医院:止血带只是对急性出血的一种应急措施,应紧急救治受伤者。如果要长时间使用,可能会导致组织坏死和神经受损等后果。

(5) 开始止血后也不要轻易松开：如果止血成功，切勿马上解开止血带，否则会造成再次大量出血。正确解开方法是，缓慢松开止血带，每隔 40～50 分钟或发现伤病员远端肢体变凉，应松解一次，以暂时恢复远端肢体的供血。松解时如有出血，可压迫伤口止血。松解约 3 分钟后，在比原结扎部位稍低的位置重新结扎止血带。

(6) 禁止用细铁丝、电线、绳索等作为止血带。

(四) 内出血止血方法

现场初级救护中遇到可疑内出血是一件非常紧急且危险的事情，必须做出快速的判断和处理。

1. 可疑内出血的判断

在现场初级救护中发现可疑内出血，首先需要观察出血口的部位和情况，如呕吐或大量咳嗽咳出鲜红色液体，伴随出血伤口的区域肿胀等情况都是内出血的信号。同时要注意受伤者的情况，是否出现意识混乱、面色苍白、心跳快、呼吸急促等情况，这些都是出现内出血的重要表现。

2. 可疑内出血的处理

(1) 静卧休息：若发现内部出血症状明显，应立即将伤病员平躺在地面，双腿适当抬高，保持呼吸畅通，缓解伤病员心理压力。

(2) 保持清醒：出现内出血症状后，受伤者往往会出现疼痛、头晕、惊恐等意识障碍现象，应保持病人意识清醒，尽快送医，以便更好地诊疗以及手术。

(3) 操作规范：在内出血急救中最重要的是遵循操作规范，采取合理的急救方法，不能贸然行事，以免加重伤者病情。

(4) 医疗救治：正确采取急救措施，缓解伤病员疼痛、脱离危险状态，并应立即就医，按标准化程序进行治疗。

(5) 用药治疗：受伤者出现内出血可能会导致出血量大，此时应考虑用药治疗。但是，药物治疗前一定要确认伤者是否患有心脑血管疾病、过敏等问题，以免引起并发症。用药治疗必须在专业医生的指导下进行。

现场初级救护中若出现可疑内出血的情况，除了以上处理方法外，还需要注意与医护人员的沟通，将事态的情况与处理方法告知医生，以便医生进行合理的医疗救助。

(五)出血休克的处理方法

现场初级救护中,出现出血休克的情况是常见的,这是指因出血过多而导致体内血容量不足,血液无法充分供应身体各部分组织和器官所需要的氧气和养分,导致血压急剧下降和休克状态。当发现伤病员出现出血休克的症状时,需要迅速、正确地进行处理,以保证伤病员的生命安全。出血休克的处理方法:

1. 快速制止出血

快速止血是立即采取的必要措施,可以用以上操作方法使其止血,然后才能进一步进行其他治疗。

2. 平卧位休息

对于出现出血休克的伤病员,最好平卧位休息,应将头偏向一侧,保持呼吸畅通,并可抬高伤病员的下肢,充分利用重力从而改善大脑供血,达到恢复血压的目的。

3. 及时补液

出血休克伤病员应采取补液治疗,并且在治疗过程中最好采用微量血管扩张剂如血管紧张素等药物,以保持血压的恢复。这种治疗方法尤其适用于大量失血的病人,但只限专业医务人员操作。

4. 调整体位

已经出现出血休克的伤病员,应采用调整体位的方法,以促进血液循环,减轻心脏负担,并能够稳定伤病员的情绪和心态。

5. 引导呼吸

在出血休克的处理过程中,呼吸也是非常重要的。如果伤病员由于疼痛、惊恐等原因导致呼吸急促,应及时耐心引导,让伤病员放松,使其呼吸平稳,从而可以使心率减缓,缓慢恢复。

现场初级救护中出现出血休克的情况需要及时采取适当的措施进行处理,其中快速止血相当关键。在处理的过程中,还需要加强与伤病员的沟通,及时关注伤病员的病情,调整体位,引导呼吸,最终使伤病员恢复正常生命体征,减轻病情,避免并发症,挽救生命。

三、包扎

伤口包扎是现场初级救护的重要措施之一,其重要性在于减少伤口污染,防止细菌侵入伤口,促进伤口愈合。伤口愈合是一个需要时间和专业治疗的过程。在伤口受到损伤的时候,外界的细菌和其他污染物进入伤口,很容易导致感染和其他并发症。而伤口包扎可以阻拦外部的细菌和污染物进入伤口,起到保护伤口和减少感染风险的作用。

伤口包扎对于较轻度的伤口可以有效地止血,降低因出血而造成的伤害。当伤口流出大量的血液时,伤口包扎可以施加压力,从而迫使血液凝固,达到止血的目的。如果不及时止血,失血过多可能导致血压急剧下降,甚至危及伤病员的生命。现场初级救护中,包扎也可以很好地保护内脏和血管、神经、肌腱等重要解剖结构,也有利于伤病员的转运。

(一)伤口检查与判断

现场初期救护中,对伤口的检查和判断非常重要,可以帮助救护员了解伤势的轻重程度,采取合适的救护方法,避免伤情加重。

第一步,观察伤口部位,看是否出现外伤、水肿、红肿等。此外,还应该观察出血情况,判断出血量,若出血无法控制,要迅速止血。

第二步,检查伤口深度及范围,以及了解是否为复合性伤口。对有复合性的伤口,要避免在包扎时损伤到深部的重要组织。

第三步,判断是否存在异物以及是否有感染。伤口中的异物和细菌都有可能引起感染,进而导致炎症、化脓和局部组织缺血坏死。在判断的过程中,专业救护员可以使用消毒过的镊子、棉签进行清除异物和污物,并在必要时使用消毒剂进行消毒。

除此之外,应该注意伤口疼痛情况,看是否有神经、血管等重要结构的损伤,以便求助专业医务人员采取更加科学有效的救护措施。伤口的检查和判断是现场初级救护的重要环节,正确的判断和处理能够有效预防伤口的感染、出血和其他意外情况的发生,最终保证伤口迅速康复。

(二)包扎方法

1. 头部包扎

头部受伤时,需要进行稳固和保护。先用无菌纱布将受伤部位覆盖,保护好受伤部位,然后可以就地取材,利用三角巾、毛巾、绷带等进行头部包扎固定,用力适中,不要过紧,以免影响血液循环和神经传递。有条件的情况下也可以用锦

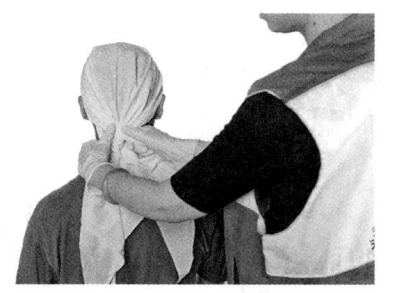 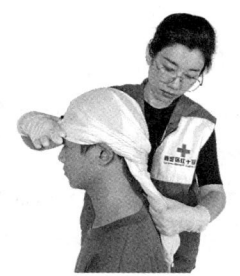 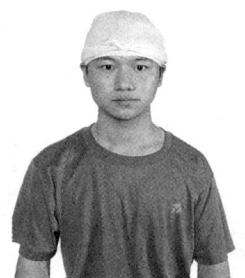

(a) 头部包扎法1　　　　　(b) 头部包扎法2　　　　　(c) 头部包扎法3

图 6-3　头部包扎法

纶网套,使用非常的方便,直接可以套在头部。

2. 手部包扎

手部受伤后,如创口面比较小,可以直接用创可贴;如创口面较大,可用无菌纱布覆盖伤口,然后用绷带、三角巾包扎固定。

3. 胸部包扎

可用无菌敷料将伤处覆盖好,然后用毛巾或三角巾将伤处固定,并保持伤病员舒适地呼吸。

4. 腹部包扎

腹部脏器多,切忌过紧或过松。先将纱布覆盖在伤口处,再使用胶布或三角巾固定,用力应适中,不要过紧或过松。如果伤口较大且有广泛内出血,需要用大面积的纱布完全覆盖并进行保护,现场紧急处理完后及时送医就诊。

5. 肢体包扎

肢体包扎可以保护受伤的肢体部位,避免血流不畅和肌肉强制收缩。进行肢体包扎时要从患处开始逐渐往上包扎,在包扎的过程中,要注意绷带应用的方向、拉力、松紧度以及固定。

(三) 注意事项

1. 洗手和消毒

在进行包扎之前必须彻底清洗双手和消毒,以避免被细菌感染。

2. 选择合适的材料

绷带、纱布、三角巾等应当根据伤口的情况和受损的位置进行选择。必须清洁、柔软、透气、易于张贴、灵活性好、对皮肤较为温和等特点。

3. 包扎要紧而避免过紧

绷带应紧固,但其张力应适中,避免有太过紧绷的情况发生。过紧的包扎会影响血液循环和神经传递,并会导致肢体麻痹或肿胀。

4. 包扎时避免过多移动

在进行包扎过程中,应尽可能减少受损部位的移动和活动,以避免引起更多的损伤和疼痛。当有必要移动受损部位时,移动的过程要尽可能地缓慢和温柔。

5. 观察伤口的情况

在包扎过程中,应该不断观察受损部位的状态,看是否有伤口出血、感染或渗出物。如果发现任何异常情况,应及时调整包扎方法或重新处理伤口。

6. 尽量用专业包扎

包扎需要技巧,如果不熟练或不了解包扎的细节,就可能给伤病员造成第二次伤害,所以必要时要尽量找到专业救护人员进行治疗。

四、固定

骨折是指骨骼上的断裂或破裂,是一种常见的损伤类型。它通常由于外伤、意外或疾病所引起,如跌落、车祸、运动场上的摔倒或骨骼系统疾病等。骨折有许多种类型,包括完全性骨折(骨折部位处于完全断裂状态)、不完全骨折(骨骼表面出现裂痕或断裂,但并未完全断裂)和复合性骨折(骨折伤口穿透皮肤等软组织并伴有皮下血肿或肿胀等现象)等。骨折的严重程度往往与损伤的部位和类型有关。

常见的骨折症状包括剧烈的疼痛、肿胀、功能障碍和畸形等。处理骨折通常需要固定和保护骨骼,并采取简单的药物帮助身体康复。在严重的情况下,可能需要进行手术修复,并进行康复治疗。

骨折固定是一项非常重要的紧急救护措施,可以防止骨折进一步移位、加重疼痛并促进愈合。现场骨折的固定,是创伤救护的一项基本任务,也为搬运病人提供了良好的基础,有利于疾病的进一步治疗。

(一) 骨折固定的必要性

1. 减轻疼痛

骨折固定可以减轻伤病员疼痛感,尤其是如果骨折是分离性骨折或骨皮质骨折时,对伤病员的疼痛缓解尤为显著。这是因为固定能够稳定骨折的位置,避免伤病员再次移动损伤。

2. 防止移位

骨折固定可以防止骨折进一步移位,使之更容易愈合。如果骨折未被适当固定,骨骼可能会进一步移位和错位,这可能会增加严重并发症的概率。正确的固定方法可以使伤病员避免问题的发生,同时减少恢复过程中的疼痛。

3. 促进骨折愈合

固定模具可以为分散压力的骨折提供一个高强度、低压力的支撑,不仅减轻受伤点上的压力,而且骨折处几乎不动,可以缩短骨折愈合时间,并且有效防止骨骼愈合时形成偏歪或错位。

4. 预防感染

固定过程中对伤口进行了有效的保护和处理。当骨折发生时,骨骼可能会插入软组织,造成皮肤损伤,增加了感染的风险。固定过程中,救护员通常会使用干净的纱片和绷带,覆盖和保护骨折部位,防止污染和细菌进入伤口,并减少感染的发生。

5. 减少恢复时间

固定骨折可以较快地使骨折部位固定,防止对伤病员的肌肉、关节、韧带和其他组织造成进一步损伤,尤其是对于复杂骨折尤为显著。

6. 改善伤员的生命线

骨折固定可以改善伤员的生命线,避免出血等状况的发生。如果固定不当,伤员可能需要更长时间的治疗才能康复。

(二) 骨折的判断

1. 疼痛

伤病员会出现局部明显的疼痛感,特别是当受伤部位移动或受到压迫时疼痛会加剧。

2. 肿胀

骨折部位常常会出现肿胀,皮下组织因出血或炎症水肿而造成。

3. 活动受限

受伤部位不能随意移动或活动,会出现明显的活动受限现象。

4. 畸形

骨折部位可以出现形态畸形改变,例如骨折片位移等。

5. 出现异常的活动

当部位出现骨折时,可能会导致骨骼无法正常移动而导致活动受限,也有可能因为骨片的移动导致不正常的活动。

以上症状和体征是判断骨折的主要标志,需要通过X光等影像技术进行确认。如果怀疑骨折,应该尽快前往医院进行诊断和治疗。

(三) 固定原则

1. 保护现场

在进行骨折救护时,首先要保护现场,确保伤病员和救护员的安全,防止进一步的伤害。

2. 判断骨折类型

要根据伤病员的症状和状况,判断骨折类型和程度,以便采取针对性的救护措施。

3. 固定骨折部位

抬高患肢或移动伤病员前,应在现场及时进行骨折固定,采用适当的固定材料,如木板、树枝等,固定骨折部位,避免进一步移动和错位。

4. 保持伤病员平稳

针对具体情况,可对伤病员进行抬高等处理,保持伤病员平稳,尽量减轻疼痛和不适。

5. 及时就医

在进行现场初级救护后,伤病员应尽快就医,接受更为专业化的诊断和治疗,以便更好地恢复健康。

(四) 固定方法

在现场初级救护中,骨折固定是非常重要的一部分,固定的目的是避免骨头移动,防止进一步伤害。具体操作步骤如下:

1. 确认骨折类型

骨折的类型分为简单骨折和复杂骨折。简单骨折是指骨头只有一处断裂,没有伴随任何其他损伤。复杂骨折是指骨头两处或以上断裂,骨头之间又或伴随血管或神经等其他损伤。在进行固定前,需要先观察骨折情况,确定骨折类型。

2. 准备固定材料

一般选择三角巾、夹板,当然在现场,需要救护员就地取材,如树枝、硬书本、木板、雨伞等。

3. 将受伤部位固定在功能位置

骨头断裂后出现畸形,需要使伤病员摆放在功能位置。然后在受伤部位的上下匝绕三角巾等,固定骨折。如果骨头的畸形太大、弯曲过多,建议不要操作,等待医护人员进行处理,以免加重伤势。

4. 固定方法

(1) 肢体骨折:

1) 捆扎法:用三角巾或其他柔软的材料将骨折部位固定住,注意松紧适度。

2) 夹板固定法:使用硬板夹住骨折部位,硬板可以是木板、塑料板等。

3) 树枝固定法:在野外环境中可以使用。用树枝或者木条等作为支架,夹住骨折部位并用布条绑紧固定。

4) 气囊固定法:通过充气使夹具夹住肢体,以此达到固定效果。此固定法便于操作、便于携带,但是注意不要充气过多。

(2) 颈椎骨折:现场初期救护中颈椎骨折的固定方法需要格外慎重,因为颈椎是人体重要的支撑系统之一,颈椎骨折的处理不当会产生严重后果。

在固定前,应先减轻伤病员的疼痛和无法移动的状况,然后让伤病员保持相对静止的姿势,避免颈部活动,尤其是不要让头部转动,否则会加重伤势。现场应使用专业的颈椎固定器材进行固定,使颈椎保持固定状态。例如:架子固定法、头环固定法。固定器材需要选择适合伤病员的大小和特点,尽可能减少对伤病员的创伤和不良的反应。

1) 架子固定法:将伤病员的头部放置在一倾斜的架子上,然后使用带有固定头架的皮带或者绷带,将头托在固定头架上,以确保颈椎处于固定状态,然后再用一层固定带将头部固定在架子上,通常需要两个或以上的固定带。

2) 头环固定法:将头环固定在伤病员头部,用三角巾将头环和伤病员的头部固定。头环应选择尺寸适合伤病员头部的大小,以保证紧固不松动,但也不应过紧。

进行现场固定后,应及时将伤病员送往医院进行进一步的检查和治疗。医生会根据伤病员的伤情和CT等影像信息,确定颈椎骨折的程度和类型,并采取相应的治疗措施。

固定颈椎骨折需要专业的医护人员操作,不建议非专业人士进行固定,否则可能会加重伤病员的伤情。如果在遇到颈椎骨折的伤病员时不确定如何处理,应立即拨打急救电话,等待专业医护人员的到来。

(3)腰椎骨折:利用木板或者其他坚硬物放置在伤病员的背部,固定后运送到医院。

(4)胸椎骨折:救护员可以将背板放置在伤病员的背部,也可以使用专业的气垫让伤病员的背部和头部保持固定状态,或者使用胸带将伤病员的胸部紧密固定。

(五)注意事项

1. 安全第一

在固定骨折时,首先需要确保自己和伤病员的安全,防止二次伤害。

2. 保护局部,缓解疼痛

固定时要避免移动患病部位,尽量不再加重或者引起其他损伤,同时缓解伤病员的疼痛。

3. 合理运用救护器材

合理使用救护器材如担架、夹板、气垫等对伤病员骨折部位进行固定,保证其稳定性。

4. 避免过紧固定

骨折固定时注意尽量避免使用过紧的固定方法,以免影响局部血液循环。

5. 同时关注其他可能的并发症

对于复杂的骨折并有其他急性并发症时,注意及时处理。

在初级救护的过程中,处理骨折固定时做到稳固、适量、温和、安全,并在固定过程中持续观察和评估伤病员情况,及时调整及处理。建议现场救援人员在救援过程中及时拨打急救电话,请求专业人员支持。

五、搬运

现场初期救护中的搬运是指将受伤或者生病的伤病员从现场搬离,转移到医院或者其他安全场所进行救治和治疗。

（一）搬运护送必要性

现场的救治能力和条件有限，无法满足复杂疾病或者严重外伤的救治需要，必须通过搬运将伤病员转移到合适的医疗机构进行治疗。

现场的环境也可能会影响伤病员的救治。如火灾、地震等灾害场合，现场环境非常危险，需要将伤病员迅速地转移至安全地带，避免继续受到灾害的伤害。对于某些急症，如严重创伤等，如果在现场得不到及时的救治，可能会威胁伤病员的生命安全，这时候也需要紧急搬运到医院进行治疗。

现场初期救护中搬运可以为伤病员寻求更好的救治条件，保证伤病员的生命安全和康复，避免延误治疗时间和加重伤病员病情。

（二）搬运护送原则

1. 安全第一

救援员在进行现场搬运护送时，必须时刻注意自身安全，保护好伤病员的伤势并且尽量避免二次伤害。

2. 救护妥善

搬运护送伤病员要根据伤病员的情况，采用合适的救护方法，并且在救护过程中做好伤病员关键部位的保护措施。

3. 医护联动

在搬运护送过程中，与医护人员紧密配合，及时向医护人员反映伤病员的生命体征和治疗进展情况，确保伤病员得到正确的医疗救治。

4. 存活优先

在担负搬运护送任务时，救护员要根据伤病员的特点和伤势的严重程度，综合考虑多种因素，尽可能地让伤病员获得生存的机会。

5. 责任心强

救护员在搬运护送过程中，要有敬业精神，尽责履职，始终对伤病员的生命负责。

（三）搬运护送方法

1. 现场安全环境评估

在进行搬运护送之前，首先要进行现场安全环境评估，判断现场的危险程度，以便采取适当的措施保护伤病员和救护员的安全。

（1）确保现场的安全性：检查现场是否存在可燃物、有毒物、危险物等，能否进行搬运护送。

（2）判断现场的传染因素：判断伤病员是不是传染病的情况，如有必要，救护员需要戴口罩、手套等，以保障自己的安全。

（3）现场人员状况：如有其他伤员或人群聚集等情况，需要及时协调和处理，避免搬运护送时受到干扰。

2. 伤病员抬举方法

在救护现场，为了将受伤或患病的伤病员转移到安全地点，通常需要进行抬举。抬举方法应根据伤病员的伤情和身体状况来选择。

（1）徒手搬运：如果伤病员意识清醒，并且老弱、年幼、体重较轻等情况，救护员可以根据伤病员的病情，直接采用背、抱等方式。

（2）合理选择抬举工具：可以使用担架、板凳等抬举器械，也可以就地取材，使用被单、毛毯等。

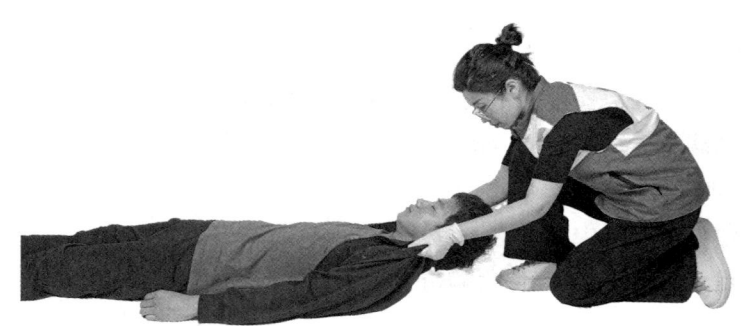

图 6-4　衣服拖行法

（3）救护车运输：如果需要将伤病员转移到医疗机构进行进一步的治疗，就必须使用救护车将伤病员转移。救护员要对伤病员进行评估，根据伤病员的伤情选择合适的运送方式，如坐着、侧卧等运送方式。并且救护员需要进行看护和照顾，在运送过程中避免二次损伤。

（四）搬运护送注意事项

（1）保持冷静，先评估现场安全情况，确保自己和被救护者安全。

（2）对受伤或病情急性加重的被救护者进行迅速的初步检查和评估，包括呼吸、脉搏、意识等方面，判断其是否需要紧急抢救。

(3) 对需要搬运护送的被救护者采用正确的搬运姿势,避免二次伤害。

(4) 在护送过程中保持关注,注意被救护者的生命体征和病情变化,及时采取相应的应对措施。

(5) 如怀疑脊柱损伤,不可进行徒手搬运,也不能使用被单或者软担架。如现场环境安全,不建议非专业人士进行搬运,否则可能会加重伤病员的伤情。

(6) 在护送到医疗机构后,及时将被救护者交接给医院救护人员,提供必要的病情资料,协助医护人员做好救治工作。

第五节 心肺复苏

一、概述

心脏骤停(cardiac arrest)是指心脏猝然停止跳动的一种紧急情况,通常由于心脏自身病变、严重心律失常等原因引起。正常情况下,人的心脏会不断地跳动,将血液运输到全身各个组织和器官,以提供充足的血流和氧气供应。而当发生心脏骤停时,心脏停止跳动,则血液无法顺利供应到各个组织和器官,导致身体快速失去氧气和营养,从而引起神经系统和组织器官的功能障碍和损伤。心脏骤停是一种严重的急症,通常表现为突然昏迷、无脉、呼吸停止等症状。如果不能立即进行有效的抢救处理,心脏骤停往往会导致伤病员死亡。因此,及时进行心肺复苏非常重要,可以有效提高伤病员的生存率和减少不良后果。

心肺复苏(Cardiopulmonary Resuscitation,CPR)是指在心跳骤停或呼吸骤停的情况下采取一系列急救措施,以维持心肺功能和血液循环,恢复伤病员自主呼吸和心跳。

18世纪,人们曾经尝试使用"胸部挤压"等方法处理心脏骤停和呼吸停止的情况。但是,因缺乏科学的依据和系统的指导原则,一直没有得到广泛的认可和应用。20世纪50年代末60年代初,心肺复苏技术开始获得了较为广泛的关注。1960年代初期,美国心脏协会(AHA)就开始进行对心肺复苏技术的全面研究,并开展了系列的培训和推广活动。至此,心肺复苏技术得到了不断的改进和完善。目前,心肺复苏技术已经成为全球范围内处理心脏骤停和呼吸停止的标准方法,其技术要点和指导原则得到不断的更新和改进。美国心脏协会

(AHA)也于 2020 年发布心肺复苏最新指南。

心肺复苏包括两个基本步骤：胸外按压和人工呼吸。在进行胸外按压时，应该掌握正确的方法和力度，以达到充分挤压心脏和推动血液流动的效果；在进行人工呼吸时，应该注意保持呼吸道通畅，确保氧气能够流入肺部。

心肺复苏可以结合其他急救措施，例如电除颤、药物治疗等。尤其是电除颤，是一种在心律失常或心脏骤停时，通过给心脏施加电击，恢复心脏正常跳动的有效手段。学习心肺复苏是提升自身应对急救的能力和素质的有效方式，是一项应当积极推广和普及的活动。因为突发心脏骤停和呼吸停止往往会发生在家庭、公共场所等各种场合，学习心肺复苏的知识和技巧可以帮助人们采取及时有效的救援行动，从而最大限度地保护伤病员的生命安全，也有利于促进社会健康，全面提高人民群众的安全意识和自救互救能力。

二、血液循环基本知识

血液循环是人体生命活动中不可或缺的重要过程，它将人体所需的有营养物质和氧气输送到各个组织和细胞，同时将代谢产物和二氧化碳从体内排出。

血液循环的组成部分主要包括心脏、血管、血液三者，即心血管系统。心脏是血液循环的推动力，它通过收缩和舒张驱动血液流动，使营养物质和氧气被输送到全身。血管是血液循环的媒介，包括动脉、静脉和毛细血管三种类型。动脉将氧气富足的血液从心脏输送到各个器官和组织，静脉则将二氧化碳和废物从组织和器官中收集起来，回输到心脏。毛细血管是血管系统的最小单位，起到连接和管道功能，将动脉和静脉连接起来。

血液是由红细胞、白细胞、血小板和血浆组成的，是人体中最为重要的液体之一。红细胞主要负责携带氧气；白细胞是人体免疫的主要组成部分，有吞噬细菌和病毒、清除死亡细胞等功能；血小板则负责血液凝固；血浆是血液中流体成分，是由水、电解质、蛋白质和其他物质组成的。

血液循环的功能是将氧气和营养物质输送到身体各个部位，同时收集和清除身体代谢过程中产生的二氧化碳和废物。血液在循环过程中，会经过肺循环和体循环两个主要循环。肺循环从右心室开始，将二氧化碳富集的血液输送到肺部，通过气体交换后，氧气富足的血液回流到左心房。而体循环从左心房开始，将氧气富足的血液输送到人体各个器官和组织，血液在体内进行代谢后，通过静脉再回流到右心房,进入肺循环再次进行气体交换。

血压是血液循环中的重要指标,血压是指血液流动时,无论心脏的收缩和(或)舒张时,对血管壁所施加的侧压力。通常用收缩压和舒张压的值来表示血压,收缩压是指心脏在收缩时所产生的最高压力,舒张压是指心脏在舒张时所产生的最低压力。正常血压值的范围为:收缩压 90~140 mmHg,舒张压 60~90 mmHg。

血液循环的不良影响,可能会引起多种疾病,如高血压、冠心病、心脏病和脑中风等。对于保持身体健康,保障每个器官和细胞需求的最佳方法,是通过保持正常的饮食、适量的运动、不吸烟和限制饮酒来维持良好的血液循环。

心脏骤停会导致血液循环中断,导致脑部和其他器官缺血缺氧,损害重要的身体功能,最终导致身体器官衰竭和死亡。

脑部缺氧:心脏停搏的时候,就意味着氧气富集的血液无法被泵到脑部和其他器官中,导致器官缺氧。这时,脑细胞和神经元很快就会死亡,严重时可能会导致永久性的脑部损害或者死亡。

血压下降:心脏骤停后,由于血液循环中断,血压会急剧下降。当血压过低时,组织和器官无法获得足够的血液来维持正常的代谢,会导致瞬间性的头晕和失去意识。

如果心脏骤停得到恰当的急救,及时进行心肺复苏等措施,可以恢复心律、维持血液循环。

三、"生存链"概念

美国心脏协会于 2020 年 10 月发表《2020 年美国心脏协会心肺复苏和心血管急救指南——成人基础/高级生命支持》(以下简称"2020 年指南")指出,在原有"双五环"生命链的基础上增加苏复后康复环节,形成"双六环"生命链。

(一)启动应急反应系统

心肺复苏是一个紧急情况下的急救措施,应该立即启动应急反应系统,主要有三个方面。

1. 立即拨打急救电话

在发现心脏骤停病人时,应该立即拨打急救电话,告知情况并请求紧急医疗支援。在拨打急救电话时,要提供准确的病人信息、病情变化和所在地点等信息,以便救护人员尽快到达。做好宣教工作也是很重要的,让人们懂得在出现突发情况时及时向急救系统求救是这一环的关键。

2. 激活自动体外除颤器(AED)

如果附近有 AED 设备,应该立即激活它。AED 的使用旨在为病人提供紧急治疗,以便在救护车到达前尽快恢复心跳。

寻找周围的 AED(自动体外除颤器)可以通过以下几种方法来实现:

(1)查询在线地图:通过在搜索引擎中输入"找到周围的 AED 位置"或"在线地图找到 AED"等类似的关键词进行搜索。

(2)微信登录红十字应急救护软件,点击"附近 AED",点击"GO",可根据导航快速找到。

(3)查看公共场所:AED 设备通常安放在公共场所,如商店、办公楼、体育场馆、学校、地铁等地方,可以在这些地方导览板上或询问工作人员获取设备的位置。

(4)在你所属的社区或组织咨询:许多为提高公众应急反应能力而设立的地方组织、志愿者团体、红十字会等,都有教授心肺复苏技能和提供 AED 设备,可以向他们咨询 AED 设备的位置。

3. 会救护的一起支援

在等待专业救护人员到来之前,应立即给病人采取心肺复苏和急救服务,周围有会救护的,可以共同来完成,提高救治效率。

(二)高质量 CPR

人们可以在进行急救时使用基本的 CPR 技巧,包括胸外按压和人工呼吸来维持心脏跳动和氧供。高质量 CPR 包括正确的压力深度、频率、按压过程中尽量减少按压的中断、按压后胸廓需要完全回复原状、避免过度通气等技术,这些都可以提高 CPR 的效果。在心肺复苏期间,CPR 可以支持伤病员的循环系统,保持器官的灌注及身体对氧气的需求,从而为心血管疾病、心跳骤停等危急情况中的伤病员提供必要的保障。同时,高质量 CPR 还可以减少心肌损伤、改善生存率和神经系统功能的恢复。因此,当出现心脏骤停时,现场初级救护中高质量的 CPR 技术是非常重要的。

(三)早期自动体外除颤

如果被证实心脏骤停是由室颤引起的,则可以使用自动体外除颤器(AED)进行电击,能够恢复正常的心律,避免更严重的心脏损伤。心脏骤停的主要原因是心脏的电活动异常导致心脏无法有效地泵血。通过早期的电击除颤,可以使心脏重获正常的电活动,恢复窦性心律,有效地推动血液循环并提高伤员心肺复苏的成功率和生存率。此外,早期的电击除颤还可以保护伤病员的心肌和脑组织、减少心肌缺血和缺氧的时间,降低复苏后伤病员的并发症风险和心肌损伤的程度。

(四)高级心肺复苏

在指派专业救护人员的情况下,他们可以利用先进的设备和药物来提供更好的心脏生命支持。

(五)心脏骤停恢复自主循环后治疗

心脏骤停恢复自主循环后,及时的治疗和干预非常重要,因为此时伤病员的生命仍然处于危急状态,需要进一步的抢救和治疗来稳定心血管情况,提高伤病员的生存率和康复。在恢复自主循环后,应该迅速进行心率、血压、呼吸、电解质等方面的检查和监测,确保伤病员的生命体征得到充分的恢复和稳定。同时,还要考虑其他并发症的风险,如肺水肿、心肌梗死等,以及诱发心脏骤停的潜在原因,如心肌炎、药物中毒,等等,制定合理的治疗方案来对症治疗。因此,恢复自主循环后的治疗是非常重要的,需要全面评估伤病员的状况,及时制定合理的治疗方案,达到优质抢救的效果。

(六)康复

康复是2020年指南中新增加的。心肺复苏只是心脏骤停抢救的一部分,仅能使伤病员恢复自主循环和心跳,不能保证伤病员体内器官的功能完全恢复。经过心肺复苏后,还需要进行康复治疗来促进伤病员的康复过程,提高伤病员的生存率和生活质量。

在心肺复苏康复治疗方面,主要包括早期康复、心理支持、体力训练、营养支持等多个方面。首先重要的是早期康复,即恢复自主循环后,及时进行物理治疗、康复训练和功能练习等,帮助伤病员尽早恢复身体功能。同时,心理支持也很重要,应为骤停伤病员提供情感和心理的支持,以帮助其有效应对骤停所带来的情绪和心理问题。康复中另一个重要的方面是体力训练,可通过适当的力量和耐力训练来提升肌肉力量和耐力,改善伤病员的身体功能。而营养支持也是康复的重要方面,可以加快伤病员从病中恢复的速度。

美国心脏协会心肺复苏生存链是一个值得推广和支持的重要项目,可以使身边的每一个人都有机会学习急救和心肺复苏技能,以便在紧急情况下挽救他人的生命。

四、操作流程及注意事项

(一) 确认环境安全,做好自我防护

环境安全的确保可以减少操作中发生意外的可能性,确保操作者和伤病员的安全。同时,在进行复苏操作时,可能会有液体、气溶胶等生物危险物质通过呼吸道传播,如果没有佩戴防护设备,会增加救护员感染的风险。此外,在确定环境安全和做好自我防护的基础上,可以有效地提高救护员的工作效率和操作质量,保证心肺复苏操作的成功率和伤病员生命体征的恢复。因此,确定环境安全和做好自我防护是进行心肺复苏操作时必不可少的重要措施。

(二) 判断意识(反应)

在进行心肺复苏操作时,判断意识是非常重要的一个步骤,可以确定是否需要进行心肺复苏操作,只有在无意识的情况下,才需要进行。并且,在进行心肺复苏操作后,如果伤病员恢复意识,需要及时停止心肺复苏操作,并采取其他措施对伤病员进行治疗。

可以通过以下方法判断:

1. 观察伤病员(成人)的反应

救护员站在伤病员一侧,轻拍伤病员双肩,并大声呼叫伤病员"这位先生(女士),你怎么了?",观察伤病员是否有反应,通常可以分为下列四个等级评估:

(1) 清醒:伤病员有意识,并能清楚地回答问题。

(2) 嗜睡:伤病员意识存在觉醒与嗜睡状态之间的波动。

(3) 昏迷:伤病员没有意识,无法被唤醒。

(4)麻醉:伤病员全身麻痹或处于全身麻醉状态,无法有任何反应。

2. 评估瞳孔反应

使用手电筒或其他光源照射伤病员的眼睛。正常人的瞳孔在光线照射下应该会收缩,如果伤病员的瞳孔无法收缩或者极度扩张,说明伤病员的意识状态异常。

3. 评估语言反应

询问伤病员问题并观察伤病员的应答,理解伤病员的回答是否正确与准确。

4. 评估肢体活动

观察伤病员是否有自主活动,如头部转动、自主呼吸;如果发现伤病员有肢体自主活动,说明伤病员仍有意识。

(三)检查脉搏、呼吸

1. 先确定病人是否有呼吸,如果病人没有呼吸,现场初级救护中,根据最新指南,可直接进行心肺复苏。通过"一看、二听、三感觉"判断病人是否有呼吸,即救护员头偏一侧,观察病人胸部的起伏、听呼吸音、脸颊感受呼吸气流,检查时间约10秒。

2. 找到病人的颈动脉或股动脉(现场初级救护中,一般触摸颈动脉),这些地方是容易触摸到脉搏。如颈动脉,救护员用食指和中指并拢,从甲状软骨向一侧两指下滑,到气管与颈侧肌肉之间沟内即可触及。注意观察脉搏的强度和节律,如果有强有弱或者有时存在,说明脉搏不稳定,这种情况需要及时告知医生。如果无法找到脉搏,需要及时启动心肺复苏,并与医生进行紧急联系。

根据"2020年指南",为避免因无法判断伤病员脉搏情况而延迟或不启动心肺复苏,非专业施救者可以根据伤病员意识水平及呼吸状况直接启动心肺复苏,不再强调以有无脉搏作为判定心脏骤停的标准。

(四)呼救取得AED并摆正体位

在现场初级救护中,呼救是非常重要的一步。当遇到急性疾病和健康危机时,如果没有及时和合适的呼救,就无法得到及时的救治,可能会导致后果更为严重。

1. 缩短到达医院的时间

在出现急性疾病和健康危机时,如果能够及时呼救,救护人员就可以尽快抵达现场,进行必要的急救措施,可以有效地缩短到达医院的时间,提高治疗的效果。

2. 社会责任

发现身边有人遭遇疾病和健康危机,以及紧急情况时,呼救是每个人的社会责任和义务。

当发现病人无意识、无呼吸的情况下,应首先启动急救系统,求助专业救护人员,并需要他人帮忙快速寻找 AED 到达现场。AED 是一种可以自动分析心律和进行除颤的医疗设备,它能够诊断心脏骤停的类型,并指示进行除颤治疗。AED 的使用简单易学,只需遵循机器的语音指示即可。尽早使用 AED 可以显著提高心脏骤停病人的生存率,现在许多地方都设有 AED,这大大提高了人们在关键时刻进行急救的速度和效率。AED 作为一种高效、方便、易用的治疗设备,正在为心脏骤停病人的救治提供着越来越重要的作用。

呼救 120 时需要注意的事项:

(1) 了解病人的具体情况:在呼叫 120 之前,应首先了解病人的具体情况,包括病人的年龄、病情以及具体的急救措施,给急救医生提供准确的信息可以加速救治的处理。

(2) 提供准确的信息:呼叫 120 时要尽可能给出准确的地址、病人的情况和自己的联系方式,有助于急救医生快速到达现场,进行救援。

(3) 保持冷静,稳定病人情绪:心脏骤停的病人往往是处于危险状态的,而呼救者应保持冷静。

(4) 提供必要的急救措施:在等待急救医生到来的过程中,呼救者可以提供一些必要的急救措施,例如进行心肺复苏术或使用自动体外除颤器进行紧急治疗。但是要注意,这些操作需要在了解急救技能的情况下才能进行,否则可能会给病人带来更大的伤害。

在心脏骤停急救过程中,呼救者和救护人员之间的合作和配合至关重要,只有这样才能最大限度地挽救病人生命。

在进行心肺复苏操作时需要将伤病员放置成仰卧位:

(1) 保持呼吸道通畅:放置伤病员在仰卧位可以更好地保持呼吸道畅通,保持气道开放,便于进行人工呼吸以及气道管理。

(2) 便于操作:可以方便地进行胸外按压,这对维持心肺复苏过程中的心脏输出量和有效循环起到重要作用。

(3) 如怀疑有颈椎受伤,则翻转时要将头颈背部呈轴向转动,避免导致脊髓损伤。

(4) 放置位置必须坚硬、绝缘。

(五) 胸外按压

1. 作用

(1) 维持脑部灌注:胸外按压可以通过增加胸腔内的压力,将血液输送到脑部,维持脑部的血液灌注,防止脑部缺氧导致的功能损害。

(2) 维持心脏灌注:胸外按压可以增加胸腔内的压力,从而使心脏受到足够的压力,维持心脏输出量和循环功能,从而保证身体其他重要器官的灌注和代谢需求。

(3) 提高变异性心室颤动伤病员的存活率:有效的胸外按压可以改善代谢物质的积累,提高心脏再次转律成功的概率,从而大幅度提高心室颤动伤病员的存活率。

进行有效的胸外按压对于心肺复苏至关重要,能够有效地维持身体的生命支持功能,增加生存率。

2. 要点

(1) 按压位置:救护员跪于一侧,两腿分开与肩同宽,双手重叠交叉,十指相扣,掌心翘起,掌根放置在胸部正中,两乳头连线中点的位置(即胸骨下半部)。如病人肥胖、乳房下垂等,则可用四指(除大拇指),从病人腋下滑到胸部正中。或救护员可以用一中手指沿着伤病员肋弓下方向上方滑行至两肋弓交汇处,食指紧贴中指并拢,另一手的掌根紧贴于第一只手的食指平放,使掌根置于胸骨下半部。

(2) 按压深度:手臂伸直,将体重完全垂直向下施力,直到胸骨向下移动至够深处,成人为 5~6 cm,儿童至少为胸廓前后径的 1/3(约 5 cm),婴儿至少为胸廓前后径的 1/3(约 4 cm)。

(3) 按压频率:每分钟 100~120 次,切勿过于迅速或缓慢。

(4) 按压与放松间隔比为 1∶1:胸外按压后,胸腔内负压建立,待肋骨回复原位再进行第二次按压,否则会影响心脏灌注的质量。

(5) 循环持续按压:如果配合人工呼吸,则按压 30 次、2 次人工呼吸为一个循环,如果现场由于某种原因,不适合做人工呼吸,则需要持续按压。

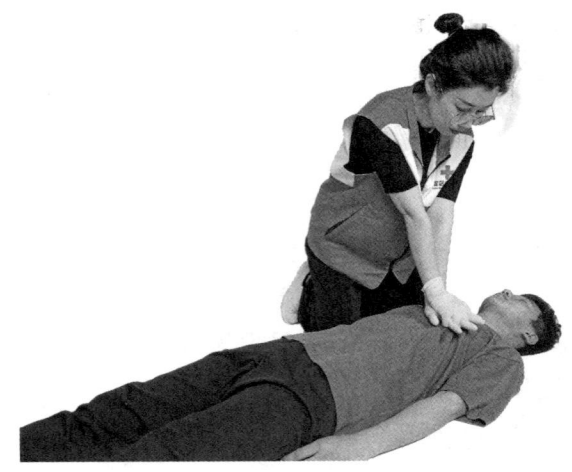

图 6-5 胸外按压

3. 注意事项

(1) 避免压力过大：压力过大会影响心排血量，使胸骨和肋骨骨折，增加胸部脏器和血管的损伤风险，因此需要注意控制压力。

(2) 避免压力过小：压力过小会影响心脏输血量，导致复苏无效，所以应保证有效的压力以保障心脏灌注。

(3) 压力位置准确：压力位置不准会导致不能有效压迫心脏，影响复苏质量。

(六) 开放气道

在进行口对口人工呼吸之前，必须先开放被急救者的气道，才能确保空气通畅进入被急救者的肺部，从而有效地进行呼吸。开放气道的目的是使被急救者的气道保持通畅，以便舌头、分泌物、食物等不会阻塞气道，并且可以让空气顺畅地进入肺部，从而达到有效的人工呼吸效果。在进行人工呼吸时，如果气道没有被开放，则空气可能会进入口腔或食道，而不是进入被急救者的肺部，这样就无法实现有效的呼吸，也会导致急救失败或者产生其他并发症。

(1) 仰头抬颌法：救护员一只手放在伤病员前额，用手掌小鱼际部把额头用力向后推，另一只手抬起下颌，这种方法主要适用于没有头部受伤的急救对象。

(2) 托颌法：救护员将手放置伤病员头部两侧，肘部支撑在伤病员躺卧平面上，握紧下颌角，用力向上托下颌，这种方法主要适用于头部受伤的急救对象。

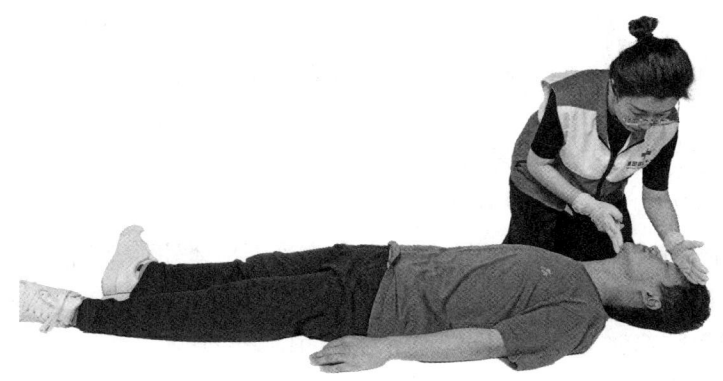

图 6-6 开放气道

(七) 人工呼吸

人工呼吸是指通过对口或对鼻注入空气或氧气,以代替因某些原因(如意外、疾病等)而停止了呼吸的伤病员自行呼吸,以维持相应的氧气供应,使身体维持正常生理功能。

1. 要点

(1) 保证通畅:将伤病员放在平坦坚硬的地面,将头部向后仰,打开口腔,清除口唇、口腔和喉部内的物质,保证通畅。

(2) 开放气道:是人工呼吸前至关重要的一步,也是达到有效呼吸的关键点。

(3) 吹气手法:用拇指和食指捏住呼吸者鼻子,以避免空气从鼻子里逸出,救护员的嘴巴将伤病员的嘴巴完全罩住,呈密封状,然后缓慢吹气,每次吹气约1秒钟。

(4) 两次吹气5秒内完成。

2. 注意事项

(1) 避免过度通气:吹气力气过度可能会引起肺泡过度膨胀,以至于肺组织破裂,导致气胸的发生,甚至可能出现肺损伤和呼吸系统疾病,增加感染和出血的风险。

(2) 及时开放气道:要及时建立气道,如果气道不通,无法使伤病员呼吸。

(3) 保持口唇、口腔清洁:要确保伤病员口唇、口腔清洁,避免口腔传染病的传播。同时,如果伤病员有牙口不良,有脓肿或口臭等症状,要避免口对口的呼吸。

(4) 避免通气不足：可以适当加大力度，避免出现不足的情况。

(5) 保持平静：在进行胸外按压和人工呼吸时，应保持冷静和充足的耐心。

(八) 循环做胸外按压和人工呼吸

1. 胸外按压可以保证血液的循环

在发生心脏骤停时，心脏无法正常地将血液泵出体外，循环系统陷入停滞状态。而胸外按压可以通过外力作用，让心脏得以重启，推动血液重新在体内循环，从而确保脑部和其他重要器官得到足够的供氧和营养。

2. 人工呼吸可以保证呼吸

在发生心脏骤停时，由于心脏停止跳动，氧气无法通过自然呼吸进入肺部，导致身体器官缺氧，进而导致体内细胞死亡。而人工呼吸正是通过口对口或口对鼻的方式，给予伤病员足够的氧气，确保肺部和身体器官获得氧气，维持正常的生理功能。

胸外按压和人工呼吸配合进行，可以起到保证循环和呼吸的效果，致力于挽救因心脏骤停等原因导致的生命威胁。按压与通气的比例为30∶2，在此过程中，救护员要监护呼吸和循环体征。

(九) 尽快电除颤

自动体外除颤器（AED）是一种能够对心跳停止或心室颤动的伤病员进行心肺复苏的设备。它通过分析伤病员的心电图，自动识别需要除颤的心律失常，然后给出语音提示，并按除颤键释放相应的电流进行除颤。AED操作简单、快速，可以在紧急情况下挽救生命。现在，AED已经被广泛安装在公共场所、体育场馆、机场、车站等地，成为保障公众健康安全的重要设备。

1. AED的使用操作

打开AED机器，按照声音提示剥离伤病员衣服，然后将AED胶片贴在伤病员胸部（一片电极放置在左腋前线之后第五肋间处，另一电极片放置胸骨右缘、锁骨之下），跟随AED的指示进行除颤。

2. AED使用注意事项

(1) 确认伤病员是否需要使用AED。如果伤病员有心跳或呼吸则不需要使用AED。

(2) 成人使用标准AED模式，8岁以下的儿童使用儿童型AED模式、婴儿则首选使用手动除颤器。

(3) 使用 AED 前需确认伤病员是否潮湿,如果伤病员湿漉,首先应擦干伤病员。

(4) 除颤时确保伤病员身体不接触金属物品和水。

(5) 在声音提示操作时,请勿触摸伤病员身体,以免造成不必要的伤害。

(十) 转移、终止

在进行心肺复苏时,需要选择安全合适的位置,应避开火源、易燃和易爆物品,确保病人和救护员不受到伤害。

在发现环境问题时,应及时通知其他同事和工作人员,协调相关救援力量,避免发生意外。在转移过程中,需要确保心肺复苏能够持续进行。心肺复苏过程中不能中断是非常重要的,应尽可能持续进行胸外按压和呼吸,保障伤病员的生命安全。如果必须中断,应该尽可能短时间内中断,伤病员从现场转移室内,间隔时间不超过 7 秒,送上救护车,间隔时间不超过 36 秒,并尽快恢复操作,以最大限度地避免对病人带来不良影响。

终止条件:

(1) 心跳及呼吸恢复:进行心肺复苏的最终目的是恢复病人的心跳及呼吸正常功能。当病人自主心跳已经恢复或者呼吸有明显改善时,可以结束操作。

(2) 医疗专业人员判断:在心肺复苏过程中,由专业医务人员根据病人的情况决定是否需要继续心肺复苏。由于心肺复苏的治疗效果需要观察一定的时间,因此仅仅是复苏初期病人心跳恢复了,还需要关注一段时段,看病人的生命体征是否持续恢复。

(3) 环境出现危险:现场环境出现危险,如地震后发生余震,则应迅速停止操作,并将伤病员转移到安全场地再继续操作。

参考文献

[1] 中国红十字会总会."生命健康 安全教育"救护系列教材:救护师资教程(一):救护概论与教学法[M].人民卫生出版社,2015.

[2] 中国红十字会总会."生命健康 安全教育"救护系列教材:救护师资教程(二):心肺复苏与创伤救护[M].人民卫生出版社,2015.

[3] 周弘.大学生健康教育[M].2版.上海大学出版社,2010.

传染病的防治

第一节 传染病的常识及流行趋势

一、传染病的概念

病原体侵入机体,削弱机体防御机能,破坏机体内环境的相对稳定性,且在一定部位生长繁殖,引起不同程度的病理生理过程,称为传染(infection)。

传染病(infectious disease)是由各种病原体,如病毒、细菌、衣原体、支原体、立克次体、寄生虫等所引起的一组具有传染性的疾病。病原体在人群中传播,造成传染病的流行,对人民的生命健康和国家的经济建设具有极大的危害性。

二、传染病的流行过程

传染病在人群中发生、传播和转归的过程,称为传染病的流行过程。传染病流行必须具备三个基本要素,即传染源、传播途径和易感人群。三个要素必须同时存在,才能构成传染病的流行。

(一) 传染源

传染源(source of infection)是指体内有病原体生长、繁殖,并不断向体外排出病原体的人或动物,包括患者、隐性感染者、病原携带者和受感染的动物。

1. 患者

在大多数的传染病中,患者是重要的传染源。患者体内含有大量的病原体,可随患者的分泌物、排泄物排出体外,使易感者感染。患者传染性的强弱取决于不同阶段排出的病原体的数量和频度,一般在发病期其传染性最强。对于某些传染病,如麻疹、水痘等,患者是唯一的传染源。

2. 隐形感染者

在某些传染病(如脊髓灰质炎、流行性脑脊髓膜炎等)中,隐形感染者是重要传染源。

3. 病原携带者

没有任何临床症状而能排出病原体的人称为病原携带者。带菌者、带毒者和带虫者统称为病原携带者。病原携带者不易被发现,其作为传染源的意义取决于其排出的病原体数量、携带病原体的时间、携带者的职业、社会活动范围、个人卫生习惯、环境卫生及防疫措施等。

4. 受感染的动物

受感染的动物作为传染源传播的疾病,称为动物源性传染病,如狂犬病、布鲁氏菌病等。野生动物作为传染源的传染病,称为自然疫源性传染病,如鼠疫、流行性出血热等。

动物作为传染源的意义,主要取决于人与受感染动物接触的机会和密切程度、受感染动物的种类和数量以及环境中是否有适宜该疾病传播的条件等。

由于动物传染源受地理、气候等自然因素的影响较大,动物源性传染病常存在于一些特定的地区,并具有严格的季节性。

(二) 传播途径

病原体从传染源排出体外,经过一定的传播方式,到达与侵入新的易感者的过程,称为传播途径(route of transmission)。不同的传染病,传播途径不同,有些传染病可通过一种途径传播,而有些传染病可通过多种途径传播。主要的传播途径有:

1. 呼吸道传播

病原体由传染源通过咳嗽、喷嚏、谈话排出的分泌物和飞沫,使易感者吸入后感染,是呼吸系统传染病的主要传播方式。流感、水痘、麻疹、肺结核、SARS等疾病通过此方式传播。

经呼吸道传播的传染病的流行特征：① 传播广泛,发病率高；② 冬春季高发；③ 少年儿童多见；④ 在未经预防接种的人群中,发病呈周期性；⑤ 居住拥挤和人口密度大的地区高发。

2. 消化道传播

病原体由粪便排出体外,污染水和食物,易感者通过污染的水和食物感染,是很多肠道传染病和某些寄生虫病的传播方式。痢疾、伤寒、霍乱、甲型肝炎等疾病通过此方式传播。

经消化道传播的传染病的流行特征：① 有相同的食物或水接触史；② 发病有地区、季节、职业分布的特点；③ 一次大量污染可致暴发或流行；④ 停止接触,暴发或流行即可平息。

3. 接触传播

接触传播分为直接接触和间接接触。传染源与易感者直接接触而引起疾病的传播为直接接触传播,如性病、狂犬病等；因接触被传染源排泄物或分泌物所污染的物品如手、毛巾、餐具、门把手等所造成的传播为间接接触传播,如沙眼、疥疮等。

4. 虫媒传播

虫媒传播是指通过节肢动物（如蚊、蝇、蚤、虱等）叮咬、吸血或机械携带的传播,如疟疾、丝虫病、乙型脑炎、登革热、斑疹伤寒等。

5. 血液、体液传播

病原体存在于携带者或患者的血液或体液中,通过输入含有病原体或被病原体污染的血液和血液制品、性交等而传染疾病,如乙型肝炎、艾滋病等。

6. 医源性传播

医源性传播是指在医疗、预防工作中,由于未能严格执行规章制度和操作规程,而人为地造成某些传染病的传播。如医疗器械消毒不严,药品或生物制剂被污染而感染丙型肝炎、艾滋病等。

7. 垂直传播

垂直传播是指病原体通过母体的胎盘或产道传给胎儿或新生儿,如乙肝、艾滋病等。

（三）易感人群

对某一传染病缺乏特异性免疫力的人称为"易感者"(susceptible person)。

易感者在某一特定人群中的比例决定该人群的"易感性"(susceptibility of the population)。人群中易感者多,则人群易感性高,容易发生传染病流行。病后获得免疫、人群隐形感染、人工免疫,均可降低人群的易感性,从而降低或终止传染病的流行。

三、传染病的基本特征

(一)有病原体

每种传染病都有特异的病原体,人体感染病原体后才会发病。如细菌、病毒、衣原体、支原体、真菌、寄生虫中的原虫及蠕虫等。病原体的确立是确定传染病最根本的依据。如新型冠状病毒感染的病原体是新型冠状病毒。

(二)有传染性

所有的传染病都具有传染性,这是因为病原体可以排出体外,通过一定的传播途径进入易感者体内形成传染。不同的传染病,具有不同的传播途径。而且不同的传染病,传染性大小也不一样,其传染强度与病原体的种类、数量、毒力、易感者的免疫状态有关。比如呼吸道传染病,主要通过呼吸道传染,而且传染性特别强,像流行性感冒等,非常容易发生传染。

(三)有流行病学特性

流行病学特性包括流行性、地方性、季节性、外来性。

(1)流行性。按流行过程的强度和广度分为:① 散发,是指传染病在人群中散在发生,发病率呈历年的一般水平;② 流行,是指在某一地区某一时期内,某传染病的发病率超过了历年同期的发病水平;③ 大流行,某一传染病在短时期内迅速传播、蔓延,超过了一般的流行强度,甚至超过国界或洲境,如2003年的传染性非典型肺炎大流行、2009年的甲型H1N1流感大流行;④ 暴发,是指某一局部地区或单位内,短时期内出现很多相同疾病的人。

(2)地方性。有些传染病或寄生虫病由于中间宿主的存在、地理条件、气温条件、生活习惯等原因,常局限在一定的地理范围内发生,如疟疾、血吸虫病、丝虫病等。

(3)季节性。有些传染病的发病率都有一定的季节性升高,主要原因是气温的高低和昆虫等媒介的存在。如呼吸道传染病常发生在寒冷的冬、春季节,肠道传染病及虫媒传染病好发于炎热的夏秋季节。

(4) 外来性。是指在国内或地区内原来不存在,从国外或外地通过外来人口或物品传入的传染病,如霍乱。

(四) 有免疫性

人体感染病原体后,均能产生针对病原体及其产物(如毒素等)的特异性免疫。不同的传染病,感染后免疫力的持续时间存在很大差异。有些传染病感染后免疫力持续时间较短,有些传染病感染后免疫力持续时间较长,甚至可终身免疫,有些还会再感染。在临床上,如果免疫力持续时间较短,可出现下列现象:

(1) 再感染。是指某一传染病在完全痊愈后,经过一段时间后被同一病原体感染。

(2) 重复感染。是指某一传染病在发病中,被同一病原体再次侵袭而感染。常见血吸虫病、疟疾等。

(3) 复发。是指某传染病的发病过程已转为恢复期或接近痊愈时,再次被同一病原体感染,原症状再次出现。如伤寒。

(4) 再燃。是指某传染病的临床症状已缓解,但体温尚未恢复正常而又再上升、症状略微加重者。

四、传染病的分类

我国根据传染病的危害程度以及应该采取的管控、治疗、监督措施将主要的40种传染病分为甲类、乙类和丙类三类:

(一) 甲类传染病
2种:鼠疫、霍乱。

(二) 乙类传染病
27种:新型冠状病毒、甲型H1N1流感、传染性非典型肺炎、艾滋病、病毒性肝炎、脊髓灰质炎、人感染高致病性禽流感、麻疹、流行性出血热、狂犬病、流行性乙型脑炎、登革热、炭疽、细菌性和阿米巴性痢疾、肺结核、伤寒和副伤寒、流行性脑脊髓膜炎、百日咳、白喉、新生儿破伤风、猩红热、布鲁斯菌病、淋病、梅毒、钩端螺旋体病、血吸虫病、疟疾。

（三）丙类传染病

11种：流行性感冒、流行性腮腺炎、风疹、急性出血性结膜炎、麻风病、流行性和地方性斑疹伤寒、黑热病、包虫病、丝虫病，除霍乱、细菌性和阿米巴性痢疾、伤寒和副伤寒以外的感染性腹泻病、手足口病。

其中，对乙类传染病中传染性非典型肺炎、炭疽中的肺炭疽和人感染高致病性禽流感，采取甲类传染病的预防控制措施。

五、传染病的流行趋势

在人类历史上，传染病的暴发和流行，给人类带来了巨大的灾难和伤痛。随着社会的发展，人们的生活条件和卫生设施的不断改善，抗生素的发现和使用，人类的健康水平有了显著的提高，人类防治传染病的工作取得了突破性的进展，麻风病、流行性脑脊髓膜炎、伤寒、疟疾等传染病的死亡率大幅下降。随着科技的不断发展，疫苗的广泛研究和使用，白喉、破伤风、麻疹、脊髓灰质炎、狂犬病等严重威胁人类健康的传染病，也得到了有效的控制。在发达国家，很多传染病接近被消除状态。在我国，2023年6月30日，WHO通过科学认证，宣布通过消除疟疾认证，这是我国继天花、脊髓灰质炎、丝虫病、新生儿破伤风后消除的又一重大传染病。

但是，由于全球流动人口的增加，生态环境的改变、抗生素的滥用等情况的出现，导致出现了新的传染病，如AIDS、SARS、埃博拉、新型冠状病毒感染等，同时已得到控制的旧的传染病卷土重来，如霍乱、结核病、疟疾等。

（一）再现传染病流行趋势

1. 霍乱

很多传染病的暴发流行，都会对人类的生命财产造成重大的威胁。其中霍乱是少见的传染性极强、致死率极高、多次横跨大洲广泛流行的传染病。近200多年来，霍乱已经发生了7次大流行。最近一次是1961年出现在南亚次大陆的孟加拉湾，随后波及非洲、欧洲、北美洲、大洋洲和拉丁美洲，全球140多个国家和地区被波及，报告病例数达到400万例，这次霍乱的致病菌是埃尔托生物型霍乱弧菌。之后,埃尔托生物型霍乱弧菌和古典霍乱弧菌交替作乱,此起彼伏,绵延至今也没有结束。如今每年仍有 300 万人感染,约 10 万人死于霍乱。

我国自 1961 年广东出现埃尔托霍乱病例后,霍乱在中国的流行时起时落。近年来,我国也发生过几次霍乱的散发病例,主要集中在长江以南地区。但随着人们的生活水平的提高和卫生条件的改善,报告感染病例的数目一直很低,发病率仅为 0.000 4/10 万,很少发生霍乱流行,霍乱病例基本零死亡。

2. 结核病

结核病是再现传染病中比较突出的例子。全球每年约有结核病新发病例 1 000 万人,每天约 4 500 人因结核失去生命。结核病在世界众多的国家和地区流行。随着科学医疗技术的飞速发展,抗生素、卡介苗和化疗药物的问世是人类和肺结核斗争史上里程碑式的胜利。在 20 世纪 80 年代初甚至认为,到 20 世纪末,人类可以像消灭天花一样消灭结核病,WHO 也曾提出目标:希望到 2000 年结核病不再成为威胁人类健康的传染病。

然而,近年来,结核病却大有卷土重来之势。结核和人类的药物搏斗多年后,产生了抗药性,结核分枝杆菌耐单药现象已相当普遍,现在出现了同时对异烟肼和利福平这两种药物具有耐药性的结核,它被称为耐多药结核。耐多药结核的治疗不仅成本高,疗程也从原先的 6 个月延长到 18~24 个月,治愈率也从 100% 下降到 60% 或更低。其次,艾滋病患者感染结核的概率是正常人的 30 倍,随着艾滋病患者的增多,结核病患者也随之增加。人口的快速增长和流动加大、发展中国家卫生资源严重不足、卫生状况恶化等也是造成结核病再现的原因。

(二)新发传染病流行趋势

新发传染病的名称最早是美国医学协会(Institute Of Medicine,IOM)于 1992 年发表的一篇题为《新出现的传染病:微生物对美国人群健康的威胁》的报告中提出的。IOM 将新发传染病定义为:"新的、刚出现的或呈现抗药性的传染病,其在人群中的发生在过去 20 年中不断增加或者有迹象表明在将来其发病有增加的可能性。"其主要包括以下情况:一种崭新的疾病;在新的地区或人群中出现的古老疾病;重新引入的一种古老的疾病;出现特有的症状;原来很少的疾病出现流行;原来临床表现轻微的疾病变得严重;原来可以预防或治疗的疾病失去控制或出现耐药性;或者是由于新的诊断技术的应用,一些疾病的发病率被发现有所增加。自 20 世纪 70 年代以来,世界范围内已发现和确认的新发传染病有 40 多种，主要有 SARS、埃博拉出血热、人感染高致病性禽流感、艾滋病、西尼罗脑炎、莱姆病、丙型肝炎等。

1. 艾滋病

艾滋病全称为获得性免疫缺陷综合征，在 1981 年首次发现时，只分布在少数男同性恋者中，如今已经扩散到全球各个群体中，尤其以非洲和亚洲地区最为严重，全球现存活约 3 700 万 HIV 感染者和艾滋病患者，2 000 多万人死亡。艾滋病已成为 21 世纪最初 10 年全球十大死因之一。

在我国，艾滋病的感染情况也不容乐观，发病率呈上升趋势，感染人数每年以 30% 的速度增长，流行趋势正从高危人群向普通人群扩散，现存活 100 多万 HIV/AIDS 患者，现存活 HIV/AIDS 数达 10 000 例以上的省份有 22 个，超过 1% 的县有 6 个。感染人群主要以青壮年为主，目前高校成为艾滋病感染的重灾区，90% 以上的感染者是通过性传播感染，同性性生活尤其是男男同性性生活的人，以及有多个性伴侣的人是艾滋病的高发人群。

2. SARS

传染性非典型肺炎（Severe Acute Respiratory Syndrome，SARS）是指由 SARS 冠状病毒（SARS Co-V）引起的急性呼吸系统传染病，起病急，持续高热、咳嗽，伴全身和呼吸系统症状，主要通过飞沫或呼吸道分泌物传播，具有极强的传染性。

第二节　传染病的预防

传染病的预防是传染病工作者的一项重要任务。预防传染病的目的是为了控制和消除传染病，达到保护人民健康、保证社会安定的目的。随着人类社会和科学的发展、抗生素和疫苗的使用，使得传染病对人类生存和健康的威胁日益降低，疾病的防治重点有传染病逐渐转向慢性非传染性疾病。然而，近年来，全球传染病发病率又大幅回升，一些被认为已得到控制的传染病卷土重来，同时又新发现数十种传染病，因此，传染病的预防仍是世界各国医疗卫生工作的重点。

传染病的预防主要包括三个方面：① 疫情或传染病未出现之前，应做好经常性预防工作，防止疫情发生和扩散；② 针对出现的传染病，其预防措施主要有管理传染源、切断传播途径和保护易感人群等方面；③ 治疗性预防。

一、经常性预防措施

经常性预防措施是指对外环境中可能存在的病原体及其传播途径所采取的措施,是疫情出现之前的首要工作,是一级预防的范畴。

(一)开展预防传染病的健康教育,降低传染病的传播

要面向全社会,特别是儿童和青少年,动员群众主动获取卫生知识,提高人们的防病知识和自我保健意识,养成科学、卫生的生活习惯,积极参与改造环境、防病治病等各项活动,降低传染病的传播。

(二)改善环境卫生条件,消除外环境中可能存在的传播因素

主要有:改善城乡卫生面貌,加强饮用水及二次供水等的卫生管理,有计划地建设和改造公共卫生设施,做好粪便、污水、垃圾的无害化处理,公共场所做好消毒、灭蚊蝇、杀虫、灭鼠等,加强食品卫生监督管理,预防院内感染等。

(三)传染病监测

传染病监测是对传染病在人群中发生、发展、分布规律和变动趋势及有关因素进行连续、系统、准确的收集、整理和分析,预测未来疾病发生的水平和规模,为控制和消灭传染病、制定防治对策提供依据。

WHO规定的国际共同监测的传染病有疟疾、流行性感冒、脊髓灰质炎、流行性斑疹伤寒、回归热五种疾病。我国根据本国的发病特点,又增加了登革热作为同步监测的对象。为防治艾滋病的传入和蔓延,我国又把艾滋病列入国境检疫监测的传染病。

(四)加强人群免疫

1. 预防接种

预防接种是保护易感人群的最有效的措施之一。很多传染病,如麻疹、白喉、破伤风、乙型肝炎等,都可以通过大规模人群接种疫苗控制流行或将发病率降至很低的水平。

预防接种又称为人工免疫,是指将生物制品(抗原或抗体)接种到机体内,使机

体获得对传染病的特异性免疫力,提高人群免疫水平,从而保护易感人群,预防传染病的发生和流行。预防接种主要包括人工自动免疫、人工被动免疫、被动自动免疫。

2. 计划免疫

计划免疫是指根据传染病疫情监测结果和人群免疫水平的分析,按照科学的免疫程序,有计划地使用疫苗对特定人群进行预防接种,最终达到控制和消灭相应传染病的目的。

我国规定的计划免疫包括两个程序:基础免疫和加强免疫。① 基础免疫是指在1周岁内必须完成的初次接种。包括乙肝疫苗预防乙型肝炎、卡介苗预防结核、脊髓灰质炎疫苗预防脊髓灰质炎、乙脑疫苗预防流行性乙型脑炎等;② 加强免疫是指根据疫苗的免疫持久性和人群的免疫水平以及疾病流行情况适时地进行疫苗接种。如麻腮风疫苗可预防麻疹、流行性腮腺炎、风疹,接种1剂次,儿童18~24月龄时接种。

二、传染病发生时的预防措施

在发生传染病或传染病流行期间,应采取相应措施防止传染病扩散。

(一) 传染病报告

传染病报告是传染病信息的主要来源,是控制和消除传染病的重要措施。自2014年1月1日起,我国法定报告的传染病分为甲、乙、丙3类,共39种;2020年1月20日将新冠肺炎纳入乙类传染病并采取甲类传染病的防控措施。

疾病预防控制机构、医疗机构和采供血机构及其执行公务的人员发现法定传染病疫情或发现其他传染病暴发、流行以及突发不明原因的传染病时,应当遵循疫情报告属地管理原则,按照国务院或国务院卫生行政部门规定的内容、程序、方式和时限报告。

(二) 管理传染源

针对传染源所采取的措施是为了消除或减少传染病的传播和扩散,达到消灭疫源地的作用。不同的传染病和传染源采取的措施也不同。

1. 患者

对传染病患者要做到"五早",即早发现、早诊断、早报告、早隔离、早治疗。

其中早发现是关键,及时发现早期患者或疑似患者,按照传染病防治法的规定实施分级管理。

甲类传染病和乙类传染病中的肺炭疽、SARS和人感染高致病性禽流感患者必须隔离治疗,其他乙类传染病患者可住院隔离治疗或在家中隔离治疗,流行性出血热、钩端螺旋体病、布鲁斯菌病等传染病的传染源作用不大,患者可不必隔离。丙类传染病中的瘤型麻风患者必须经临床和微生物学检查证实痊愈才可恢复工作、学习,其他丙类传染病患者在临床治愈后即可恢复工作、学习。

2. 病原携带者

对病原携带者应做好登记并进行管理和治疗,定期随访,经2～3次病原体检查阴性时可予解除管理。在饮食行业、服务行业及托幼机构工作的病原携带者需暂时调离工作岗位,久治不愈的伤寒或病毒性肝炎的病原携带者不得再从事对他人健康有危险的职业,艾滋病、乙型和丙型肝炎、疟疾的病原携带者严禁献血。

3. 接触者

凡与传染源有过接触而且有可能受感染者都应接受检疫,检疫期限从最后接触之日算起,相当于该病的最长潜伏期。检疫期间采取的措施有:

(1) 留验,限制其活动范围,并在指定场所实施观察、检验和治疗;

(2) 医学观察,在正常的学习工作的情况下,接受体格检查、病原学检查和必要的卫生处理;

(3) 应急接种和药物预防。对潜伏期较长的传染病,如麻疹、猩红热、疟疾等,可对接触者实施应急接种或药物预防。

4. 受感染的动物

对人类危害较大的动物应予捕杀、焚烧或深埋,如患狂犬病的狗、患炭疽病的家畜;对危害性大且经济价值不大的动物应予彻底消灭,如灭鼠;对危害不大且有经济价值的病畜,可予隔离治疗;此外要做好家畜的预防接种和检疫工作。

(三) 切断传播途径

主要是对传染源污染的环境采取的措施,目的是杀灭外环境中的病原体,防止传染病的传播和蔓延。由于各类传染病的传播途径不同,对环境采取的措施也不尽相同。如呼吸道传染病,重点是加强通风、个人防护(戴口罩)、空气消毒;消化道传染病,应对粪便、垃圾和污水进行处理,加强饮水消毒和管理;艾滋病可通过注射器和性传播,应大力宣传推荐使用安全套,杜绝吸毒和共用注射器;虫媒传染病,使用杀虫剂杀灭有害昆虫,特别是外环境中传播病原体的媒介节肢动物。

(四)保护易感人群

1. 免疫预防

主要是通过预防接种提高机体免疫力,降低人群对传染病的易感性。如注射丙种球蛋白预防麻疹等。

2. 药物预防

一般是作为应急措施来预防传染病的传播。对某些有特效药物防治的传染病,必要时可用药物预防。如抗疟药乙胺嘧啶、氯喹或伯氨喹预防疟疾。但是药物预防作用时间短、效果不显著、易产生耐药性,因此应用具有较大的局限性。

3. 个人防护

在某些传染病流行的季节,使用蚊帐或驱避剂防治蚊虫叮咬,来预防疟疾、乙型脑炎等感染。其他如戴口罩、手套等,对预防传染病也有一定的效果。

(五)传染病暴发、流行时的紧急措施

在传染病暴发、流行时,当地政府须立即组织力量防治,切断传染病的传播途径,必要时报经上一级地方政府决定后,可采取下列紧急措施:

(1)限制或停止集市、集会、影剧院演出或其他人群聚集活动;

(2)停工、停业、停课;

(3)临时征用房屋、交通工具;

(4)封闭被传染病病原体污染的场所和公共饮用水源。

发生疫情时,按照当地政府的统一部署,采取相应措施。政府卫生部门、科研院所的流行病学、传染病学和微生物学专家、各级卫生防疫检疫人员、各级医院医务人员和其他相关部门立即开展传染病调查,并实施有效的措施控制疫情,包括隔离传染源、治疗患者尤其是抢救危重患者、检测和分离病原体,必要时封闭可疑水源、饮水消毒、捕杀动物传染病和应急接种等。

三、治疗性预防

正确并及时地治疗病人,可以尽早终止传染病传染,缩小传染源作用,有时也可以防止传染病(如伤寒、疟疾等)病人形成病原携带者。孕妇在妊娠初 4 个月患风疹所产出的婴儿患有出生缺陷的机会很大,可考虑人工流产,以防缺陷儿出生。

第三节 肺结核

一、概述

结核病是由结核分枝杆菌引起的慢性传染病,可侵及许多脏器,以肺部结核感染最为常见。排菌者为其重要的传染源,人体感染结核菌后不一定发病,当抵抗力降低或细胞介导的变态反应增高时,才可能引起临床发病。若能及时诊断,并予合理治疗,大多可获临床痊愈。结核杆菌侵犯肺脏,称为肺结核,占结核病的80%以上;侵及肺脏以外的其他部分如肝、肾、脑、淋巴结等器官,称为肺外结核。本节主要介绍肺结核。

结核分枝杆菌是一种细长的、略带弯曲的杆菌,图片染色具有抗酸性,亦称抗酸杆菌。对外抵抗力强,耐酸、耐碱、耐干燥,在潮湿环境能生存5个月以上,但对紫外线敏感,在烈日暴晒2小时、5%~12%来苏水接触2~12小时、70%酒精接触2分钟、煮沸1分钟,都能被杀死。结核杆菌的致病机制主要有:结核杆菌在机体内生长繁殖引起炎症;菌体与机体相互作用;结核杆菌自身引起的免疫损伤。

二、流行病学

肺结核在全球和我国广泛流行,严重危害着人类的身体健康,已成为重大的公共卫生问题和社会问题。据WHO估计,全球大约有1/3的人感染了结核杆菌,95%的结核病人和98%的结核病死亡发生在发展中国家。1993年,WHO宣布"全球结核病处于紧急状态",将结核病列为重大控制的传染病之一。1998年,WHO再次指出"遏制结核病活动刻不容缓"。2012年,WHO开始起草2015年后全球结核病策略,并于2014年形成决议。2015年后策略的总体目标是:在2035年,全球终止结核病流行;也确定了具体的目标:2035年在2015年的基础上结核病死亡数减少95%,发病数减少90%。2017年11月首届SDG时代终止结核病全球部长级会议《终止结核病莫斯科宣言》中提到,在可持续发展时代终止结核病,需多部门共同应对。2018年5月在世界卫生大会上,WHO成员国承诺在莫斯科宣言的基础上加快行动以期实现终止结核病。

在全球范围内,结核病发病率呈下降趋势,但速度还不足以达到结核病防治战略的第一个里程碑。据 WHO 报告,2019 年全球估计 1 000 万人报告为新发结核病,其中印度(27%)、中国(9%)、印度尼西亚(8%)、菲律宾(6%)、巴基斯坦(6%)、尼日利亚(4%)、孟加拉国(4%)和南非(3%)8 个国家的新发患者约占全球的 2/3,140 多万人死于结核病(其中包括 20.8 万艾滋病感染者)。2018 年我国结核病发病人数为 86.6 万人,发病率为 61/10 万,死亡人数为 3.94 万人,死亡率为 2.76/10 万。随着结核病防治工作的推进,我国结核病的发病率正在下降,但仍是结核病高负担国家,结核病防控任务依然艰巨。

三、传播途径

肺结核主要通过呼吸道传播,患者咳嗽、打喷嚏、大声说话或吐痰时,将带有结核杆菌的飞沫排出体外,形成带菌微滴飘浮在空气中,健康人吸入带菌的飞沫即可能受到感染。与结核病人有长期密切接触的人(共同居住、同室工作学习的人)感染的可能性非常高。一个肺结核病人每年可能感染 10～15 人(或更多)的新患者。然而,并不是所有结核杆菌携带者都会发病,结核的感染还与接触者暴露于感染环境的时间长短、频率、接近度密切相关。部分潜伏感染者的机体能自动清除病菌,更多人潜伏感染的状况可持续数年甚至一辈子也不会发病。处于结核病潜伏期的人,结核杆菌在人体内处于一种休眠状态,并不活跃,也没有传染性。其他传播途径如经消化道感染、皮肤接触、黏膜伤口直接感染、母婴间传播等相对比较少见。

四、临床症状

肺结核起病缓慢,病程较长,有低热、乏力、食欲不振、咳嗽和少量咯血。多数患者病灶轻微,常无明显症状,多数经 X 线健康检查才被发现。肺结核的症状包括全身症状和呼吸道症状两个方面。

(一)全身症状

全身疲乏、食欲减退、消瘦、午后低热、盗汗、自主神经紊乱等,少数急性发展的肺结核可出现高热等急性症状。

（二）呼吸道症状

咳嗽、咳痰、反复咯血、量有时多有时少、胸痛，常与病变累及胸膜有关，在肺部病变广泛或伴有胸腔积液、心包积液、自发性气胸等情况时出现呼吸困难。

五、实验室检查

（一）结核菌检查

采用涂片、集菌方法，抗酸染色、培养等方式，检查标本（痰、血液、胸腔积液、脓液、灌洗液等）中的结核分枝杆菌。痰结核分枝杆菌检查是确诊肺结核的主要方法，也是制定化疗方法和考核治疗效果的主要依据。

（二）分子生物学检查

结核分枝杆菌核酸检测阳性即可诊断。

（三）免疫学检查

结核菌素皮肤试验（Tuberculin Skin Test，TST）结果提示中度阳性或强阳性、γ-干扰素释放试验阳性、结核分枝杆菌抗体阳性，也可帮助判断是否结核分枝杆菌感染。

（四）胸部影像学检查

包括胸部X线摄影、电子计算机体层摄影（CT）、磁共振成像（MRI）等。胸部X线摄影是肺结核诊断及筛查最常用的影像学检查方法，是学校结核病筛查的首选方法，其他影像学检查方法，可在疑难患者鉴别诊断时使用。

（五）支气管镜检查

支气管镜可直接观察气管和支气管病变，也可以抽吸分泌物、刷检及活检。

六、诊断

肺结核的诊断以病原学（包括细菌学、分子生物学）检查为主，结合流行病学史、临床表现、胸部影像、相关辅助检查及鉴别诊断等，进行综合分析做出诊断。

七、治疗

抗结核化学药物治疗对结核的控制起着决定性的作用,合理化的药物治疗可使病灶灭菌、甚至痊愈。对于初次感染的肺结核患者,一般采用异烟肼、利福平、乙胺丁醇、吡嗪酰胺等治疗,6~9个月可以完全治愈。复发的肺结核,需要延长用药时间3~6个月,耐多药肺结核治疗周期需要18~24个月。服药期间要坚持早期、联合、适量、规律、全程的原则,切不可随意停药,否则不但影响治疗效果,还会增加结核分枝杆菌耐药的风险,反复治疗不成功的患者还有可能使结核病成为"不治之症"。

八、预防

(一)控制传染源

早期发现和治愈传染性肺结核患者,即可降低肺结核的传播。

(二)居室开窗通风

开窗通风是最简单有效的空气消毒方式。一般早晚各开窗通风1小时,可保持室内空气新鲜。

(三)保持良好的生活习惯

咳嗽或打喷嚏时避免面对他人,咳嗽时要用手或纸巾遮挡口鼻,避免去拥挤环境或减少停留的时间,严禁随地吐痰,勤洗手,保持手卫生。

(四)提高身体抵抗力

通过增加营养,多吃蛋白质丰富的食物,多吃蔬菜、水果补充维生素,参加适当的体育锻炼,保证足够的睡眠,均可以提高身体的抵抗力。

(五)化学药物预防

对于有结核菌新近感染或有密切接触者的个体可以考虑预防性治疗。

(六)卡介苗接种

接种卡介苗可以使儿童获得对结核菌的特异抵抗力,降低结核菌对儿童的危害。

第四节 病毒性肝炎

病毒性肝炎(viral hepatitis)是由多种肝炎病毒引起的,以肝损害为主的一组全身性传染性疾病。目前按照病原体分类可分为甲型、乙型、丙型、丁型和戊型病毒性肝炎。各型病毒性肝炎的临床表现相似,多以乏力、食欲减退、厌油腻、恶心、腹胀、肝区不适为主要临床特征。甲型和戊型肝炎主要表现为急性感染,经"粪—口"途径传播;乙型、丙型和丁型肝炎多呈慢性感染,主要经血液、体液等途径传播,少数患者可发展为肝硬化或肝细胞癌。病毒性肝炎是全球性疾病,为我国法定乙类传染病。其中以甲型、乙型和丙型病毒性肝炎最为常见。

一、甲型病毒性肝炎

甲型病毒性肝炎是由甲型肝炎病毒(Hepatitis A Virus,HAV)引起的肝炎,多以急性表现为主。

(一)病原学

甲型肝炎病毒是1973年在急性肝炎患者的粪便中发现的,1987年获得HAV全长核苷酸序列,1993年将HAV归类于微小RNA病毒科中的嗜肝RNA病毒属。

HAV对外界抵抗力较强,耐低温、耐酸碱。在室温下可生存1周,在干粪中25℃可生存30天,在贝壳类动物、淡水、海水、污水、泥土中能存活数月。在甘油中-80℃可长期保存,加热60℃、30分钟仍具有传染性,80℃、5分钟或100℃、1分钟才能使其完全灭活。HAV对有机溶剂较为耐受,在4℃、20%乙醚中放置24小时仍很稳定,但对紫外线、氯、甲醛等敏感,紫外线照射1~5分钟、3%甲醛溶液消毒5分钟、含氯消毒剂能将其灭活。

目前我国已经分离的 HAV 为Ⅰ型。许多灵长类动物如黑猩猩等对 HAV 易感。血清学方面,能感染人体的 HAV 只有一个血清型,感染后早期产生的 IgM 抗体,是近期感染的标志。

(二) 流行病学特征

1. 传染源

急性患者和隐性感染者是主要传染源。病毒通过粪便排出体外,发病前 2 周至发病后 2~4 周内的粪便具有传染性,且以发病前 5 天至发病后 1 周传染性最强,少数患者粪便排毒期可延长至 30 天。当血清抗-HAV 出现时,粪便排毒基本停止。

2. 传播途径

主要通过"粪—口"途径传播。粪便中排出的病毒通过污染的手、水和食物经口感染。水源和食物污染可引起暴发和流行。如 1988 年上海暴发的甲型肝炎,是由受粪便污染的未煮熟的毛蚶引起的。日常生活接触多为散发。

3. 易感人群

抗-HAV 阴性者均为易感人群。幼儿、儿童和青少年感染居多,且以隐性感染为主,感染后可获得持久免疫力。

4. 流行特征

甲型肝炎具有很强的传染性。甲型肝炎的发生多与居住条件、卫生习惯及教育程度等密切相关。目前,全球每年约有 1.1 亿人感染 HAV,其中 880 万人急性发病,病毒多流行于发展中国家,农村高于城市,以秋冬季和早春发病率高。2007 年我国将甲型肝炎疫苗纳入国家免疫规划,甲型肝炎的发病率逐年下降,年发病率<10/10 万。

(三) 临床表现

甲型肝炎一般为急性起病,不转为慢性,有自限性。潜伏期 2~6 周,平均为 4 周。常见类型有两种:急性黄疸型肝炎和急性无黄疸型肝炎。

1. 急性黄疸型肝炎

大多数起病急,畏寒、发热、倦怠、乏力、肌肉酸痛、食欲不振、恶心厌油、呕吐、上腹不适等。发病 1 周后出现黄疸,尿黄似浓茶,巩膜、皮肤黄染,1~2 周内黄疸达到高峰,并出现肝肿大,肝区叩击痛。病情持续 2~6 周。

2. 急性无黄疸型肝炎

一般病情较轻,病程较短,仅表现为乏力、食欲减退、腹胀和肝区痛,可有肝肿大和转氨酶升高。

(四) 诊断与治疗

1. 诊断

诊断依据为流行病学资料、症状、体征和实验室检查等综合分析,必要时可做肝穿刺病理检查。血清中发现甲肝抗体即可确诊。

2. 治疗

一般采取综合治疗方法,治疗原则以适当休息、合理营养为主,避免饮酒、过度劳累和使用对肝脏有损害的药物。临床症状较重的患者,多对症治疗。肝功能异常者可应用护肝药物。

(五) 预防措施

1. 管理传染源

急性期患者可住院或在家中隔离治疗,隔离期为自发病之日起3周。

2. 切断传播途径

加强健康教育,普及肝炎预防知识,加强粪便、水源和食品卫生管理,搞好环境卫生和个人卫生,养成良好个人卫生习惯,防止"病从口入"。

3. 保护易感人群

应大力提倡接种甲肝疫苗进行主动免疫。我国常用的甲肝疫苗有减毒活疫苗和灭活疫苗。减毒活疫苗接种一针(1岁以上儿童及成人),灭活疫苗接种两针(0、6个月),接种部位均为上臂三角肌处皮下注射。对近期有与甲肝患者密切接触的易感者,可用人血丙种球蛋白进行被动免疫,注射时间越早约好,免疫期为2—3个月。

二、乙型病毒性肝炎

乙型病毒性肝炎是由乙型肝炎病毒(Hepatitis B Virus, HBV)引起的肝炎,以肝脏损坏为主,多表现为慢性,在各型肝炎中危害最严重,可引起肝炎、肝硬化和肝癌。

(一) 病原学

1970年Dane等在电镜下发现完整HBV颗粒,即Dane颗粒。1972年WHO将其命名为乙型肝炎表面抗原。1979年Galibert完成了HBV全基因组序列测定。HBV属嗜肝DNA病毒科,对HBV易感的动物很局限,灵长类动物如黑猩猩是较理想的动物模型。

HBV的抵抗力很强,对热、低温、干燥、紫外线及一般浓度的消毒剂均能耐受。在37℃可存活7天,在血清中30℃~32℃可保存6个月,-20℃可保存15年。100℃、10分钟,65℃、10小时或高压蒸汽消毒,另外,0.2%苯扎溴安、0.5%过氧乙酸和戊二醛可使其灭活。

HBV的抗原比较复杂,其外壳中有表面抗原,核心成分中有核心抗原和e抗原,感染后可引起机体的免疫反应,产生相应的抗体。HBsAg是出现最早的血清学标志,感染后1~2周、最迟11~12周出现,急性感染者持续存在5周至5个月,HBsAg消失后数周,血中可出现具有保护作用的抗HBs,可保持数年。慢性肝炎和病毒携带者可持续存在数年甚至终生。HBeAg是病毒复制的重要指标,急性感染时HBeAg出现的时间略晚于HBsAg,其存在表示病毒复制活跃且具有较强的传染性。抗HBe在HBeAg转阴后出现,多提示HBV复制和传染性减弱。HBcAg存在于HBV颗粒的核心及感染的肝细胞核内,血液中不易检出,具有较强的免疫原性,可刺激机体产生抗体。HBV DNA是病毒复制和具有传染性的直接标志,其载量可直接反映HBV复制的活跃程度、传染性强弱和抗病毒疗效。

(二) 流行病学特征

1. 传染源

急、慢性乙型肝炎患者和病毒携带者是主要传染源。其传染性的高低与血液中HBV DNA含量成正比。

2. 传播途径

(1) 经血液、体液传播。经血液传播是乙肝低流行地区的主要传播途径之一。如输血、使用血制品、血液透析、注射、手术、内窥镜检查及器官移植等均可传播。输血量越大越容易感染,且潜伏期短。HBsAg阳性者的唾液、精液、阴道分泌物、汗液、尿液等体液中都可检出HBsAg,密切生活接触和性接触也是重要传播途径。西方国家认为乙肝是性传播疾病之一。

(2) 母婴传播。也称垂直传播，是我国最主要的传播途径之一。包括宫内感染、围生期传播和分娩后传播。母亲 HBsAg 阳性，其母婴传播的概率为 40%～50%。随着新生儿乙肝疫苗的普遍应用，母婴传播的感染率逐渐下降。

HBV 不经过呼吸道和消化道传播，因此，日常生活、学习、工作等接触，一般不会感染 HBV。

3. 易感人群

抗 HBs 阴性者均为易感人群，多见于婴幼儿和青少年。其高危人群主要包括：

(1) 主要包括医务人员、经常接触血液制品、经常输血、进行过器官移植、免疫功能低下（长期服用免疫抑制剂）的人群；

(2) 家庭成员有乙肝感染者，其家属也为高危人群；

(3) 从事饮食行业者、幼教或其他教育工作者；

(4) 乙肝保护性抗体阴性者。

4. 流行特征

据 WHO 估计，2015 年有 2.57 亿人患有慢性乙肝，占世界人口的 3.5%。在世界上不同的国家和地区，感染率有较大的不同。在高流行地区，慢性乙肝病毒的感染率至少为 8%；在中流行地区，感染率为 2%～7%；在低流行地区，感染率不足 2%。我国是乙肝高发地区，乙肝表面抗原阳性的人约占总人口的 5%～6%，慢性乙肝病毒感染者约为 7 000 万人，慢性乙肝患者人数约为 2 000 万～3 000 万人。主要以散发为主，无明显季节性，有家族聚集现象，男性略高于女性，乡村高于城市。

(三) 临床表现

乙型肝炎的潜伏期为 6 周至 6 个月，平均为 70 天。乙型肝炎病毒感染人体后可引起急性肝炎、慢性肝炎、重型肝炎和无症状携带者。无症状携带者指虽然有病毒感染，但无明显临床症状和生化指标的异常，由于不易察觉，少数患者可能演变至肝衰竭。

1. 急性肝炎

(1) 急性黄疸型肝炎。主要表现为乏力、厌食、上腹不适、巩膜皮肤黄染、肝区疼痛、肝肿大等，病程约 1～2 个月。

(2) 急性无黄疸型肝炎。临床症状较轻，仅有乏力、食欲不振、肝区痛等症状，多无发热，也不出现黄疸，肝功能改变主要是 ALT 升高。由于症状不明显，一般不易被发现。

2. 慢性肝炎

(1) 慢性迁延型肝炎。病程超过半年以上,肝炎反复发作,有乏力、食欲不振、肝区不适、肝肿大等症状,病情迁延不愈,部分患者可演进成慢性活动型肝炎。

(2) 慢性活动型肝炎。有明显的肝炎症状,如乏力、食欲差、腹胀、肝区痛等,一般状况较差,肝肿大,可出现黄疸、蜘蛛痣、肝掌及明显痤疮。肝功能明显异常,ALT 持续升高或反复波动。

3. 重症肝炎

又称为暴发型肝炎,起病急、病程短,病情发展迅速,10 天内出现黄疸,并迅速加深,肝脏萎缩,有出血倾向,严重者可出现肝性脑病、脑水肿等症状,病程不超过 3 周,死亡率高。

(四) 诊断与治疗

1. 诊断

诊断依据为流行病学资料、症状、体征和实验室检查等综合分析,血清中 HBsAg、HBeAg、HBV DNA 或抗 HBc IgM 当中有 1 项阳性时即可确诊为乙型肝炎。

2. 治疗

目前尚无特效治疗方法。除一般及支持疗法外,还需应用抗病毒药物,调整机体免疫功能与改善肝细胞功能的药物治疗。

(五) 预防措施

1. 管理传染源

急、慢性乙型肝炎患者进行常规隔离治疗,急性期最好隔离至 HBsAg 转阴,对抗原阳性的患者尤其是 HBeAg 阳性时,应注意个人卫生和经期卫生,以防其唾液、血液及其他分泌物污染环境传染他人。病原携带者应调离接触食品、水源或幼儿的工作,不能作为献血员。

2. 切断传播途径

预防医源性传播,需加强对血液和血液制品的管理,做好 HBsAg 检测工作,阳性者不得使用和出售。加强医疗器械的消毒处理,规范使用一次性注射器,医疗器械实行一人一用一消毒。尽量避免不安全性行为。加强孕前和产前检查,减少母婴传播。

3. 保护易感人群

接种乙型肝炎疫苗和乙型肝炎免疫球蛋白是预防 HBV 感染最有效的方法。易感者均可接种乙肝疫苗,新生儿进行普种,HBV 感染者密切接触者、医务工作者、同性恋者、药瘾者等高危人群及从事托幼保育、食品加工、饮食服务等职业人群也是主要的接种对象。乙型肝炎免疫球蛋白主要用于暴露于 HBV 感染者的免疫保护,属于被动免疫,应尽早注射,保护期 3 个月左右。

三、丙型病毒性肝炎

(一) 病原学

丙型肝炎病毒(Hepatitis C Virus,HCV)是 1989 年应用克隆技术发现的,于 1991 年国际病毒命名委员会将 HCV 归入黄病毒科的丙型肝炎病毒属。HCV 是一种具有脂质外壳的 RNA 病毒,易变异,不易被机体清除,对热、紫外线及有机溶剂敏感,100℃、5 分钟,60℃、10 小时或高压蒸汽和紫外线等可使其灭活。HCV Ag 在血清中含量很低,不易检出。抗 HCV 是 HCV 感染的标志,不是保护性抗体。

(二) 流行病学特征

1. 传染源

急、慢性患者和无症状病毒携带者是丙型肝炎的主要传染源。

2. 传播途径

与乙型肝炎类似。主要包括血液、体液传播、性传播和母婴传播。

3. 易感人群

人群普遍易感,抗 HCV 不是保护性抗体,感染后无保护性免疫。高危人群为反复大量输血或血制品者、接受可疑 HCV 感染者器官的移植患者、静脉药瘾者、血友病患者、血液透析者及 HIV 感染者等。

4. 流行特征

据 WHO 估计,2015 年全球慢性丙型肝炎患者数量为 7 100 万人,占全球人口的 1%,每年新感染丙肝病毒的人数超过 175 万人。不同国家、地区流行率存在较大差异。

（三）临床表现

丙肝的潜伏期为 2~26 周，平均为 50 天。其临床症状一般较轻，隐形感染及无症状慢性丙型肝炎多见。40%~75% 的急性丙肝患者无症状；慢性丙肝临床表现视病情轻重而定，可进展为肝硬化和肝癌。

1. 急性丙型肝炎

多数患者无明显症状，表现为隐匿性感染。若有症状则以全身乏力为最主要表现。

2. 慢性丙型肝炎

大多数慢性丙型肝炎患者无症状或有非特异性症状，通常是隐匿性的，进展缓慢。

（四）诊断与治疗

1. 诊断

结合流行病学资料、临床症状、体征和实验室检查等综合分析，慢性丙型肝炎诊断依据为抗 HCV IgM 和（或）IgG 阳性，HCV RNA 阳性。

2. 治疗

除一般治疗外，抗病毒治疗是唯一有效的治疗，目前的口服抗病毒药物可以达到 95% 的病毒清除率。

（五）预防措施

1. 控制传染源

急性患者应进行隔离治疗至病毒消失。慢性患者及无症状患者需向当地疾控中心报告。严禁急、慢性患者及无症状 HCV 感染者献血及从事食品加工和保育工作。

2. 切断传播途径

主要是防止通过血液和体液传播。包括加强血液及血制品管理、防止医源性传播（使用一次性注射器、严格消毒、医疗器械一人一用一消毒）及预防性接触传播等。

3. 保护易感人群

目前尚无有效的预防 HCV 感染的免疫球蛋白制剂，HCV 疫苗也仍在研发中。

第五节 麻 疹

麻疹(measles)是由麻疹病毒引起的急性呼吸道传染病,是我国法定乙类传染病。其临床表现主要为发热、咳嗽、流涕、眼结膜炎、皮肤出现红色斑丘疹和口腔黏膜上有麻疹黏膜斑。极易在人群中传染,好发于儿童,冬春季较多见,病后有持久免疫力。我国自普种麻疹疫苗后发病率显著下降。

一、病原学

麻疹的病原体是麻疹病毒(measles virus)。麻疹病毒属副黏液病毒科,直径约150～200 mm,外有脂蛋白包膜,为单股负链RNA病毒,只有一个血清型。病毒包膜含有的血凝素、融合蛋白和基质蛋白,是主要的致病物质。对外抵抗力较弱,对高温、紫外线及一般消毒剂敏感,56℃、30分钟即可灭活。室温下可存活数天,-70℃可存活数年。

二、流行病学特征

(一) 传染源

人类是麻疹病毒的唯一宿主,因此麻疹患者是唯一的传染源。感染病毒后发病前2天至出疹后5天内均有传染性。前驱期传染性最强,出疹后逐渐减弱,疹退后无传染性。恢复期不带毒。

(二) 传播途径

主要经呼吸道飞沫传播,接触传播较少见。

(三) 易感人群

人群普遍易感。易感者感染后90%以上发病,病后获得持久的免疫力。6个月至5岁婴幼儿发病率最高。6个月内的婴儿体内有来自母体的抗体而少患病。

(四)流行病学特征

在疫苗被推广应用之前,全球每年有 700 万~800 万儿童死于麻疹。1963 年,首支麻疹疫苗问世之后,麻疹的发病率急剧下降。根据 WHO 官网的数据,2000—2018 年,全球麻疹的死亡人数从 54.5 万人降至 14 万人,下降了 73%,流行的形式主要是散发病例。1978 年,我国将麻疹疫苗纳入国家扩大免疫规划,发病率很快下降了下来。1998 年,我国又提出加速控制麻疹规划,现在全国每年的发病率在 10/10 万左右波动,主要是没有接种过疫苗的成人和接种疫苗前的儿童。麻疹全年均可发病,但以冬春季多见。

三、临床表现

麻疹潜伏期为 6~21 天,平均 10 天左右。接受过主动或被动免疫的可延长至 3~4 周。

(一)典型麻疹

1. 前驱期

从发热到出现皮疹为前驱期,一般持续 3~5 天。主要表现为急性起病,发热、咳嗽、流涕、眼结膜充血等呼吸道卡他症状和眼结膜炎。发病 2~3 天后,90% 以上的患者口腔可出现麻疹黏膜斑(科氏斑),是麻疹前驱期的特征性体征,具有诊断意义。科氏斑通常位于双侧第二磨牙对面的颊黏膜上,为 0.5~1 mm 针尖大小的白色点状突起,周围有红晕,初起时仅数个,1~2 天内增多融合,可扩散至整个颊黏膜,形成表浅的糜烂,似鹅口疮,一般 2~3 天内消失。

2. 出疹期

从病程的第 3~5 天起,耳后、发际出现皮疹,然后前额、面部、颈部,自上而下逐渐蔓延至胸、腹、背及四肢,最后达手掌和足底。皮疹初为淡红色斑丘疹,大小不等,直径 2~5 mm,压之褪色,疹间皮肤正常。之后皮疹可融合成片,颜色转暗,部分可出现出血性皮疹,压之不褪色。出疹至全身时,体温可达 40℃,可有精神萎靡、嗜睡、烦躁不安、抽搐等症状,常伴有全身淋巴结及肝、脾轻度肿大,肺部可闻及干、湿啰音,重者可出现心力衰竭。病程一般持续 3~5 天。

3. 恢复期

出疹 3~4 天后,体温下降,呼吸道症状减轻,皮疹按出疹顺序开始消退,疹退后,皮肤留有糠麸状脱屑及棕色色素沉着,1～2周后消失。在无合并症发生的情况下,食欲、精神等其他症状也随之好转。如皮疹消退或脱屑时仍持续发热,应疑有并发症发生。

(二) 非典型麻疹

由于感染者的年龄差异、机体免疫状态差异、麻疹病毒数量、毒力强弱差异等因素,临床上可出现非典型麻疹。

1. 轻型麻疹

临床症状较轻,主要表现为一过性发热,轻度卡他症状,可无麻疹黏膜斑,皮疹稀疏、色淡、消失快,退疹后无色素沉着或脱屑,无并发症。多见于有部分免疫力者,病程1周左右。

2. 重型麻疹

多见于全身状况差和免疫力低下人群或继发感染严重者,病死率高。患者全身中毒症状重,高热,伴有气促、发绀、心率快,甚至昏迷。部分患者会出现循环衰竭,血压下降,重者休克。也有部分患者皮疹为出血性,同时可有内脏出血。还有部分患者的皮疹呈疱疹样,融合成大疱,同时体温高且感染中毒症状重。

3. 异型麻疹

主要在接种麻疹疫苗4～6年后,再次接触麻疹患者时出现。表现为高热、头痛、肌肉痛、腹痛,卡他症状不明显,无麻疹黏膜斑,病后2～3天出现皮疹,从四肢远端开始,逐渐扩散到躯干。皮疹为多形性,常伴有四肢水肿,肝、脾均可肿大。一般病情较重,但多为自限性,且认为异型麻疹无传染性。恢复期检测到麻疹血凝抑制抗体呈高滴度是重要的诊断依据,但麻疹病毒分离为阴性。

四、诊断与治疗

(一) 诊断

结合当地麻疹流行情况及接触史等流行病学资料、典型麻疹临床症状(如发热、上呼吸道卡他症状、结膜充血、口腔黏膜斑和典型皮疹等)和实验室检查等综合分析,即可诊断典型麻疹。非典型麻疹难以确诊,多依赖于实验室检查。

(二)鉴别诊断

麻疹要与其他出诊性疾病鉴别,如风疹、幼儿急疹、猩红热、药物疹等(表7-1)。

表7-1 麻疹与其他出疹性疾病的鉴别

疾病名称	结膜炎	咽痛	麻疹黏膜斑	出诊时间	皮疹特征
麻疹	+	+	+	发热3~4天	红色斑丘疹由耳后开始
风疹	±	±	—	发热1~2天	淡红色斑丘疹,由面部开始
幼儿急疹	—			热骤降后出诊	散在,玫瑰色,多位于躯干
猩红热	±	+	—	发热1~2天	全身出现针尖大小红色丘疹,疹间皮肤充血
药物疹				用药后出诊	多形性,停药后疹退

(三)治疗

麻疹为自限性疾病,目前对麻疹病毒尚无特效药物,主要是对症治疗,加强护理,预防和治疗并发症。麻疹流行时,可以给儿童吃高剂量的维生素 A(400 000 IU,IU 是药品含量单位),能明显降低麻疹患者病死率,但不能防止发病。

五、预防

预防麻疹的关键措施是麻疹疫苗接种。

(一)管理传染源

对麻疹患者应做到早诊断、早报告、早隔离、早治疗,患者一般应隔离至出疹后5天,伴呼吸道并发症的应延长隔离至出疹后10天。易感接触者的检疫期为3周,并使用被动免疫制剂。麻疹流行时,儿童托幼机构应加强晨检,及时发现患儿。

(二)切断传播途径

在麻疹流行时,应避免去公共场所或人多拥挤处,出入应戴好口罩;室内加强开窗通风等。

(三)保护易感人群

疫苗接种是保护易感人群最好的方法。接种对象主要为婴幼儿,但未患过麻疹的儿童和成人均可接种麻疹减毒活疫苗。目前发达国家初种麻疹疫苗的年龄大多定在 15 个月,而发展中国家仍常有麻疹流行,初种年龄为 8 个月。第一次皮下注射 0.2 mL,儿童和成人剂量相同。体弱、妊娠女性及年幼的易感者接触麻疹患者后,应立即采用被动免疫。在接触患者 5 天内注射人血免疫球蛋白,可预防发病。若 5 天后注射,则只能减轻症状,免疫有效期为 3~8 周。

第六节 狂 犬 病

一、概述

狂犬病(rabies)是由狂犬病病毒侵犯中枢神经系统引起的急性传染病,是一种人畜共患疾病。多见于犬、狼、猫等肉食动物,动物通过互相间的撕咬而传播病毒,人多因被病兽咬伤而感染。我国的狂犬病主要由犬传播。全球目前有 150 多个国家和地区存在狂犬病,每年会有 5.9 万人死于狂犬病,多数发生在亚洲和非洲。我国是受狂犬病危害最为严重的国家之一,狂犬病被列为乙类传染病,这充分说明了狂犬病对人类的危害。临床表现有狂躁型和麻痹型,狂躁型症状为特有的恐水、怕风、咽肌痉挛、进行性瘫痪等,因恐水症状比较明显,故本病又名恐水症。狂犬病一旦发病,几乎没有治愈的方法,因此预防和及时处理是至关重要的。法国学者巴斯德在 1885 年发明了狂犬病减毒活疫苗并应用于该病的预防。

二、病原学

狂犬病病毒的形态酷似子弹,属弹状病毒科,病毒中心为单股负链 RNA,外绕以核心壳和含脂蛋白及糖蛋白的包膜。目前已明确狂犬病毒的蛋白质是由 5 个主要蛋白和 2 个微小蛋白构成。5 个主要蛋白是结构蛋白,其中,转录酶大蛋白具有合成病毒 RNA 所必需的 RNA 转录酶的全部活性;糖蛋白是病毒表面棘突的成分,有凝集细胞的能力,能与乙酰胆碱受体结合,决定了狂犬病毒的嗜神经性,能刺激机体产生中和抗体和诱导细胞免疫;核蛋白构成核酸的衣壳,是病毒颗粒的最主要成分之一,它不仅可保护基因组 RNA 免受核酸酶降解,也是狂犬病病毒重要的抗原成分,但不能刺激机体产生中和抗体;衣壳基质蛋白即磷蛋白,也称 NS 蛋白,它位于病毒核心壳与包膜之间,与核酸衣壳一起,是狂犬病毒属群特异性抗原;包膜基质蛋白构成狂犬病毒包膜的重要成分。2 个微小蛋白是非结构蛋白。

病毒易为紫外线、苯扎溴铵(新洁尔灭)、碘酒、高锰酸钾、乙醇、甲醛等灭活,加热 100℃,2 分钟可灭活。病毒可接种于鸡胚、鼠脑等,也可在地鼠肾细胞、人二倍体细胞培养中增殖、传代。从患者或患病动物直接分离得到的病毒称为野毒株或街毒株(street virus),致病力强,能在唾液腺中繁殖。街毒株在动物脑内传代 50 代后其毒力减弱,对人和犬失去致病力,但仍然保持其免疫原性,可供制备疫苗,称为固定毒株。

三、流行病学

(一) 传染源

在我国,病犬是狂犬病的主要传染源,由其传播者约占 80%~90%,其次是猫、猪及牛、马等家畜和野狼等温血动物。在一些国家,因按法规养犬,必须以疫苗免疫,故其作为传染源的重要性明显下降。许多食肉野生动物如狐、獾、浣熊、臭鼬等引起的人狂犬病不断发生,故其流行病学意义应予重视。在南美洲还有带病毒的吸血蝙蝠,是当地的重要传染源。

(二) 传播途径

病毒主要通过咬伤传播,也可由带病毒犬的唾液经各种伤口和抓伤、舔伤的黏膜和皮肤而入侵。此外,还可通过宰杀病犬、剥皮等过程被感染。偶因吸入蝙蝠群居洞穴中含病毒气溶胶而经呼吸道感染。国外亦有因角膜移植,将供体的狂犬病毒传染给受体而引起发病的报道。

(三) 人群易感性

人对狂犬病病毒普遍易感,兽医、野生动物捕捉与饲养者尤易遭受感染。该病全年均可发生,多发季节各地不同,冬季发病较少。患者男多于女,以农村青少年居多,与其接触动物的机会较多有关。人被狂犬咬伤后不一定发病,发病与否和下列因素有关:① 咬伤部位。头、面、颈、手等咬伤后,发病机会较多,未做预防接种的头面部伤口深者发病率为80%左右。② 咬伤程度。创口大而深者,感染发病机会多。③ 咬伤后伤口局部处理情况。未做处理者,或未及时、全程、定量注射狂犬疫苗,发病机会多。④ 被咬伤者有免疫功能低下或免疫缺陷者。

四、发病机制

狂犬病毒对神经组织有强大的亲和力,自皮肤或黏膜破损处入侵人体后,主要通过神经逆行性向中枢传播,一般不入血。其发病过程可分为下列三个阶段。

(一) 组织内病毒小量增殖期

病毒进入人体后首先感染横纹肌细胞,于伤口附近横纹肌细胞内小量增殖,通过和神经肌肉接头的乙酰胆碱受体结合,再侵入近处的末梢神经。

(二) 侵入中枢神经期

而后病毒沿周围神经的轴索向心性扩散,到达脊髓的背根神经节后,病毒在其内大量繁殖,然后侵入脊髓和整个中枢神经系统,主要侵犯脑干和小脑等处的神经元。

(三) 向各器官扩散期

病毒自中枢神经系统向周围神经离心性扩散,侵入各组织和器官,其中以唾液腺、舌部味蕾、嗅神经上皮等处病毒含量最多。由于迷走神经核、舌咽神经核和舌下神经核受损,临床上可出现恐水、呼吸困难、吞咽困难等症状。本病特征性改变是神经细胞浆内的嗜酸性包涵体,亦称内基小体。基质含有病毒衣壳蛋白和病毒体,在内基小体中,病毒体数量更多,排列更密集。内基小体具有诊断意义。

五、临床表现

潜伏期长短不一,大多在1~3个月内发病,极少数患者的潜伏期,短至2

局,长至 1 年以上。狂犬病潜伏期无任何征兆,该时期目前尚无可靠的诊断办法。典型病例临床经过为以下三期:

(一) 前驱期

狂犬病患者的发作,通常以低热、头痛、食欲不振,少数有呕吐、恶心、全身不适等不典型症状开始,对痛、声、光、风等刺激开始敏感,并有咽喉紧缩感。具有重大诊断意义的早期症候是已愈合的伤口部位及其神经支配区有麻木、发痒、刺痛或虫爬、蚁走等感觉异常,发生于 50%～80% 的病例,可能是由于病毒在背根神经节复制或导致神经节神经炎所致。此时期还可能出现无端的恐惧、焦虑、激动、易怒、神经过敏、失眠或抑郁等症状。本期一般持续 2～10 天,通常 2～4 天。

(二) 兴奋期

患者出现典型的狂犬病临床症状,一般持续 1～3 天。有两种表现,即狂躁型与麻痹型。

狂躁型患者表现为明显的神经系统体征,包括机能亢进、定向力障碍、幻觉、痉挛发作、行为古怪、颈项强直等。其突出表现为极度恐惧、恐水、怕风、发作性咽肌痉挛、呼吸困难、排尿排便困难及多汗流涎等。恐水、怕风是本病的特殊典型症状,典型患者见水、闻流水声、饮水或仅提及饮水时,均可引起严重的咽肌痉挛。患者虽渴极而不敢饮,即使饮后也无法下咽,常伴声嘶及脱水。但这种典型症状并非每例都会出现。亮光、噪声、触动或气流也可能引发痉挛,严重发作时尚可出现全身疼痛性抽搐。由于常有呼吸肌痉挛,故可导致呼吸困难及发绀。由于交感神经兴奋,患者大汗、流涎、体温升高、心率快、瞳孔扩大,但多神志清晰,少数病人可出现精神失常、幻视、幻听等。

麻痹型患者尚有无兴奋期和恐水表现,但有无痛、呕吐、发热、共济失调和腱反射消失等脊髓炎或上行性麻痹的症状,最终因瘫痪而死亡,这类患者属脊髓或延髓受损为主的麻痹型狂犬病。

(三) 麻痹期

痉挛停止,有时尚可勉强饮水吞食,患者由安静进入昏迷状态。最后因呼吸、循环衰竭而死亡。本期持续仅 6～18 小时。

六、实验室检查

(一) 一般检查

1. 血常规

周围血白细胞总数轻至中度增多,可达$(12\sim30)\times10^9/L$不等,中性粒细胞一般占80%以上。

2. 尿常规

检查可发现轻度蛋白尿,偶有透明管型。

3. 脑脊液检查

脑脊液压力可稍增高,细胞数稍微增多,一般不超过$200\times10^6/L$,主要为淋巴细胞,蛋白质增高,可达2.0 g/L以上,葡萄糖及氯化物正常。

(二) 病原学检查

1. 病毒分离

唾液及脑脊液常用来分离病毒,唾液的分离率较高。

2. 内基小体检查

标本接种于小鼠后取脑组织做免疫荧光试验检测病原体,做病理切片检查内基小体。

3. 抗原检查

应用荧光抗体检查脑组织涂片、角膜印片、冷冻皮肤切片中找病毒抗原,发病前可获得阳性结果,方法简便,数小时内可完成。

(三) 血清学检查

血清中和抗体或荧光抗体测定,对未注射过疫苗、抗狂犬病血清或免疫球蛋白者有诊断价值。近年来亦有采用ELISA进行抗体检测。WHO推荐用快速荧光焦点抑制试验(Rapid Fluorescentocus Inhibition Test,RFFIT)检查血清或脑脊液中和抗体,快速、特异、敏感。用于检测早期的IgM,病后8天,50%血清为阳性,15天时全部阳性。血清中和抗体于病后6天测得,细胞疫苗注射后,中和抗体效价可达数千,接种疫苗后不超过1∶1 000,而患者可达1∶10 000以上。

（四）核酸检测

用反转录聚合酶链反应(RT-PCR)检查狂犬病毒 RNA，唾液、脑脊液或颈后带毛囊的皮肤组织标本检查的阳性率较高。

七、鉴别诊断

本病需与破伤风、病毒性脑膜脑炎、脊髓灰质炎、类狂犬病性癔症等鉴别。

（一）破伤风

破伤风的早期症状是牙关紧闭，以后出现苦笑面容及角弓反张，但不恐水。破伤风受累的肌群在痉挛的间歇期仍保持较高的肌张力，而狂犬病患者的这些肌群在间歇期却是完全松弛的。

（二）病毒性脑膜脑炎

有明显的颅内高压和脑膜刺激征，神志改变明显，脑脊液检查有助于鉴别，可能显示病毒抗体或病毒核酸阳性。

（三）脊髓灰质炎

麻痹型脊髓灰质炎易与麻痹型狂犬病混淆。此病呈双向热型起病，双侧肢体出现不对称弛缓性瘫痪，无恐水症状，肌痛较明显。

（四）类狂犬病性癔症

由于狂犬病是一种非常恐怖的疾病，一些癔病患者在暴露后想象自己患有此病。表现为被动物咬伤后不定时出现喉紧缩感，饮水困难且兴奋，但无怕风、流涎、发热和瘫痪。通过暗示、说服、对症治疗后，患者的病情不再发展。

八、临床诊断

有被狂犬或病畜咬伤或抓伤史，出现典型症状，如恐水、怕风、怕光、多汗、流涎及伤口出现麻木、感觉异常，即可作出临床诊断。确诊有赖于检查病毒抗原、病毒核酸或尸检脑组织内基小体。

九、治疗

患者常在出现症状后 3~10 天内死亡,一旦发病,病死率几乎达 100%,无有效治疗方法。目前,治疗以单间隔离患者、对症支持治疗等综合治疗为主。

(一) 单室隔离病人

疑似或确诊的狂犬病患者应立即被隔离,以防止病毒传播给其他人。安静卧床休息,减少风、光、声等刺激。患者的分泌物、排泄物及其污染物,均须严格消毒。

(二) 对症支持治疗

积极做好对症处理,防治各种并发症。包括有恐水现象者应禁食禁饮,给氧,纠正代谢紊乱、维持水电解质平衡、控制抽搐和疼痛等。有脑水肿时用脱水剂。有心动过速、心律失常者,用 β-受体阻滞剂或强心剂。对呼吸衰竭者可用人工呼吸机,必要时应作气管切开。胃肠出血者输血、补液。高热者用冷褥,体温过低者予热毯,血容量过低或过高者,应及时予以调整。

十、预防

狂犬病最终死亡不可避免,故预防尤其重要,应以预防动物传染源的发生为主。

(一) 管理传染源

加强动物管理,家犬应进行登记和疫苗接种,对发现的野犬、狂犬要立即捕杀,避免流浪动物无控制地繁殖。对疑似狂犬者,应设法捕获,并隔离观察 10 天,如不死亡,则非狂犬;如出现症状或死亡,应取脑组织检查,并做好消毒、深埋或焚烧,切不可剥皮或食用。

(二) 及时处理伤口

一旦被狂犬病动物咬伤后,立即给予适当处理。尽快用 20% 肥皂水或 0.1% 苯扎溴铵(新洁尔灭)反复冲洗伤口至少 30 分钟,力求去除狗涎,挤出污血。如果是穿通伤口,应用插管插入伤口内,以肥皂水持续灌注清洗,冲洗后用 75% 的乙醇或 2%的碘酒反复消毒伤口，以清除和杀死病毒。除非伤口大血管需紧急止血外，即使伤口深大，也不应缝合、包扎。切忌用嘴吮吸伤口，以防口腔黏膜感染。严重咬伤及伤口靠近头部的病人，用抗狂犬病免疫血清或免疫球蛋白在伤口及周围作浸润注射。此外，需要防止细菌感染，伤口深时还要使用破伤风抗毒素。

（三）预防接种

狂犬病疫苗是预防狂犬病的主要手段，包括主动免疫和被动免疫。人一旦被咬伤，疫苗注射至关重要，严重者还需注射抗狂犬病血清。

狂犬病暴露分三个等级：Ⅰ级暴露、Ⅱ级暴露和Ⅲ级暴露。Ⅰ级暴露：完好的皮肤接触动物及其分泌物或排泄物，属Ⅰ级暴露，无风险，无须暴露后处置，但接触部位需认真清洗。Ⅱ级暴露：无明显出血的咬伤、抓伤及无明显出血的伤口或已闭合但未完全愈合的伤口接触动物及其分泌物或排泄物，属于Ⅱ级暴露，要进行伤口处置及疫苗接种。Ⅲ级暴露：包括穿透性的皮肤咬伤或抓伤，临床表现为明显出血；尚未闭合的伤口或黏膜接触动物及其分泌物或排泄物；暴露于蝙蝠。需要进行伤口处置、疫苗接种及根据情况使用被动免疫制剂，注射抗狂犬病血清。

分辨Ⅰ级或Ⅱ级伤口可采用酒精擦拭，无疼痛属于Ⅰ级暴露，有疼痛属于Ⅱ级暴露。分辨Ⅱ级或Ⅲ级暴露可通过当时是否有明显出血，伤口无出血、少量渗血及挤压后渗血属于Ⅱ级暴露，明显出血或皮肤全层破裂属于Ⅲ级暴露。

1. 主动免疫

疫苗接种可用于暴露后预防，也可用于暴露前预防。暴露后预防适用于Ⅱ级和Ⅲ级暴露者。程序有 5 针法程序、"2-1-1"程序。暴露后免疫接种：5 针法程序是第 0、3、7、14 和 28 天各接种 1 剂，共接种 5 剂，成人和儿童剂量相同；"2-1-1"程序是第 0 天接种 2 剂（左、右上臂各接种 1 剂），第 7 天和第 21 天各接种 1 剂，共接种 4 剂（此程序只适用于我国已批准，可以使用"2-1-1"程序的狂犬病疫苗产品）。暴露前预防适用于兽医、动物管理人员、猎手、野外工作者及可能接触狂犬病毒的医务人员，均应做预防接种，可按 0、7、28 天注射 3 针，一年后加强一次，然后每隔 1～3 年再加强一次。

2. 被动免疫

须接受被动免疫制剂的情况：首次暴露的Ⅲ级暴露者；患有严重免疫缺陷及长期大量使用免疫抑制剂的Ⅱ级暴露者；首次暴露未使用被动免疫制剂，7 天内发生再次暴露的Ⅲ级暴露者；干细胞移植后的Ⅱ级暴露者及Ⅲ级暴露者。创伤深广、严重或发生在头、面、颈、手等处,同时咬人动物确有患狂犬病的可能性,则应立即伤口周围行局部浸润注射抗狂犬病血清,该血清含有高效价抗狂犬病免疫球蛋白,可直接中和狂犬病病毒,应及早应用,伤后即用,伤后1周再用几乎无效。

第七节 水 痘

一、概述

水痘(varicella,chickenpox)是由水痘-带状疱疹病毒引起的急性传染病,传染性极强,但结痂后无传染性。它主要在儿童和青少年中流行,但也可感染成人。临床特点为全身症状轻微,皮肤黏膜分批出现向心性分布的红色斑丘疹、疱疹和痂疹,而且各期皮疹同时存在。该病为自限性疾病,病后可获得终身免疫,也可在多年后感染复发而出现带状疱疹。尽管大多数患者能够在几周内康复,但对某些人群,如孕妇、免疫系统受损的个体和新生儿,水痘可能导致严重并发症。

二、病原学

水痘-带状疱疹病毒属疱疹病毒科,仅有一个血清型,核心为双链 DNA,直径为 150~200 nm。病毒外是 20 面体核衣壳,衣壳表面有一层含有糖蛋白凸起的脂蛋白包膜,内含补体结合抗原,不含血凝素或溶血素。病毒含有 DNA 聚合酶和胸腺嘧啶激酶,前者为合成 DNA 所必需的酶,系疱疹病毒属共有,后者仅存在于单纯疱疹病毒和水痘-带状疱疹病毒。一般认为不能产生胸腺嘧啶激酶的病毒不能造成潜伏感染,即感染后不能引起带状疱疹。多个受病毒感染的细胞可融合形成多核巨细胞,细胞核内出现嗜酸性包涵体。病毒对外界抵抗力弱,不耐温,不耐酸,不能在痂皮中存活,能被乙醚灭活。人是自然界唯一的宿主。

三、流行病学

(一) 传染源

水痘患者是唯一传染源。自出疹前1~2天至皮疹完全结痂为止,均有传染性。易感儿童接触带状疱疹患者后,也可发生水痘。

(二)传播途径

主要通过呼吸道飞沫和直接接触传播,也可通过接触被污染的用具传播。

(三)人群易感性

任何年龄均可感染,人群对水痘普遍易感。易感儿童接触水痘患者后90%发病,6个月以下的婴儿由于获得母体抗体较少发病。孕妇患水痘时,胎儿可被感染,故新生儿亦可患病。病后可获持久免疫,但以后可发生带状疱疹。本病一年四季均可发生,但以冬春季为高。

四、发病机制

病毒经上呼吸道侵入人体后,先在呼吸道黏膜细胞中增殖,2～3天后进入血液和淋巴液,形成病毒血症,并在单核-巨噬细胞系统内增殖后再次入血,引起第二次病毒血症,并向全身扩散,引起各器官病变。主要损害部位在皮肤,偶尔累及内脏。皮疹分批出现的时间与间隙性病毒血症的发生相一致。皮疹出现1～4天后,出现特异性免疫反应,产生抗体,病毒血症消失,症状随之缓解。

水痘的皮肤病变主要在表皮棘细胞层,细胞呈气球样变、肿胀,组织液渗入形成水痘疱疹,内含大量病毒。水痘疱疹以单房为主,周边和基底部可见胞核分裂的多核巨细胞,内含嗜酸性包涵体。水疱液开始时透明,后上皮细胞脱落及炎性细胞浸润,疱内液体变浊并减少。最后上皮细胞再生,结痂脱落。皮肤损害表浅,脱痂后不留瘢痕。黏膜疱疹易形成溃疡,亦易愈合。小儿初次感染水痘-带状疱疹病毒时,临床表现为水痘,愈后可获免疫力。部分病毒沿神经纤维进入感觉神经节,呈慢性潜伏性感染。机体免疫力下降时病毒被激活,导致神经节炎,并沿神经下行至相应的皮肤节段,造成簇状疱疹及神经痛,称为带状疱疹。免疫功能正常的患者,可有部分内脏器官的轻微受累,如血清丙氨酸转氨酶(ALT)升高等。免疫功能缺陷者则可出现播散性水痘,病变波及呼吸道、食管、胃、肺、肝、脾、胰、肾上腺和肠道等,受累器官可有局灶性坏死、炎症细胞浸润,可查见含嗜酸性包涵体的多核巨细胞。并发脑炎者,表现为血管周围的脱髓鞘改变,可有脑水肿、充血和点状出血等。

五、临床表现

潜伏期为 10～21 天,以 14～16 天为多见。典型水痘可分为两期。

(一) 前驱期

大龄儿童和成人可有畏寒、低热、头痛、乏力、咽痛、咳嗽、恶心、食欲减退等,持续 1～2 天后出现皮疹。婴幼儿常无症状或症状轻微,可有低热、烦躁易激惹或拒乳,皮疹和全身表现常常同时出现,而无前驱期症状。

(二) 出疹期

皮疹首先见于躯干和头部,以后延及面部及四肢。初为红斑疹,数小时后变为丘疹,再数小时左右发展为疱疹。疱疹为单房性,多为椭圆形,直径 3～5 mm,周围有红晕,疱疹壁薄易破,疹液透明,后变混浊,疱疹处常伴瘙痒。1～2 天后疱疹从中心开始干枯、结痂,红晕消失。1 周左右痂皮脱落愈合,一般不留瘢痕。痂才脱落时留有浅粉色凹陷,而后成为白色。如有继发感染,则成脓疱,结痂、脱痂时间将延长。水痘皮疹为向心性分布,主要位于躯干,次为头面部,四肢相对较少,手掌、足底更少。部分患者可在口腔、咽喉、眼结膜和外阴等黏膜处发生疱疹,破裂后形成溃疡。水痘皮疹是分批出现,故病程中可见各期皮疹同时呈现。水痘多为自限性疾病,10 天左右自愈。

儿童患者症状和皮疹均较轻;成人患者症状较重,易并发水痘肺炎。有免疫功能缺损者,易出现播散性水痘。妊娠期感染水痘,可致胎儿畸形、早产或死胎。产前数日内患水痘,可发生新生儿水痘,病情常较危重。可有疱疹内出血的出血型水痘,病情极严重,全身症状重,皮肤、黏膜有瘀点、瘀斑和内脏出血等,系因血小板减少或弥散性血管内出血(DIC)所致。还可有大疱型水痘,疱疹融合成为大疱。因继发细菌感染所致的坏疽型水痘,皮肤大片坏死,可因败血症死亡。

六、并发症

(一) 继发性细菌感染

如化脓性感染、丹毒、蜂窝织炎、败血症等。近年来美国报道水痘患儿并发甲组链球菌感染,多发生于出水痘的第 3~6 天时,可表现为局部红肿的蜂窝组织炎,或者链球菌中毒性休克样综合征,均病情危重,病死率较高,需特别注意及时采取防治的措施。

(二) 肺炎

原发性水痘肺炎多见于成人患者或免疫缺损者。轻者可无临床表现,仅 X 线检查有肺部浸润;重者有咳嗽、咯血、胸痛、呼吸困难、发绀等。严重者可致命,可于 24~48 小时内死于急性呼吸衰竭,尤其在妊娠中后期感染危险性更大。体征不明显。肺炎症状多见于出疹后 2~6 天,亦可见于出疹前或出疹后 10 天。诊断主要依靠 X 线检查,凭 X 线诊断,可持续 6~12 周。成人水痘中有约 16% 并发水痘肺炎,而有肺炎症状者只占 4%。继发性肺炎为继发细菌感染所致,多见于小儿。

(三) 脑炎

发生率低于 1‰,多发生于出疹后 1 周左右,病情轻重不一,临床表现和脑脊液改变与一般病毒性脑炎相仿,病死率为 5%~25%。呈现小脑症状者如共济失调、眼球震颤、颤抖等较出现惊厥及昏迷等脑症状者预后为好。可遗留神经系统后遗症,如癫痫、智力减退或行为异常等。其他少见的神经系统并发症有"格-巴"综合征、横断性脊髓炎、周围神经炎、视神经炎等。

(四) 肝炎

可有 ALT 升高,少数可出现脑病-肝脂肪变综合征(Reye 综合征)。由于阿司匹林也被认为与 Reye 综合征有关,因此国外认为水痘感染时最好禁用阿司匹林退热。

七、实验室检查

(一) 血象

血白细胞总数正常或稍增高,淋巴细胞百分比可能升高。

(二) 疱疹刮片

刮取新鲜疱疹基底组织涂片,用瑞特或吉姆萨染色可发现多核巨细胞,用苏木素-伊红染色可查见核内包涵体。但灵敏度低于PCR,并且周转时间长(1~2周)。

(三) 血清学检查

血清学检测可以检测人体对水痘病毒的免疫反应,包括病毒特异性抗体的产生。常用酶联免疫吸附法(ELISA)、补体结合试验等检测特异性抗体。通过检测患者血清中的病毒特异性IgM和IgG抗体,可以确定是否为水痘感染或免疫状态。IgM抗体的阳性结果表明近期感染,而IgG抗体的阳性结果则表示先前感染或免疫。补体结合抗体于病人出疹后1~4天出现,2~6周达高峰,6~12个月后逐渐下降。血清学抗体检查有可能发生与单纯疱疹病毒抗体的交叉反应。

(四) 病原学检查

1. 病毒分离

取病程3~4天疱疹液种于人胚成纤维细胞,分离出病毒后可作进一步鉴定。

2. 抗原检查

对病变皮肤刮取物,用免疫荧光法(IFA)检查病毒抗原,敏感、快速,并容易与单纯疱疹病毒感染相鉴别。

3. 核酸检测

用聚合酶链反应(PCR)检测患者呼吸道上皮细胞和外周血白细胞中的病毒DNA,系敏感、快速的早期诊断方法。

八、鉴别诊断

(一) 带状疱疹

成人多见,疱疹常沿一定的神经干路呈带状分布,不对称,不超过躯干的中线,局部灼痛明显。

(二) 脓疱疹

常发于鼻唇周围或四肢暴露部位,初为疱疹,继成脓疱,最后结痂,无分批出现,不见于黏膜处,无全身症状。

(三)丘疹样荨麻疹

系皮肤过敏性疾病,婴幼儿多见,四肢、躯干皮肤分批出现红色丘疹,中心有针尖或粟粒大小的丘疱疹或水疱,扪之较硬,甚痒。周围无红晕,不累及头部或口腔,不结痂。

(四)疱疹性湿疹(Kaposi 水痘样皮疹)

当湿疹兼患单纯疱疹感染,临床表现多急起、高热、虚脱及水痘样皮疹,常呈暴发性病程,病死率高,皮肤受累面积广,体液大量丢失,导致水电解质紊乱、休克或继发性感染而死亡。这类播散性的单纯疱疹病毒感染常继发于异位皮炎或湿疹等皮肤病,确诊需依赖病毒分离结果。

九、临床诊断

典型水痘诊断多无困难,非典型病人须根据疱疹刮片、抗原检查、核酸检测等实验室检查进行确诊。

十、治疗

治疗水痘的目标是缓解症状、预防并发症,并减少疾病传播。

(一)一般治疗和对症治疗

患者应早期隔离,直到全部皮疹结痂为止。发热期卧床休息,给予易消化食物和注意补充水分。加强护理,保持皮肤清洁,避免搔抓疱疹处以免导致继发感染。皮肤瘙痒者可用炉甘石洗剂涂擦,疱疹破裂后可涂龙胆紫或抗生素软膏。

(二)抗病毒治疗

对于症状较重或高风险人群的患者,如成人、孕妇和免疫功能低下的患者,早期应用阿昔洛韦(acyclovir)已证明有一定疗效,是治疗水痘-带状疱疹病毒感染的首选抗病毒药物,可以减轻症状、缩短疾病持续时间并预防并发症的发生。

每天 600～800 mg，分次口服，疗程 10 天。如皮疹出现 24 小时内进行治疗，则能控制皮疹发展，加速病情恢复。此外，阿糖腺苷和干扰素也可试用。

(三) 防治并发症

继发细菌感染时应及早选用抗生素。脑炎出现脑水肿者应采取脱水治疗。水痘不宜使用肾上腺皮质激素。

十一、预防

患者应予呼吸道隔离至全部疱疹结痂，其污染物、用具可用煮沸或日晒等消毒。在集体机构中，对接触病人的易感者应留验 3 周(可自接触后第 11 天起观察)。对于免疫功能低下者、使用免疫抑制剂治疗者、孕妇等，如有接触史，可用丙种球蛋白 0.4～0.6 mL/kg，或带状疱疹免疫球蛋白 0.1 mL/kg，肌内注射，以减轻病情。水痘疫苗是预防水痘的主要措施。大学生如果没有患过水痘或未接种过水痘疫苗，应该考虑接种疫苗以预防疾病的发生。保持良好的个人卫生习惯，如勤洗手、避免与患者共用个人物品等，可以减少水痘的传播风险。

十二、预后

预后一般良好，痂脱落后大都无瘢痕，但在痘疹深入皮层以及有继发感染者，可留下浅瘢痕。重症或并发脑炎者，预后差，甚至可导致死亡。

第八节　新型冠状病毒感染

一、概述

新型冠状病毒感染(Corona Virus Disease 2019，COVID-19)，原名新型冠状病毒肺炎，是一种先前未在人类中发现的新型冠状病毒引起的呼吸系统感染。新型冠状病毒感染的临床表现，其严重程度可以从轻微到严重不等。最常见的症状包括发热、咳嗽、喉咙痛、乏力和呼吸困难。某些患者可能还会出现头痛、肌肉或关节痛、寒战、嗅觉或味觉丧失等其他症状。在一些严重病例中，COVID-19可能导致肺炎、急性呼吸窘迫综合征（ARDS）、多器官功能衰竭甚至死亡。部分患者病程中无相关临床表现，且CT影像学无新型冠状病毒感染影像学特征，呼吸道等标本新型冠状病毒病原学检测呈阳性，称为无症状感染者。

二、病原学

新型冠状病毒（以下简称"新冠病毒"，SARS-CoV-2）为β属冠状病毒，有包膜，颗粒呈圆形或者椭圆形，直径为60～140 nm，病毒颗粒中包含有4种结构蛋白：刺突蛋白（spike, S）、包膜蛋白（envelope, E）、膜蛋白（membrane, M）、核壳蛋白（nucleocapsid, N）。新冠病毒基因组为单股正链RNA，全长约为29.9 kb，基因组所包含的开放读码框架依次排列为5'-复制酶（ORF1a/ORFlb）-S-ORF3a-ORF3b-E-M-ORF6-ORF7a-ORF7b-ORF8-N-ORF9a-ORF9b-ORF10-3'。核壳蛋白N包裹着病毒RNA形成病毒颗粒的核心结构——核衣壳，核衣壳再由双层脂膜包裹，双层脂膜上镶嵌有新冠病毒的S、M、N蛋白。新冠病毒对紫外线、有机溶剂（乙醚、75%乙醇、过氧乙酸和氯仿等）以及含氯消毒剂敏感，75%乙醇以及含氯消毒剂较常用于临床及实验室新冠病毒的灭活，但氯己定不能有效灭活病毒。

三、流行病学

（一）传染源

传染源主要是新冠病毒感染者，在潜伏期即有传染性，发病后3天内传染性最强。

（二）传播途径

经呼吸道飞沫和密切接触传播是主要的传播途径，在相对封闭的环境中经气溶胶传播，接触被病毒污染的物品后也可造成感染。

（三）人群易感性

人群普遍易感，感染后或接种新冠病毒疫苗后可获得一定的免疫力。老年人及伴有严重基础疾病患者感染后重症率、病死率高于一般人群,接种疫苗后可降低重症及死亡风险。

四、发病机制

新冠病毒入侵人体呼吸道后,主要依靠其表面的 S 蛋白上的受体结合域(RBD)识别宿主细胞受体血管紧张素转化酶 2(ACE2),并与之结合感染宿主细胞,新冠病毒在人群中流行和传播过程中基因频繁发生突变,当新冠病毒不同的亚型或子代分支同时感染人体时,还会发生重组,产生重组病毒株;某些突变或重组会影响病毒生物学特性,如 S 蛋白上特定的氨基酸突变后,导致新冠病毒与 ACE2 亲和力增强,在细胞内复制和传播力增强;S 蛋白一些氨基酸突变也会增加对疫苗的免疫逃逸能力和降低不同亚分支变异株之间的交叉保护能力,导致突破感染和一定比例的再感染。

五、临床表现

潜伏期多为 2~4 天,主要表现为咽干、咽痛、咳嗽、发热等,发热多为中低热,部分病例亦可表现为高热,热程多不超过 3 天;部分患者可伴有肌肉酸痛、嗅觉味觉减退或丧失、鼻塞、流涕、腹泻、结膜炎等,少数患者病情继续发展,发热持续,并出现肺炎相关表现,重症患者多在发病 5~7 天后出现呼吸困难和(或)低氧血症。严重者可快速进展为急性呼吸窘迫综合征、脓毒症休克、难以纠正的代谢性酸中毒和凝血功能障碍及多器官功能衰竭等,极少数患者还可有中枢神经系统受累等表现。

儿童感染后临床表现与成人相似,高热相对多见;部分病例症状可不典型,表现为呕吐、腹泻等消化道症状或仅表现为反应差、呼吸急促;少数可出现声音嘶哑等急性喉炎或喉气管炎表现或喘息、肺部哮鸣音,但极少出现严重呼吸窘迫;少数出现热性惊厥,极少数患儿可出现脑炎、脑膜炎、脑病甚至急性坏死性脑病、急性播散性脑脊髓膜炎、吉兰-巴雷综合征等危及生命的神经系统并发症;也可发生儿童多系统炎症综合征(MIS-C),主要表现为发热伴皮疹、非化脓性结膜炎、黏膜炎症、低血压或休克、凝血障碍、急性消化道症状及惊厥、脑水肿等脑病表观,一旦发生,病情可在短期内急剧恶化。

六、实验室检查

(一) 一般检查

发病早期外周血白细胞总数正常或减少,可见淋巴细胞计数减少,部分患者可出现肝酶、乳酸脱氢酶、肌酶、肌红蛋白、肌钙蛋白和铁蛋白增高。部分患者C反应蛋白(CRP)和血沉升高,降钙素原(PCT)正常。重型、危重型病例可见D-二聚体升高,外周血淋巴细胞进行性减少,炎症因子升高。

(二) 病原学及血清学检查

1. 核酸检测

可采用核酸扩增检测方法检测呼吸道标本(鼻咽拭子、咽拭子、痰、气管抽取物)或其他标本中的新冠病毒核酸,荧光定量PCR是目前最常用的新冠病毒核酸检测方法。

2. 抗原检测

采用胶体金法和免疫荧光法检测呼吸道标本中的病毒抗原,检测速度快,其敏感性与感染者病毒载量呈正相关,病毒抗原检测阳性支持诊断,但阴性不能排除。

3. 病毒培养分离

从呼吸道标本、粪便标本等可分离、培养获得新冠病毒。

4. 血清学检测

新冠病毒特异性IgM抗体 IgG抗体阳性,发病1周内阳性率均较低,恢复期IgG抗体水平为急性期4倍或以上升高有回顾性诊断意义。

(三) 胸部影像学

合并肺炎者早期呈现多发小斑片影及间质改变,以肺外带明显,进而发展为双肺多发磨玻璃影、浸润影,严重者可出现肺实变,胸腔积液少见。

七、鉴别诊断

(1) 新型冠状病毒感染轻型表现需与其他病毒引起的上呼吸道感染相

鉴别。

（2）新型冠状病毒感染主要与流感病毒、腺病毒、呼吸道合胞病毒等其他已知病毒性肺炎及肺炎支原体感染鉴别。

（3）新型冠状病毒感染要与非感染性疾病,如血管炎、皮肌炎和机化性肺炎等鉴别。

（4）新型冠状病毒感染儿童患者出现皮疹、黏膜损害时,需与川崎病鉴别。

（5）与新型冠状病毒感染者有密切接触者,即便常见呼吸道病原检测阳性,也应及时进行新型冠状病毒病原学检测。

八、临床诊断

（一）诊断原则

根据流行病学史、临床表现、实验室检查等综合分析,作出诊断,新冠病毒核酸检测阳性为确诊的首要标准。

（二）诊断标准

具有新冠病毒感染的相关临床表现,并且具有以下一种或以上病原学、血清学检查结果：新冠病毒核酸检测阳性、新冠病毒抗原检测阳性、新冠病毒分离或培养阳性、恢复期新冠病毒特异性 IgG 抗体水平为急性期 4 倍或以上升高。

九、治疗

（一）一般治疗

按呼吸道传染病要求隔离治疗。保证充分能量和营养摄入,注意水、电解质平衡,维持内环境稳定,高热者可进行物理降温、应用解热药物。咳嗽咳痰严重者给予止咳祛痰药物。对重症高危人群应进行生命体征监测,特别是静息和活动后的指氧饱和度等。同时对基础疾病相关指标进行监测。根据病情进行必要的检查,如血常规、尿常规、CRP、生化指标（肝酶、心肌酶、肾功能等）、凝血功能、动脉血气分析、胸部影像学等。根据病情给予规范有效氧疗措施,包括鼻导管、面罩给氧和经鼻高流量氧疗。抗菌药物治疗：避免盲目或不恰当使用抗菌药物,尤其是联合使用广谱抗菌药物。有基础疾病者给予相应治疗。

(二) 抗病毒治疗

奈玛特韦片/利托那韦片组合包装,适用人群为发病5天以内的轻、中型且伴有进展为重症高风险因素的成年患者。阿兹夫定片,用于治疗中型新冠病毒感染的成年患者。莫诺拉韦胶囊,适用人群为发病5天以内的轻、中型且伴有进展为重症高风险因素的成年患者。单克隆抗体,安巴韦单抗/罗米司韦单抗注射液,联合用于治疗轻、中型且伴有进展为重症高风险因素的成人和青少年(12~17岁,体重>40 kg)患者。静注COVID-19人免疫球蛋白,可在病程早期用于有重症高风险因素、病毒载量较高、病情进展较快的患者。康复者恢复期血浆,可在病程早期用于有重症高风险因素、病毒载量较高、病情进展较快的患者。国家药品监督管理局批准的其他抗新冠病毒药物。

(三) 免疫治疗

糖皮质激素,对于氧合指标进行性恶化、影像学进展迅速、机体炎症反应过度激活状态的重型和危重型病例,酌情短期内(不超过10天)使用糖皮质激素。白细胞介素6(IL-6)抑制剂,托珠单抗。对于重型、危重型且实验室检测IL-6水平明显升高者可试用。

(四) 抗凝治疗

用于具有重症高风险因素、病情进展较快的中型病例,以及重型和危重型病例,无禁忌证情况下可给予治疗剂量的低分子肝素或普通肝素。发生血栓栓塞事件时,按照相应指南进行治疗。

(五) 俯卧位治疗

具有重症高风险因素、病情进展较快的中型、重型和危重型病例,应当给予规范的俯卧位治疗,建议每天不少于12小时。

(六) 心理干预

患者常存在紧张焦虑情绪,应当加强心理疏导,必要时辅以药物治疗。

(七)重型、危重型支持治疗

积极防治并发症,治疗基础疾病,预防继发感染,及时进行器官功能支持。

(八)中医治疗

本病属于中医"疫"病范畴,病因为感受"疫戾"之气,各地可根据病情、证候及气候等情况,进行辨证论治。针对非重点人群的早期新冠病毒感染者,可参照《新冠病毒感染者居家中医药干预指引》《关于在城乡基层充分应用中药汤剂开展新冠病毒感染治疗工作的通知》中推荐的中成药或中药协定方,进行居家治疗。

(九)早期康复

重视患者早期康复介入,针对新型冠状病毒感染患者呼吸功能、躯体功能以及心理障碍,积极开展康复训练和干预,尽最大可能恢复体能、体质和免疫能力。

十、预防

(一)新冠病毒疫苗接种

接种新冠病毒疫苗可以减少新冠病毒感染和发病,是降低重症和死亡发生率的有效手段,符合接种条件者均应接种,符合加强免疫条件的接种对象,应及时进行加强免疫接种。

(二)一般预防措施

保持良好的个人及环境卫生,均衡营养、适量运动、充足休息,避免过度疲劳,提高健康素养,养成"一米线"、勤洗手、戴口罩、公筷制等卫生习惯和生活方式,打喷嚏或咳嗽时应掩住口鼻,保持室内通风良好,做好个人防护。

十一、预后

大多数患者预后良好,病情危重者多见于老年人、有慢性基础疾病者、晚期妊娠和围产期女性、肥胖人群等。

第九节 诺如病毒感染

一、概述

诺如病毒(Norwalk Viruses,NV),又称诺沃克病毒,是人类杯状病毒科中诺如病毒属的一种病毒。诺如病毒变异快、环境抵抗力强、感染剂量低,感染后潜伏期短、排毒时间长、免疫保护时间短,且传播途径多样、全人群普遍易感,因此,诺如病毒具有高度传染性和快速传播能力,是全球急性胃肠炎的散发病例和暴发疫情的主要致病源。诺如病毒感染发病的主要表现为腹泻和(或)呕吐,国际上通常称之为急性胃肠炎,主要经水、食物和密切接触传播,常在社区、学校、餐馆、医院、托儿所、孤老院及军队等处引起暴发流行,或因接触感染而呈现散发。

二、病原学

1968年,美国俄亥俄州诺沃克地区的学校内发生了急性胃肠炎暴发流行。1972年 Kapikian 等用免疫电镜从这些患者粪便标本中找到了病毒颗粒,命名为诺沃克病毒。以后世界各地陆续发现相似病毒颗粒,均以发现地点命名,现称之为诺沃克样病毒。2002年8月,第八届国际病毒命名委员会统一将诺瓦克样病毒改称为诺如病毒,并成为杯状病毒科的一个独立属——诺如病毒属。

诺如病毒呈球形,直径25~35 nm。无包膜,为单股正链RNA,有三个开放性读框(ORF)。ORF1编码1 738个氨基酸具有RNA多聚酶性质的非结构蛋白前体。ORF2编码与病毒衣壳蛋白相关的530个氨基酸多肽,有抗原性,能产生抗体。ORF3可编码212个氨基酸的多肽。病毒衣壳由180个VP1和几个VP2分子构成,180个衣壳蛋白首先构成90个二聚体,然后形成二十面体对称的病毒粒子。诺如病毒被分为6个基因群(GⅠ—GⅥ),GⅠ和GⅡ是引起人类急性胃肠炎的两个主要基因群。GⅣ也可感染人,但很少被检出。诺如病毒变异快、免疫保护时间短。同一个人可重复感染同一毒株或不同型别的诺如病毒,不同基因型之间无交叉免疫。

诺如病毒对各种理化因子有较强的抵抗力。耐热、耐酸,乙醚和常用消毒剂对其不敏感。加热至 60℃ 及 30 分钟条件时仍有传染性,但煮沸后病毒失活,在 pH=2.7 的环境中可存活 3 小时,4℃ 时能耐受 20% 乙醚 24 小时,含氯 10 mg/L 及 30 分钟条件时方可灭活。常温下在物体表面可存活数天,冷冻数年仍有传染性。诺如病毒感染性很强,在较低剂量即可引起感染。诺如病毒主要通过病人的粪便排出,也可通过呕吐物排出。病人在潜伏期即可排出诺如病毒,排毒高峰在发病后 2～5 天,持续约 2～3 周,最长排毒期有报道大于 56 天,在免疫抑制病人中更长。

三、流行病学

(一) 传染源

主要为患者、隐性感染者和病毒携带者。病后 3～4 天内从粪便排出病毒,其传染性持续到症状消失后 2 天。

(二) 传播途径

主要为"粪—口"途径传播,可散发,也可通过污染的水、食物,常引起暴发流行,而人与人接触及含病毒气溶胶也可传播。接触传播及食物亦可引起散发。

(三) 人群易感性

病毒感染多见于成人和大龄儿童。感染诺如病毒后,患者血清中抗体水平很快上升,通常感染后第 3 周达高峰,维持到第 6 周左右下降,其仅对同型病毒有短暂的免疫力,加之诺如病毒易变异,可反复感染。

四、流行病学特征

流行地区广泛,全年发病,冬季较多。常出现暴发流行。GⅠ群诺如病毒性胃肠炎多以学龄儿童和成人为主,而 GⅡ群胃肠炎以儿童和婴幼儿多见,尤以小于 5 岁儿童发病为主。诺如病毒引起的腹泻占急性非细菌性腹泻的 1/3 以上。主要侵袭成人、学龄前儿童、大龄儿童及家庭密切接触者。

五、发病机制

该病毒主要侵袭空肠上段,为可逆性病变。空肠黏膜保持完整,肠黏膜上皮细胞绒毛变宽、变短,尖端变钝,细胞浆内线粒体肿胀,形成空胞,未见细胞坏死。肠固有层有单核细胞浸润。病变可在 2 周左右完全恢复。肠黏膜上皮细胞被病毒感染后,小肠刷状缘碱性磷酸酶和木密酶的水平明显下降,出现空肠对脂肪、D-木糖和乳糖的一过性吸收障碍,引起肠腔内渗透压上升,液体进入肠道,引起腹泻和呕吐症状。未发现空肠腺苷酸环化酶活性改变。肠黏膜上皮细胞内酶活性异常致使胃的排空时间延长,加重恶心和呕吐等临床症状。

六、临床表现

诺如病毒的潜伏期相对较短,通常 12～48 小时。约 30% 的感染者可无症状。起病急,最常见症状是腹泻和呕吐,腹泻为黄色稀水便或水样便,无黏液脓血,每天数次至十数次,其次为恶心、腹痛、头痛、发热、畏寒和肌肉酸痛等。成人发病主要以腹泻为主,儿童患者则先出现呕吐而后腹泻。诺如病毒感染病例的病程通常较短,一般病程 1～3 天自愈,但体弱、老年人及免疫功能低下者症状多较重,死亡罕见。

七、实验室检查

(一) 血象

外周血白细胞大多数正常或稍高,分类淋巴细胞增加。

(二) 大便常规及培养

便常规多无异常,无脓细胞及红细胞,但可有少量白细胞。培养无致病菌生长。

(三) 病原学检查

1. 电镜或免疫电镜

从取发病后 24～48 小时粪便提取液中可检出致病的病毒。但诺如病毒常因病毒量少而难以发现。

2. 补体结合(CF)、免疫荧光(IF)、放射免疫试验(RIA)等

补体结合(CF)、免疫荧光(IF)、放射免疫试验(RIA)等方法检测粪便中特

异性病毒抗原,具有简便、快速的优点。

3. 核酸检测

核酸检测是诊断诺如病毒感染的最常用方法之一。这种检测方法通过提取病毒 RNA 或 DNA,并使用聚合酶链反应(PCR)技术来检测病毒的存在,通常使用鼻咽拭子或咽拭子作为样本进行采集,具有高度敏感性和特异性,可以快速准确地确认感染。

(四)血清抗体的检测

应用病毒特异性抗原检测患者发病初期和恢复期双份血清的特异性 IgM 抗体,若抗体效价呈 4 倍以上增高有诊断意义。常用酶联免疫吸附试验 ELISA 进行检测。

八、鉴别诊断

(一)感染性腹泻

本病必须与大肠杆菌、沙门菌引起的感染性腹泻以及其他病毒性腹泻相鉴别,实验室的特异性病原学检测对鉴别不同病因及确定诊断有重要意义。

(二)胃肠型感冒

胃肠型感冒主要是由柯萨奇病毒感染引起,往往是由天气变化等原因引起,而不是不洁饮食。除了消化道症状外,还表现为发热、咽痛、鼻塞、流涕、全身酸痛、咳嗽咳痰等感冒症状。其治疗可选择抗病毒、清热解毒及对症支持等治疗。

(三)肠易激综合征(IBS)

IBS 为功能性胃肠病,各项检查无异常,肠镜检查亦缺少可以解释患者症状的异常发现。临床表现为腹痛、稀便、水样便或黏液便,无血性便或脓血便。腹泻在白天多见,夜间缓解,与精神紧张和情绪变化有关,也可能与摄入某种特定食物有关,语言暗示或可诱发或缓解。

(四)炎症性肠病(IBD)

IBD 病因未明,可能为免疫异常或与病毒感染有关,表现为慢性病程,但可以急性发作,发作可能与饮食成分或情绪有关。临床表现为腹痛、腹泻,腹泻表现为黏液血便或脓血便,脱水不明显。可有胃肠道外表现,也可有发热等全身症状。肠镜检查有特征性的浅表溃疡。该病初次发作很容易与细菌感染性腹泻病(如细菌性痢疾)混淆,尤其是在 IBD 合并细菌感染时。

九、临床诊断

流行季节,特别是在我国秋冬季节,患者突然出现病程短暂的腹泻及呕吐等临床症状,而末梢血白细胞无明显变化,便常规检查仅发现少量白细胞时应怀疑本病。但确诊需经电镜找到病毒颗粒,或检出粪便中特异性抗原,或血清检出特异性抗体。

十、治疗

本病表现多为病情轻,病程短,呈自限性。目前无特效治疗药物,以对症治疗和支持治疗为主,纠正脱水、酸碱失衡和电解质紊乱。轻度脱水及电解质平衡失调可以口服等渗液或 WHO 推荐的口服补液盐(ORS)。配方:1 L 水中含 3.5 g 氯化钠、2.5 g 碳酸氢钠、1.5 g 氯化钾、20 g 葡萄糖或 40 g 蔗糖。脱水纠正应即停服。严重脱水及电解质紊乱应静脉补液,情况改善后改为口服。由于小肠受损害,其吸收功能下降,故饮食宜清淡及富水分为宜,暂停乳类及双糖类食物。吐泻频繁者禁食 8~12 小时,然后逐步恢复正常饮食。

十一、预防

(一) 管理传染源

因诺如病毒的高度传染性,对患者及隐性感染者做到早发现、早隔离及早治疗是阻断传播和减少环境污染的有效控制手段。对患者应积极治疗,严格消毒隔离。对密切接触者及疑诊患者实行严密的观察。

(二) 切断传播途径

切断传播途径是预防该病的最重要而有效的措施。加强饮水和食品卫生,保护水源不被粪便污染。对环境和分泌物及时消毒,注意加强手卫生,保持良好的个人卫生习惯,不吃生冷变质食物。

(三)保护易感人群

目前,尚无针对诺如病毒的特异抗病毒药和疫苗。因诺如病毒易变异及基因型繁多,单价疫苗不能覆盖所有诺如病毒,故制备多价疫苗是今后研究的重点领域。

第十节 计划免疫

一、概述

计划免疫(Planed Immunization,PI)是指根据疫情监测和人群免疫状况分析,按照规定的免疫程序,有计划地利用疫苗进行免疫接种,以提高人群免疫水平,达到控制乃至最终消灭相应疾病的目的。预防接种是用特异性抗原或抗体通过适宜的途径接种于人体内,使机体获得人工自动或被动的免疫力,以预防相应疾病的发生和流行。计划免疫比预防接种内容更广泛、目的更明确,预防接种是计划免疫工作一个重要组成部分,计划免疫则是预防接种的发展和完善。小儿计划免疫是根据儿童的免疫特点和传染病发生的情况制定的免疫程序。利用安全有效的疫苗,对不同年龄的儿童进行有计划地预防接种,可以提高儿童的免疫水平,达到控制和消灭传染病的目的。

二、计划免疫简史

WHO 早在 1974 年第 24 届世界卫生大会上就提出"要在 2000 年使人人享有卫生保健"。1978 年,该组织又在第 31 届世界卫生大会上具体地提出,要在 1990 年前对全世界儿童提供有关疾病的免疫预防。到 1981 年 10 月为止,全世界已有 197 个国家开展了这方面的工作。1974 年 WHO 吸收了已在被消灭中的天花以及麻疹、脊髓灰质炎等预防与控制的经验,提出了扩大免疫计划(Expanded Programon Immunization,EPI),以预防和控制天花、白喉、百日咳、破伤风、麻疹、脊髓灰质炎、结核病等,并要求各成员国坚持该计划。在实施 EPI 之前,推测全球不足 5% 的婴儿被适当免疫,致使每年死于麻疹、脊髓灰质炎、肺结核、百日咳、白喉和破伤风等人数达 500 万人之多,且另有 500 万人留有后遗症。经 WHO 和各成员国的努力,1991 年 10 月,WHO 和 UNICEF 在纽约举行的庆祝大会上宣布:1990 年至 2000 年全球消灭脊髓灰质炎,至 1995 年使麻疹病死率下降 95%,并消灭新生儿破伤风。

20 世纪 70 年代中期,我国制定了《全国计划免疫工作条例》,为普及儿童免疫纳入国家卫生计划。其主要内容为"四苗防六病",即对 7 周岁及以下儿童进行卡介苗、脊髓灰质炎三价糖丸疫苗、百白破三联疫苗和麻疹疫苗的基础免疫以及及时加强免疫接种,使儿童获得对结核、脊髓灰质炎、百日咳、白喉、破伤风和麻疹的免疫。1992 年卫生部又将乙型肝炎疫苗纳入计划免疫范畴。随着科技进步,计划免疫将不断扩大其内容。我国于 1980 年正式参与 WHO 的 EPI 活动,1985 年我国政府宣布分两步实现普及儿童计划免疫。根据 WHO 推荐的免疫程序,1986 年卫生部重新修订了我国儿童计划免疫。

三、免疫学基本知识

计划免疫的实质是免疫预防,免疫预防的理论基础是免疫学。机体有一个完整的免疫系统,此系统具有识别自己组织和异己物质的能力,并有自我保护和排斥异己的功能,免疫是指机体表现这种功能的一系列生理和病理反应。

(一) 自动免疫

自动免疫是指经过抗原的刺激使机体自身产生免疫力,又可分为自然和人工两种,如患过一次麻疹以后即产生了麻疹抗体,患过一次白喉以后体内长时间有较高的抗白喉毒素抗体,这些都属于自然自动免疫。若经过接种麻疹疫苗或白喉类毒素而使机体产生抗麻疹免疫或抗白喉免疫,则属于人工自动免疫。

(二) 被动免疫

被动免疫是指机体获得由其他机体产生的活性免疫球蛋白或细胞因子。胎儿通过脐带血液从母体获得的 IgG 抗体属于自然被动免疫。注射破伤风抗毒素预防破伤风感染,注射抗狂犬病血清预防被狂犬咬伤后发病,新生儿注射乙型肝炎特异丙种球蛋白防止母婴传播感染乙型肝炎等属于人工被动免疫。

(三) 抗原

凡能刺激机体产生特异性免疫反应,并能与相应的免疫应答产物在体内、体外发生特异性结合的物质称为抗原。在医学上有重要作用的抗原物质有病原微生物及其代谢产物、动物免疫血清、同种异体抗原、自身抗原等,但与免疫预防最密切的主要是病原微生物。

(四) 抗体

由抗原刺激机体免疫系统后产生能与抗原发生特异性结合的物质,称为抗体,主要是丙种球蛋白。

(五) 非特异性免疫

非特异性免疫是机体在长期的种系发育与进化过程中,逐渐建立起来的一系列防御功能,是机体防御作用的一种固有的保护性系统。具有遗传性、自发性、非特异性和相对稳定性的特点。

(六) 特异性免疫

特异性免疫又称获得性免疫,是机体在个体发育过程中接触病原微生物或抗原后形成的免疫力。具有获得性、针对性和可变性的特点。

(七) 变态反应

变态反应,亦称超敏反应或过敏反应,是由于机体受同一抗原(致敏原)再次刺激后所出现的一种异常的病理免疫反应,可表现为组织损伤或生理功能紊乱。变态反应不是疫苗特有的反应,任何抗原或半抗原均可引起,并且只有过敏体质的人才出现这种反应。其临床表现往往是多种多样的,轻重程度也很悬殊。轻者可以一过而愈,重者救治不当可留有永久性后遗症或造成死亡。

(八) 免疫应答与疫苗使用

抗原进入机体后,选择性地刺激免疫系统所发生的一系列复杂过程,称为免疫应答。机体免疫功能在正常情况下,接种疫苗的免疫应答取决于机体、抗原和疫苗使用三方面因素，疫苗使用又由以下方面决定疫苗的效果。

1. 接种部位和途径

采用何种接种部位和途径是根据疫苗的性质、免疫效果和可能发生的接种反应来决定的，应严格按照疫苗使用说明书执行。如卡介苗规定为皮内注射，若误注皮下或肌肉会引起寒性脓疡，若破溃难以愈合；乙型肝炎疫苗注射臀部肌肉则不如注射上臂三角肌肉的免疫效果好。

2. 接种剂量

在相同接种途径下剂量与产生免疫力成正比，剂量不足不行，但也不是越大越好，剂量不足会影响免疫效果，剂量过大会引起不良反应。

3. 接种次数

活疫苗如麻疹活疫苗、卡介苗等一次接种成功即能产生充分免疫力（抗体），而灭活疫苗如乙型肝炎疫苗、百白破混合制剂等需注射3针。第一针只是初次免疫应答，只产生 IgM 抗体和极低的 IgG 抗体，第二次注射能产生较第一次高 10~50 倍的抗体水平，只有完成全程注射才能产生充分的免疫力。

4. 针次间隔

根据疫苗的性质不同，不同针次间需要有一定间隔。一般灭活疫苗类第一针注射后 7~10 天开始产生免疫力，2~3 周后逐渐下降，故一般间隔可为 2 周。若为吸附剂疫苗因吸收较慢，至少应间隔 4~6 周为宜。使用说明书中规定的针次间隔为最短时间，一般可以适当延长，不宜缩短接种间隔时间，以免影响免疫的效果。但是间隔的时间也不能过长，否则会推迟产生保护性抗体的时间，所以尽量在 1 周岁内完成卡介苗（BCG）、脊髓灰质炎疫苗（OPV）、百白破混合制剂（DPT）、麻疹疫苗（MV）和乙型肝炎疫苗（HBV）的基础免疫。

5. 起始月龄

初次免疫起始月龄由产生理想免疫应答的起始月龄和疾病威胁的起始月龄两方面因素确定，一般来说，应对有发病危险性而对疫苗能产生充分免疫应答能力的最低月龄接种疫苗为宜，因此要严格按照免疫程序进行预防接种，否则不能产生良好的免疫应答。

6. 加强免疫

疫苗在完成基础免疫后，进行一次适当的加强，可刺激免疫应答并维持较高的抗体水平。活疫苗免疫成功后，随着时间的推移，抗体衰减，少数人甚至抗体阴转，应在适当时间进行加强免疫。

7. 联合免疫

联合免疫有两层含义：一是用两种以上的疫苗同时在身体的不同部位接种，计划免疫五种疫苗（包括乙肝疫苗）可同时接种，其他疫苗的同时接种应慎重；另一方面是两种以上的抗原制成联合制剂，如百日咳、白喉、破伤风混合制剂，麻疹、腮腺炎、风疹混合制剂。

四、免疫预防制剂

疫苗是生物制品的一个类别。生物制品是指用微生物（细菌、立克次氏体、病毒等）及其代谢产物、人或动物的血液等，通过生物或化学方法加工制成用于预防、治疗、诊断特定传染病及其他疾病的免疫制剂。疫苗是利用病原微生物及其代谢产物，经过人工减毒或灭活方法制成，用于预防疾病的自动免疫预防制剂。

（一）疫苗类

凡具有抗原性接种于机体可产生特异的自动免疫力，可抵御传染病的发生或流行的总称为疫苗，目前应用的疫苗主要有以下四类：

1. 灭活疫苗

灭活疫苗是用免疫原性强的病原微生物或其代谢产物，经培养繁殖，或接种于动物、鸡胚、组织、细胞生长繁殖后，使之完全丧失致病力，而仍保存相应抗原的免疫原性的疫苗，如百日咳菌苗、乙脑灭活疫苗、狂犬病疫苗等。此类疫苗中还有类毒素制剂，指细菌经过培养，产生外毒素，经化学物理方法提纯制成，如白喉类毒素、破伤风类毒素等。

2. 减毒活疫苗

此类疫苗是用弱毒或无毒、但免疫原性强的病原微生物及代谢产物，经培养繁殖，或接种于动物、鸡胚、组织、细胞生长繁殖制成的疫苗，其致病性已极大程度地丧失，但仍保留一定的剩余毒力、免疫原性和繁衍能力，接种人体后，使机体产生一次轻型的人工感染而获得免疫力。如脊髓灰质炎减毒活疫苗、麻疹减毒活疫苗、卡介苗等。

3. 基因工程疫苗

将有效的特异性抗原的基因插入易于增殖的载体（细菌、细胞），在载体增殖时可表达有效特异性抗原,取之作为疫苗。如乙肝基因工程疫苗。

4. 组分疫苗

此类疫苗是从细菌或病毒培养物中,以生物化学和物理方法提取纯化有效特异性抗原,取之作为疫苗,如流脑多糖疫苗。

(二)血清制剂

1. 抗毒素

抗毒素是用类毒素免疫大动物使之产生高效抗体,采血分离血浆经纯化精制工艺,除去非特异性蛋白及无效成分,提取的特异性免疫球蛋白。这种抗体输入机体后,能对相应细菌在机体内产生的毒素起中和作用,如白喉、破伤风抗毒素。

2. 抗血清

抗血清是用脱毒毒素、细菌、病毒等作为抗原免疫动物,取动物血浆提取其抗毒免疫球蛋白,如抗蛇毒、抗炭疽、抗狂犬病血清等。

3. 特异性免疫球蛋白

特异性免疫球蛋白与抗毒素及抗血清不同的是从含有特异性抗体的人体血浆中提取相应的特异性免疫球蛋白。

五、我国计划免疫

我国计划免疫包括两个程序:免疫规划疫苗(一类疫苗/免费)和非免疫规划疫苗(二类/自费)。

(一)免疫规划疫苗(一类疫苗/免费)

现在国家执行的免疫规划疫苗儿童免疫程序是 2021 年 2 月出版的。

1. 重组乙型肝炎疫苗(乙肝疫苗,HepB)

按"0-1-6 个月"程序共接种 3 剂次,其中第 1 剂在新生儿出生后 24 小时内接种,第 2 剂在 1 月龄时接种,第 3 剂在 6 月龄时接种。第 2 剂与第 1 剂间隔应不小于 28 天,第 3 剂与第 2 剂间隔应不小于 60 天,第 3 剂与第 1 剂间隔应不小于 4 个月。

2. 皮内注射用卡介苗(卡介苗,BCG)

出生时接种 1 剂。

3. 脊髓灰质炎(脊灰)灭活疫苗(IPV)、二价脊灰减毒活疫苗(脊灰减毒活疫苗,bOPV)

共接种4剂,其中2月龄、3月龄各接种1剂 IPV,4月龄、4周岁各接种1剂 bOPV。IPV：肌内注射。bOPV：口服。

4. 吸附无细胞百白破联合疫苗(百白破疫苗,DTaP)、吸附白喉破伤风联合疫苗(白破疫苗,DT)

共接种5剂次,其中3月龄、4月龄、5月龄、18月龄各接种1剂 DTaP,6周岁接种1剂 DT。

5. 麻疹腮腺炎风疹联合减毒活疫苗(麻腮风疫苗,MMR)

共接种2剂次,8月龄、18月龄各接种1剂。

6. 乙型脑炎减毒活疫苗(乙脑减毒活疫苗,JE-L)

共接种2剂次。8月龄、2周岁各接种1剂。

7. 乙型脑炎灭活疫苗(乙脑灭活疫苗,JE-I)

共接种4剂次。8月龄接种2剂,间隔7～10天;2周岁和6周岁各接种1剂。

8. A群脑膜炎球菌多糖疫苗(A群流脑多糖疫苗,MPSV-A)、A群C群脑膜炎球菌多糖疫苗(A群C群流脑多糖疫苗,MPSV-AC)

MPSV-A接种2剂次,6月龄、9月龄各接种1剂。MPSV-AC接种2剂次,3周岁、6周岁各接种1剂。

9. 甲型肝炎减毒活疫苗(甲肝减毒活疫苗,HepA-L)

18月龄接种1剂(1剂次接种程序)。如果接种2剂次及以上含甲型肝炎灭活疫苗成分的疫苗,可视为完成甲肝疫苗免疫程序。

10. 甲型肝炎灭活疫苗(甲肝灭活疫苗,HepA-I)

共接种2剂次,18月龄和24月龄各接种1剂(2剂次接种程序)。

(二) 非免疫规划疫苗(二类/自费)

不同地区疾病防控重点不同,不同省份,非免疫规划疫苗方案有所差别。这类疫苗的接种原则是知情、自愿。重点介绍几类常见二类疫苗。

1. 重组乙型肝炎疫苗

乙型病毒性肝炎是由乙型肝炎病毒引起的,以肝实质细胞损伤为主的传染病。传染源为急、慢性乙型肝炎患者和病毒携带者,主要经血液、母婴和性途径传播。人群普遍易感。预防措施包括：接种乙型肝炎疫苗,加强血制品管理,医疗器械严格消毒,刮脸、修脚、穿刺和文身等服务行业用具应严格消毒,不共用剃须刀和牙具等用品,避免不安全性行为等。

疫苗作用：预防乙型肝炎病毒感染。

推荐接种人群：未接种或未全程接种乙型肝炎疫苗或接种史不详者,尤其是高风险人群。高风险人群：① 存在职业暴露风险人群,包括医务工作者、经常接触血液人员、医学院校学生、救援（公安、司法、消防、应急救灾等）人员及福利院、残障机构和托幼机构等工作人员。② 存在经皮肤、黏膜和血液暴露风险人群,包括乙型肝炎病毒表面抗原（HBsAg）携带者或乙型肝炎患者的家庭成员、易发生外伤者、血液透析者及器官移植者、静脉吸毒者等。③ 存在性暴露感染风险人群,包括性伴为 HBsAg 阳性者、男男同性性行为者和多性伴者等。④ 其他人群,包括乙型肝炎以外的其他慢性肝病患者、慢性肾病患者、糖尿病患者、乙型肝炎高发区的居住者及旅行者、免疫缺陷或免疫低下者和 HIV 感染者等。免疫程序：按照 0、1、6 个月接种 3 剂。高风险人群接种第 3 剂乙型肝炎疫苗 1~2 个月后进行 HBsAg 和抗-HBs 检测,若发现 HBsAg 阴性、抗-HBs<10 mIU/mL,按照 0、1、6 月免疫程序再接种 3 剂乙型肝炎疫苗或可接种 1 剂 60 μg 乙型肝炎疫苗(仅限 16 岁以上乙型肝炎易感者)。

2. 轮状病毒疫苗

轮状病毒感染是导致 5 岁以下儿童腹泻的主要原因。传染源为病人和隐性感染者。以"粪—口"途径传播为主,也可通过接触或空气传播。婴幼儿是轮状病毒感染的高风险人群。预防措施包括：接种疫苗,母乳喂养,洗手,注意饮食饮水卫生等。

(1) 口服五价重配轮状病毒减毒活疫苗

疫苗作用是预防血清型 G1、G2、G3、G4、G9 导致的婴幼儿轮状病毒胃肠炎。推荐接种人群是 6~32 周龄婴儿尽早接种。免疫程序是接种 3 剂,6~12 周龄接种第 1 剂,各剂间隔 4~10 周;第 3 剂接种不应晚于 32 周龄。

(2) 口服轮状病毒活疫苗

疫苗作用是预防婴幼儿 A 群轮状病毒引起的腹泻。推荐接种人群是 2 月龄~3 岁婴幼儿尽早接种。免疫程序是每年接种 1 剂。

3. 肺炎球菌疫苗

肺炎链球菌可引起脑膜炎、菌血症、菌血症性肺炎等侵袭性肺炎球菌性疾病和急性中耳炎、鼻窦炎、非菌血症性肺炎等非侵袭性肺炎球菌性疾病。主要由呼吸道飞沫传播或由定殖菌移行导致自体感染。婴幼儿和老年人感染风险性较高。预防措施包括：接种疫苗，保持室内空气流通，母乳喂养，预防营养缺乏，合理使用抗生素，积极治疗基础疾病等。

(1) 13价肺炎球菌多糖结合疫苗(CRM197载体)

疫苗作用是预防由肺炎球菌1、3、4、5、6A、6B、7F、9V、14、18C、19A、19F和23F血清型感染引起的侵袭性疾病。推荐接种人群是6周龄～15月龄婴幼儿尽早接种。免疫程序是按2、4、6月龄进行基础免疫，12～15月龄加强免疫。基础免疫首剂最早可在6周龄接种，各剂间隔4～8周。6月龄以内已开始接种，但未完成3剂基础免疫的婴儿，可在12月龄内完成，基础免疫各剂至少间隔4周，加强免疫与基础免疫最后1剂至少间隔8周。7～11月龄尚未接种过该疫苗的婴儿可接种2剂，间隔至少4周；第3剂在12～15月龄接种，第3剂与第2剂间隔至少8周。

(2) 13价肺炎球菌多糖结合疫苗(TT载体)

疫苗作用是预防由肺炎球菌1、3、4、5、6A、6B、7F、9V、14、18C、19A、19F和23F血清型感染引起的侵袭性疾病。推荐接种人群是6周龄～5岁婴幼儿和儿童。免疫程序是：① 2～6月龄婴儿：共接种4剂。基础免疫接种3剂，建议首次接种在2月龄或3月龄(最小满6周龄)接种第1剂，每1次接种间隔1～2个月，应于12～15月龄时加强接种第4剂。② 7～11月龄婴儿：基础免疫接种2剂，每次接种至少间隔2个月。建议在12月龄以后加强接种1剂(第3剂)，与第2剂接种至少间隔2个月。③ 12～23月龄幼儿：接种2剂，接种间隔至少2个月。④ 2～5岁儿童：接种1剂。

(3) 23价肺炎球菌多糖疫苗

疫苗作用是预防由肺炎球菌1、2、3、4、5、6B、7F、8、9N、9V、10A、11A、12F、14、15B、17F、18C、19A、19F、20、22F、23F和33F血清型感染引起的肺炎球菌疾病。推荐接种人群适用于2岁及以上感染肺炎链球菌、患肺炎球菌性疾病风险增加的人群。推荐重点人群接种，重点人群包括：① 60岁及以上老年人；② 特定疾病人群(包括患有慢性心血管疾病、慢性肺疾病或糖尿病；患酒精中毒、慢性肝脏疾病及脑脊液漏者；功能性或解剖性无脾者；免疫功能受损人群、进行免疫抑制性化疗的患者以及器官或骨髓移植患者等)。免疫程序是通常只接种1剂。仅推荐功能性/解剖性无脾和免疫抑制等特定高危人群复种，只复种1剂，与前1剂至少间隔5年。

4. 含 b 型流感嗜血杆菌成分疫苗

b 型流感嗜血杆菌是引起儿童严重细菌感染的主要致病菌,能造成脑膜炎、肺炎、菌血症、会厌炎、蜂窝织炎、关节炎等疾病。经空气飞沫和密切接触传播。人群普遍易感。90%以上的侵袭性 b 型流感嗜血杆菌疾病发生在 5 岁以下儿童。预防措施包括:接种疫苗,母乳喂养,规范使用抗生素,改善居住环境卫生等。

(1) b 型流感嗜血杆菌结合疫苗

疫苗作用是预防 b 型流感嗜血杆菌引起的侵袭性疾病。推荐接种人群是 2 月龄(或 3 月龄)~5 岁儿童尽早接种。免疫程序是接种 1~4 剂。不同年龄和不同疫苗需接种的剂次不同,详见疫苗说明书。

(2) AC 群脑膜炎球菌(结合)b 型流感嗜血杆菌(结合)联合疫苗

疫苗作用是预防 A 群、C 群脑膜炎球菌和 b 型流感嗜血杆菌引起的感染性疾病。推荐接种人群是 2~71 月龄儿童尽早接种。免疫程序是接种 1~3 剂,不同年龄需接种的剂次不同,各剂至少间隔 4 周。2~5 月龄接种 3 剂;6~11 月龄接种 2 剂;12~71 月龄接种 1 剂。

(3) 无细胞百白破 b 型流感嗜血杆菌联合疫苗

疫苗作用是用于预防百日咳、白喉、破伤风,以及由 b 型流感嗜血杆菌引起的侵袭性疾病。推荐接种人群是 3 月龄及以上婴幼儿尽早接种。免疫程序是 3、4、5 月龄进行基础免疫,各接种 1 剂;18~24 月龄加强免疫 1 剂。

5. 含灭活脊髓灰质炎成分疫苗

脊髓灰质炎是由脊髓灰质炎病毒引起的急性肠道传染病,感染后可发生弛缓性神经麻痹并留下瘫痪后遗症,多感染 5 岁以下儿童。脊髓灰质炎病毒包括 3 种(Ⅰ、Ⅱ、Ⅲ型)血清型,型间无交叉免疫。主要以"粪—口"途径传播。未免疫人群均可感染脊髓灰质炎病毒。有效的预防措施为接种疫苗。

(1) 脊髓灰质炎灭活疫苗

疫苗作用是预防由脊髓灰质炎Ⅰ型、Ⅱ型和Ⅲ型病毒引起的脊髓灰质炎。推荐接种人群是适用于 2 月龄及以上人群。对Ⅰ+Ⅲ型脊髓灰质炎减毒活疫苗有接种禁忌者推荐全程接种脊髓灰质炎灭活疫苗。免疫程序是 2、3、4 月龄进行基础免疫,各接种 1 剂;18 月龄加强免疫 1 剂。

(2) 吸附无细胞百白破灭活脊髓灰质炎和 b 型流感嗜血杆菌(结合)联合疫苗

疫苗作用是预防百日咳、白喉、破伤风、脊髓灰质炎（含Ⅰ、Ⅱ、Ⅲ型），以及由 b 型流感嗜血杆菌引起的侵袭性疾病。推荐接种人群是适用于 2 月龄及以上婴幼儿。对Ⅰ+Ⅲ型脊髓灰质炎减毒活疫苗有接种禁忌者推荐全程接种吸附无细胞百白破灭活脊髓灰质炎和 b 型流感嗜血杆菌（结合）联合疫苗。免疫程序是 2、3、4 月龄（或 3、4、5 月龄）进行基础免疫，各接种 1 剂；18 月龄加强免疫 1 剂。

6. 含脑膜炎球菌成分疫苗

流行性脑脊髓膜炎是由脑膜炎奈瑟菌引起的急性化脓性脑膜炎。传染源为病人和带菌者。传播途径以呼吸道飞沫传播为主。人群普遍易感。预防措施包括：接种疫苗，保持空气流通，必要时预防性服药等。

（1）A 群 C 群脑膜炎球菌多糖结合疫苗

疫苗作用是预防 A 群、C 群脑膜炎球菌引起的流行性脑脊髓膜炎。推荐接种人群是 3 月龄及以上儿童尽早接种。免疫程序是不同年龄和不同疫苗的接种程序不同，按疫苗说明书接种 1～3 剂。

（2）ACYW135 群脑膜炎球菌多糖疫苗

疫苗作用是预防 A 群、C 群、Y 群和 W135 群脑膜炎球菌引起的流行性脑脊髓膜炎。推荐接种人群是适用于 2 岁及以上人群，推荐前往高风险地区旅游、存在职业暴露风险的人群等接种。免疫程序是：① 2 岁及以上儿童：接种 2 剂，3 岁和 6 岁各接种 1 剂。② 成人：接种 1 剂。

7. 流感疫苗

流行性感冒是由流感病毒引起的急性呼吸道传染病，主要通过飞沫和接触传播。传染源为病人和隐性感染者。人群普遍易感。预防措施包括：每年接种疫苗，保持良好个人卫生习惯（洗手、戴口罩等），出现流感样症状及时就医等。

疫苗作用是预防流感病毒感染引起的季节性流感及其严重并发症。推荐接种人群是适用于 6 月龄（或 36 月龄）及以上人群。推荐优先接种人群：① 医务人员，包括临床救治人员、公共卫生人员、卫生检疫人员等；② 养老机构、长期护理机构、福利院等人群聚集场所脆弱人群及员工；③ 重点场所人群，如托幼机构、中小学校的教师和学生，监所机构的在押人员及工作人员等；④ 其他流感高风险人群，包括 60 岁及以上的居家老年人、6 月龄～5 岁儿童、慢性病患者、6 月龄以下婴儿的家庭成员和看护人员、孕妇（减毒活疫苗除外）或准备在流感季节怀孕的女性。免疫程序是按疫苗说明书接种 1 剂或 2 剂。

8. 肠道病毒 71 型灭活疫苗

手足口病是由多种肠道病毒感染引起,其中肠道病毒 71 型是引起婴幼儿手足口病重症和死亡的主要病原。传染源为病人和隐性感染者。以"粪—口"途径传播为主,也可通过接触或空气传播。5 岁以下儿童是手足口病的高风险人群。预防措施包括:接种疫苗,保持良好个人卫生(洗手、不共用毛巾和口杯等,清洁和消毒玩具及共用物品等),患病儿童避免上学(幼儿园)等。

疫苗作用是预防肠道病毒 71 型感染引起的手足口病和相关疾病。推荐接种人群是 6 月龄~3 岁(或 5 岁)儿童尽早接种。免疫程序是接种 2 剂,至少间隔 4 周。建议在 12 月龄前完成接种程序。

9. 乙型脑炎灭活疫苗

乙型病毒性脑炎是由乙型脑炎病毒引起的自然疫源性疾病。传染源为猪等动物、病人和隐性感染者,三带喙库蚊是乙型病毒性脑炎的主要传播媒介。人群普遍易感,以 10 岁以下尤其 2~6 岁儿童发病率最高。预防措施包括接种疫苗,防蚊灭蚊,保持饲养场所良好环境卫生,人畜居住地分开等。

疫苗作用是预防乙型脑炎病毒感染。推荐接种人群是适用于 8 月龄及以上乙型脑炎易感者,推荐有免疫缺陷、免疫功能低下或者正在接受免疫抑制剂治疗以及其他有接种乙型脑炎减毒活疫苗禁忌的儿童和成人接种。免疫程序是:① 儿童:接种 4 剂。8 月龄接种 2 剂,间隔 7~10 天;2 岁和 6 岁各接种 1 剂。② 成人:基础免疫接种 2 剂,间隔 7 天;基础免疫后 1 个月至 1 年内加强免疫 1 剂。

10. 含麻疹风疹腮腺炎成分疫苗

麻疹是由麻疹病毒引起的具有高度传染性的急性发热出疹性疾病,传染源是病人。风疹是由风疹病毒引起的急性呼吸道传染病,传染源有病人、先天性风疹综合征患儿及亚临床感染者。流行性腮腺炎是由腮腺炎病毒引起的一种急性呼吸道传染病,传染源主要是病人。

麻疹、风疹和流行性腮腺炎主要通过空气飞沫传播,也可通过接触传播,风疹还可通过母婴传播。人群普遍易感。预防麻疹、风疹和流行性腮腺炎的措施包括:接种疫苗,保持室内空气流通,养成洗手、戴口罩等良好个人卫生习惯,避免与病例接触等。

(1)腮腺炎减毒活疫苗

疫苗作用是预防流行性腮腺炎病毒感染。推荐 18 岁及以上流行性腮腺炎易感者接种(育龄妇女接种该疫苗后 3 个月内避免怀孕)。免疫程序是接种 1 剂。

(2) 麻腮风联合减毒活疫苗

疫苗作用是预防麻疹、风疹和流行性腮腺炎。推荐18岁及以上麻疹、风疹和流行性腮腺炎易感者接种(育龄妇女接种该疫苗后3个月内避免怀孕)。免疫程序是接种1剂。

(3) 麻疹风疹联合减毒活疫苗

疫苗作用是预防麻疹、风疹。推荐18岁及以上麻疹和(或)风疹易感者接种(育龄妇女接种该疫苗后3个月内避免怀孕)。免疫程序是接种1剂。

11. 水痘减毒活疫苗

水痘是由水痘-带状疱疹病毒引起的传染病。传染源为病人。以呼吸道飞沫和接触传播为主。人群普遍易感。预防措施包括：接种疫苗，保持空气流通，做好个人卫生和避免与病例接触等。

疫苗作用是预防水痘-带状疱疹病毒感染。推荐接种人群是适用1岁及以上水痘易感者。推荐适龄儿童和有高度暴露或传播风险人群、与高危重症病人密切接触者、未怀孕的育龄妇女(育龄妇女接种该疫苗后3个月内避免怀孕)接种。免疫程序是接种2剂。12～24月龄接种第1剂，4～6岁接种第2剂。未完成2剂者，补齐2剂(≤14岁人群2剂至少间隔3个月，≥15岁人群2剂至少间隔4周)。

12. 含甲型肝炎成分疫苗

甲型病毒性肝炎是由甲型肝炎病毒引起的，以肝实质细胞损伤为主的传染病。传染源为急性期患者和隐性感染者，主要以"粪—口"途径传播。人群普遍易感。预防措施包括：注意饮食和饮水卫生，饭前便后洗手，接种疫苗等。

(1) 甲型肝炎灭活疫苗

疫苗作用是预防甲型肝炎病毒感染，适用于1岁及以上甲型肝炎易感者，推荐18月龄及以上甲型肝炎易感者接种。推荐有免疫缺陷、免疫功能低下或者正在接受免疫抑制剂治疗以及其他有接种甲型肝炎减毒活疫苗禁忌的儿童和有感染甲型肝炎高风险人群(包括需要终身接受血液制品治疗的患者、男男同性性行为者、与非人类灵长类动物接触的工作人员、静脉注射吸毒者以及慢性肝病患者等)接种。免疫程序是接种2剂，至少间隔6个月。

(2) 甲型乙型肝炎联合疫苗

疫苗作用是预防甲型肝炎病毒、乙型肝炎病毒感染。推荐接种人群是适用于1岁及以上甲型肝炎、乙型肝炎易感者。推荐感染高风险人群(包括需要终身接受血液制品治疗的患者、男男同性性行为者、与非人类灵长类动物接触的工作人员、静脉注射吸毒者以及慢性肝病患者等）接种。免疫程序是按照 0、1、6 个月接种 3 剂。

13. 人乳头瘤病毒疫苗

人乳头瘤病毒感染是生殖道常见的病毒性感染，可在人群中引发一系列疾病，包括癌前病变、子宫颈癌、生殖器疣等。主要通过性接触传播，也可通过皮肤接触传播。人群普遍易感。预防措施包括：接种疫苗，子宫颈癌筛查，安全性行为等。

疫苗作用是预防疫苗所含人乳头瘤病毒型别所致感染，以及持续感染可能导致的 1 级、2 级、3 级子宫颈上皮内瘤样病变、子宫颈原位腺癌和子宫颈癌等。推荐接种人群是 9~45 岁女性尽早接种，9~14 岁女性优先推荐接种。不同品种人乳头瘤病毒疫苗适用人群不同。免疫程序是接种 3 剂。双价人乳头瘤病毒疫苗按照 0、1、6 个月接种（大肠杆菌表达的疫苗：9~14 岁女性可选择采用 0、6 个月分别接种 1 剂次，间隔不小于 5 个月的免疫程序）；四价和九价人乳头瘤病毒疫苗按照 0、2、6 个月接种。

14. 重组戊型肝炎疫苗

戊型病毒性肝炎是由戊型肝炎病毒引起的，以肝实质细胞炎性坏死为主的传染病。传染源为急性期患者和隐性感染者，主要以"粪—口"途径传播。预防措施包括：注意饮食和饮水卫生，饭前便后洗手，接种疫苗等。

疫苗作用是预防戊型肝炎病毒感染。推荐接种人群是适用于 16 岁及以上戊型肝炎易感者。推荐高风险人群（包括畜牧养殖者、餐饮业人员、疫区旅行者、慢性肝病患者等）接种。免疫程序是按照 0、1、6 个月接种 3 剂。

15. 人用狂犬病疫苗

狂犬病是由狂犬病病毒引起的人兽共患病，可由带毒的家养动物（狗、猫等）及野生动物（蝙蝠、狼等）咬伤后所致，病死率为 100%。被狂犬、疑似狂犬或者不能确定是否患有狂犬病的宿主动物咬伤、抓伤、舔舐黏膜或者破损皮肤处，或者开放性伤口、黏膜直接接触可能含有狂犬病病毒的唾液或者组织者，应马上进行冲洗等处理，全程接种疫苗，必要时使用狂犬病被动免疫制剂（狂犬病人免疫球蛋白、抗狂犬病血清）。对狗猫等家养动物接种兽用狂犬病疫苗是阻断传播的根本措施。

疫苗作用是预防狂犬病病毒感染引起的狂犬病。推荐接种人群是狂犬病暴露人群及高暴露风险人群。狂犬病暴露人群：指被狂犬、疑似狂犬或者不能确定健康的狂犬病宿主动物咬伤、抓伤、舔舐黏膜或者破损皮肤处，或者开放性伤口、黏膜接触可能感染狂犬病病毒的动物唾液或者组织者。狂犬病高暴露风险者：包括从事狂犬病诊疗或研究的工作人员、狂犬病疫苗生产者、兽医等。Ⅱ级和Ⅲ级狂犬病暴露后人群及时进行暴露后预防处置，狂犬病高暴露风险者及早进行暴露前免疫。

(1) 暴露后：

① 4 针法接种程序：当天接种 2 剂，第 7 天、第 21 天各接种 1 剂。

② 5 针法接种程序：当天、第 3 天、第 7 天、第 14 天、第 28 天各接种 1 剂。

(2) 再次暴露后：

全程免疫后 6 个月内再次暴露者一般不需要再次免疫；全程免疫后 6 个月到 1 年内再次暴露者，应当于 0 和 3 天各接种 1 剂疫苗；在 1～3 年内再次暴露者，应于 0、3、7 天各接种 1 剂疫苗；超过 3 年者应当全程接种疫苗。

(3) 暴露前：

0、7、21(或 28)天各接种 1 剂。

16. 吸附破伤风疫苗

破伤风是由破伤风杆菌引起的急性传染病。病原体主要存在于土壤以及动物和人的肠道。主要通过污染的伤口感染。人与人之间不传染。预防措施包括及时处置污染伤口，接种疫苗，必要时注射破伤风被动免疫制剂(包括破伤风抗毒素或破伤风免疫球蛋白)等。

疫苗作用是预防破伤风杆菌感染。推荐接种人群：发生创伤机会较多的 12 岁及以上人群。免疫程序：① 无含破伤风类毒素成分免疫史人群：基础免疫 3 剂，第 1、2 剂间隔 4～8 周，第 2、3 剂间隔 6～12 个月。一般每 10 年加强免疫 1 剂，如遇特殊情况(不洁或污染伤口)也可 5 年加强免疫 1 剂。② 经基础免疫和加强免疫人员：最后 1 剂接种后 5 年以内受伤时，不需接种。超过 5 年者，加强免疫 1 剂。严重污染的创伤或受伤前未经全程免疫者，接种 1 剂。

17. 双价肾综合征出血热灭活疫苗

肾综合征出血热由汉坦病毒引起的自然疫源性疾病。啮齿类动物是汉坦病毒的贮存宿主和传染源。当人从呼吸道吸入、消化道食入，或由皮肤黏膜破损处直接接触污染物后即有可能被传染；病毒也可通过革螨或恙螨叮咬而经虫媒传播。预防措施包括：灭鼠防鼠，灭螨防螨，防止鼠排泄物污染食具或食物，接种疫苗等。

疫苗作用是预防汉坦病毒感染引起的肾综合征出血热。推荐接种人群是

16～60岁应急接种人群和高风险人群(包括从事实验动物饲养和肾综合征出血热相关实验的工作人员、废品回收行业从业者、环卫工人等与鼠类及其排泄物接触机会较多者)。免疫程序是基础免疫2剂,0天、14天各1剂;基础免疫后1年加强免疫1剂。

18. 森林脑炎灭活疫苗

森林脑炎是由黄病毒属蜱传脑炎病毒所致的中枢神经系统急性传染病,蜱为其传播媒介。本病是森林地区自然疫源性疾病,流行于我国东北和西北的原始森林地区、俄罗斯的远东地区及朝鲜北部林区。有严格季节性。人群普遍易感。预防措施包括:做好个人防护、接种疫苗等。

疫苗作用是预防森林脑炎病毒感染。推荐接种人群是适用于前往疫区并进入林区的8岁及以上人员。免疫程序是基础免疫2剂,0天、14天各1剂。在流行季节前加强免疫1剂。

19. 黄热减毒活疫苗

黄热病是由黄热病毒引起的急性传染病,伊蚊为传播媒介。黄热病在非洲和南美洲热带地区呈地方性流行。中国不属于黄热病流行区。预防措施包括接种疫苗,做好防护措施,灭蚊等。WHO建议应给所有出入于有风险地区的旅行者提供黄热病疫苗,黄热病疫苗接种禁忌者除外。《国际卫生条例》要求进入黄热病风险地区的旅行者提供过去10年内有效接种过黄热病疫苗的证明。

疫苗作用是预防黄热病毒感染。推荐接种人群是适用于前往黄热病风险地区的6月龄及以上旅行者。免疫程序是接种1剂。

20. 重组B亚单位/菌体霍乱疫苗

霍乱是由O1血清群或O139血清群霍乱弧菌引起的急性肠道传染病,典型病例以剧烈水样腹泻为主要症状,但轻型病例较为多见,并存在带菌者。病人和带菌者是传染源,主要经水、食物及生活密切接触传播。人群普遍易感。养成良好的饮食卫生习惯和提供安全饮用水是有效的预防措施。在霍乱呈地方性流行的地区,霍乱疫苗接种是控制霍乱的辅助手段。

疫苗作用是预防霍乱弧菌感染引起的腹泻,同时对产毒性大肠杆菌引起的腹泻产生交叉防御作用。推荐接种人群:适用2岁及以上前往霍乱高风险国家或地区的旅行者。免疫程序是接种3剂,0天、7天、28天各接种1剂。

21. 伤寒Vi多糖疫苗

伤寒是由伤寒杆菌引起的肠道传染病。病人与带菌者是传染源。主要以粪—口途经传播。人群普遍易感。预防措施包括：注意饮食卫生，处理污水，做好粪便管理和污物处理，灭蝇，接种疫苗等。疫苗作用是预防伤寒杆菌感染。推荐接种人群是适用2岁及以上应急接种人群。免疫程序是接种1剂。

22. 重组带状疱疹疫苗

带状疱疹是由长期潜伏在脊髓后根神经节或颅神经节内的水痘-带状疱疹病毒经再激活引起的疾病；除皮肤损害外，常伴有神经病理性疼痛。全年均可发病，女性发病风险高于男性，高龄、糖尿病等慢性病、免疫功能低下人群、疲劳及精神压力大等是发病危险因素。直接接触带状疱疹患者的疱疹液可感染患水痘。预防主要措施是接种疫苗。

疫苗作用是预防带状疱疹。推荐接种人群是适用于50岁及以上人群。免疫程序是接种2剂，间隔2～6个月。

参考文献

[1] 徐小元,段钟平. 传染病学[M]. 北京：北京大学医学出版社,2018.

[2] 李兰娟,任红. 传染病学[M]. 北京：人民卫生出版社,2018.

[3] 周弘. 大学生健康教育[M]. 2版. 上海：上海大学出版社,2010.

[4] 谢英慧,姚海燕,高文花. 大学生健康教育[M]. 济南：山东大学出版社,2018.

[5] 张文宏. 张文宏说传染[M]. 北京：中信出版社,2020.

[6] 卢洪州,梁晓峰. 新发传染病[M]. 北京：人民卫生出版社,2018.

[7] 傅华. 预防医学[M]. 北京：人民卫生出版社,2019.

[8] 吴孔菊,静香芝,朱秀敏. 预防医学[M]. 郑州：郑州大学出版社,2018.

[9] 杨绍基. 传染病学[M]. 7版. 人民卫生出版社,2005.

[10] 国家卫生健康委办公厅,国家中医药局综合司. 关于印发新型冠状病毒感染诊疗方案（试行第十版）的通知[EB/OL]. (2023-01-06)[2023-05-15]. https：//www.gov.cn/zhengce/zhengceku/2023-01/06/content_5735343.htm.

第八章

无偿献血

第一节 无偿献血的目的和意义

众所周知,生命离不开血液,输血是抢救危重病人的一种特殊医疗措施。外伤性出血、产后大出血、严重烧伤、各种血液病以及实行外科手术的伤员,需要靠输血来救治。在目前人造血液尚不能完全代替人体血液,临床用血只能靠健康人体捐献。

一、目的

无偿献血是为了拯救他人生命,自愿将自己的血液无私奉献给社会公益事业,而献血者不向采血单位和献血者单位领取任何报酬的行为。

二、意义

无偿献血是无私奉献、救死扶伤的崇高行为,也是一种互救互助的方式,你今天献血救助他人,以后一旦自己或亲属得病需要用血时,又会得到他人的帮助。这也充分体现了社会主义社会人与人之间团结互助和人道友爱的精神。

过去,临床用血主要来自个体卖血,他们由于受经济利益的驱使,往往弄虚作假,隐瞒病史,甚至冒名顶替,重复多次卖血,严重影响了血液质量和供血者的自身健康,有的患者通过输血还染上了疾病,造成了经血液途径传播的疾病的进一步传播。因此只有实行无偿献血制度,坚决制止血液买卖,才能保证医疗用血的质量,才能遏制严重影响人民身体健康和社会安定的艾滋病、肝炎等经血液传播疾病的传播,最大限度地保护供血者和受血者的身体健康。

第二节　血液生理知识

人体结构复杂,组织细胞时刻都需要进行新陈代谢,这跟血液系统密切相关。通过血液在血管内的循环往复地流动,保证了人体新陈代谢的正常进行。

一、关于血液

(一) 血液的生成

血液的生成始于人胚的第3周,由胚胎组织的卵黄囊最先开始造血;人胚第6周,人体器官形成,肝脏接着造血;第3个月,脾是主要的造血器官;人胚第4个月后,骨髓开始造血,这是人体最重要的造血组织。出生后,肝、脾造血停止,骨髓负起造血的全部责任。造血干细胞增殖、分化和成熟,生成多种终末血细胞,它们各司其职,在血管里流动。

(二) 血液的成分

血液是由45%血细胞和55%的血浆组成。血细胞包括红细胞、白细胞和血小板,血浆中包含成分较多,其中91%～92%为水分,8%～9%为固体成分,主要包括各种蛋白质(白蛋白、球蛋白、纤维蛋白原和各种酶等),钾、钠、磷、氯化物等无机盐,脂类,内分泌激素,维生素等。

正常人体的血液总量较为恒定,约占体重的8%左右,也就是说一个体重60 kg的人,体内总血量约有5 000 mL,其中80%的血液参与全身血液循环,20%为贮存血,主要贮存于肝脏、脾脏和毛细血管。献血后身体里的贮存血会在1～2小时内被释放出来,补充到血管里,使得血液总量逐步恢复到献血前的平衡状态,维持人体正常的生理功能。一个健康人每百毫升血液中平均含血红蛋白14 g,血浆蛋白6～7 g,红细胞每立方毫米血液中约有500万个。

(三) 血液的颜色

血液呈红色,是由于红细胞内的血红蛋白所致。当血红蛋白内含氧量多时血液呈鲜红色(多为动脉血),血红蛋白内含氧量少时血液呈暗红色(多为静脉血)。献血采集的是静脉血,所以外观看上去呈暗红色。若血液含较多的高铁血红蛋白或其他血红蛋白衍生物,则呈紫黑色。血浆(或血清)因含少量胆红素,看上去呈透明淡黄色;若含乳糜微粒,则呈乳白浑浊;若发生溶血,则血浆呈红色。

(四) 血液的功能

血液具有以下功能:运输功能(带入氧气和营养物质、排出二氧化碳和代谢产物);防御功能(吞噬、消灭入侵的病原体);止血凝血功能;参与调节体温、维持酸碱平衡,传递内分泌激素调节人体机能等。

(五) 血液的寿命

血液中所有成分都经历着新生、成熟、衰老、死亡的新陈代谢过程。红细胞平均寿命为 120 天,白细胞寿命为 9~13 天,血小板寿命为 8~9 天。正常情况下每人每天有 40 mL 的血细胞衰老死亡,同时也有相应数量的血细胞新生。

二、血型

血型是人类的一种遗传标记,在血细胞表面的有几百种血型抗原。理论上除同卵双胎外,没有两人的血型是相同的。

(一) 血型的分类

1. ABO 血型系统

ABO 血型系统是最先发现的血型系统,因为具有规律的血型抗体,因此是最重要的血型系统,分为 A、B、O 及 AB 四型。分类原则是看红细胞上有无 A、B 抗原,即只有 A 抗原的称 A 型;只有 B 抗原的称 B 型;无 A、B 抗原的称 O 型;有 A、B 抗原的称 AB 型。

2. RH 血型系统

RH 血型分为阳性和阴性,RH 阴性者只能输 RH 阴性血,否则将有严重的输血反应。我国汉族及大多数民族 RH 阴性者仅占 0.3%~0.5%,个别少数民族约为 10%；新疆维吾尔族等少数民族 Rh 阴性者占 5%，蒙古人为 1%，有高加索血统的少数民族为 5%～15%。

（二）血型的遗传

血型是父母遗传的，父母各传一个基因给子女，组成子女的血型。A 型血的基因型为 AA 或 AO；B 型者为 BB 或 BO；O 型者为 OO；AB 型者为 AB。因此子女的血型可根据父母来推测。如 A 型和 O 型血的父母可有 A 或 O 型血的孩子，不可能有 B 型和 AB 型血的孩子；A 和 B 型血的父母可能有 A、B、O、AB 四种血型的孩子。ABO 血型与输血的关系最大。

（三）血型与输血的关系

只有 O 型血的人红细胞上缺乏 A、B 抗原，故这种细胞可以输给 A 型、B 型、AB 型的人，所以当受血者 ABO 血型鉴定困难时，可输配血相合的 O 型洗涤红细胞；或是在抢救生命的紧急关头，同型血不足或缺乏时，也可输少量 O 型血以解燃眉之急。但 O 型血浆中含有抗 A、抗 B 抗体，它能致敏或凝集 A、B、AB 型红细胞使之寿命缩短或立即破坏，属于输血禁忌，所以曾把 O 型全血称为"危险的万能血"。有人把"危险"两字忽略了，把"O"型血称为"万能血"这是错误的。因此，输血的原则是：应该输同血型的血。在医疗条件好的地方就大力推广成分输血，不应再采用异型输血。输血前应该进行交叉配血实验，观察是否出现凝血现象。

有的人认为一个人的血液总量是有限的，献出了就少了，献的是鲜血，一年半载难以恢复，其实通过学习血液的生理知识，这样的顾虑就会打消了。

第三节　无偿献血

无偿献血是无私奉献、救死扶伤的崇高行为，献血是爱心奉献的体现，帮助病人解除病痛、抢救他们的生命，其价值是无法用金钱来衡量的。近半个世纪以来，世界卫生组织和国际红十字与红新月运动一直向世界各国呼吁"医疗用血采用无偿献血"的原则。无偿献血主要有捐献全血和成分献血两种。捐献全血可在大部分市、县区各采血点(献血屋、献血车)进行。而捐献成分血献血者需到市级中心血站、血液中心通过血细胞分离机采集、分离出人体血液中某一种成分。

一、"世界献血日"的由来

早在 500 多年前,年老体衰的罗马教王美诺森三世输入了三个健康男孩的血,虽不是静脉注射只是口服,但这次输血是灾难性的,三个孩子死了,教王也没有保住生命,而庸医则逃往国外。此后,1618 年,维廉·哈维发现了血液循环。在 1665 年,英国的雷原和洛维进行了具有历史意义的输血,利用管子把两条狗的静脉连通,实验成功。而被称为化学之父的罗伯特·波尔随后进行了人体实验,他给患轻度精神病但身体健康的人输入了羊血,发现病人"好多了"。随后的人体实验叫人恐惧,不断有人因输血而死去。直到 1909 年奥地利人卡尔·兰特斯坦纳(Karl Landsteiner)首先发现了第一种血型系统——ABO 血型。他测出红细胞中有一种化学物质,能同其他人血液中的化学物质发生化学反应,结果能导致人体死亡。此时,人们才明白,输血时,如果供血者和受血者的血型不同,输血后红细胞会凝集成团,阻碍血液循环,而给受血者带来严重的后果,甚至死亡。为此他于 1930 年获得了诺贝尔医学奖。

2001 年在南非约翰内斯堡举办的第八届自愿无偿献血者招募国际大会上,世界卫生组织、红十字会与红新月会的国际联合会、国际献血组织联合会、国际输血协会四家旨在提高全球血液安全的国际性组织,联合倡导将每年的 6 月 14 日命名为"世界献血日",建议从 2004 年起正式推行。而 6 月 14 日是发现 ABO 血型系统的诺贝尔奖获得者卡尔·兰特斯坦纳的生日,将此日定为"世界献血日"具有特殊纪念意义。

卫生部和中国红十字会总会已发出通知,倡导在全国广泛开展"世界献血日"的系列宣传活动。"世界献血日"的主题是"献血,赠送生命的礼物。谢谢你们"。其宗旨在于,通过这一特殊的日子感谢那些拯救数百万人生命的自愿无偿献血者,特别是多次定期捐献血液的个人,颂扬他们无偿捐助血液的无私奉献之举;同时希望无偿献血的重要意义和血液安全意识能够得到全社会更广泛的认同,进而唤起更多人参与。特别是青年人自觉加入无偿献血的行列,最终成为固定的无偿献血者,为临床救助生命提供更充足、更安全的血液。目前,上述四家发起单位代表了全球 192 个会员国、181 个国家红十字会与红新月会、50 个国家自愿献血组织以及全世界输血专科医师。

二、捐献全血

我国提倡 18～55 岁的健康公民自愿献血,如既往无献血反应、符合健康检查要求的多次献血者,可申请延续献血年限至 60 岁。

献血者每次捐献前,必须免费进行必要的健康检查,不符合献血条件者,不得采血。血站在采血的全过程需严格遵守相关操作规程和制度,所采集的血液只能用于临床,不得买卖。献血者每次捐献的全血量在 200～400 mL,只占全身总血量在 4%～8%,献血后贮存血的释放及机体造血的代偿性增加,一次献血流失的血液量是不会影响人体血液的正常生理功能的。血液系统时刻在新陈代谢,红细胞的平均寿命是 120 天,即使不献血血细胞也在不断衰老死亡,被新生的血细胞代替,而适量的献血后会刺激人体造血功能,加速生成血细胞,使人体骨髓造血器官始终保持与青春时期一样旺盛的造血状态。

三、捐献成分血

临床上并不是所有患者都需要输全血,如血小板减少或血小板功能低下而大出血的患者,需要补充的只是血小板。若千篇一律输给全血,患者既得不到足够治疗量的血小板,多输入的大量血液成分,还会增加血容量,加重机体血液循环的负担。因此,20 世纪 60 年代初期开始,捐献成分血越来越受到了关注和推崇。我国起步于 1977 年,捐献的血液成分可以是血小板、粒细胞、血浆和外周造血干细胞等,到 2022 年为止,国内以捐献血小板最为普遍。

血小板的主要作用是止血和凝血,出血时血小板迅速黏附聚集到出血处,通过一系列反应阻止进一步出血。健康人体内血小板数量充裕,其平均寿命是 10 天,捐出 1～2 单位的血小板后,一般在 48 小时内就可以恢复到采血前的水平,比捐献全血的恢复时间要短得多,所以不会对身体造成不良影响。

在机采成分血的过程中,血液分离机的操作是全自动化、封闭式、电脑程序运作,有选择地采集血液的某一种成分,再将其余成分安全地回输献血者。捐献者的血液全程在密闭无菌的管道中循环和分离,而且使用的都是一次性全新耗材,绝对不会造成交叉污染。

四、献血间隔期

献血后血液成分恢复的快慢和献血量、献血间隔期、献血后的营养以及每个人的个体差异有关。根据《献血者健康检查要求》规定：两次全血献血间隔期：不少于 6 个月；单采血小板间隔：不少于 2 周，不大于 24 次/年。因特殊配型需要，由医生批准，最短间隔时间不少于 1 周；单采血小板后与全血献血间隔：不少于 4 周；全血献血后与单采血小板献血间隔：不少于 3 个月。

五、献血前应做的准备

（1）学习献血知识，消除紧张心理。

（2）献血前不要服药。如服用阿司匹林在 3 天内会降低血小板的某些功能，所以在献血前 3 天不要服药。

（3）食物应少脂肪。不饮酒，尤其是不饮烈性酒。献血前一天和当天可按往常的习惯进餐，但以低脂肪为宜。

（4）充足睡眠，不宜做剧烈运动。

六、献血后注意事项

献血后一两天内不要参加剧烈运动和通宵娱乐活动，保持针眼处清洁，以防感染。如果针眼周围有青紫现象，这是因为少量血液流到血管外的缘故，24 小时内可在局部做冷敷，24 小时后做热敷，几天后会消退。情况严重时，请医生诊断治疗。

首次参加献血的人中有极少数人会发生晕眩反应。其表现为心慌、头晕、面色苍白、恶心等，然后出汗，出汗后面色逐渐红润，这时机体代谢加快，需要补充足够水分和营养，经适当护理，症状很快会消失。造成这种反应的因素很多，有的是缺乏关于血液的生理知识，精神紧张，刺激血管壁，以致大脑皮层供氧不足而引起一过性暂时性休克；有的是心理因素，看到别人晕眩，自己也觉得晕了；有的是睡眠不够充足；有的是空腹献血；有的献血前疲劳过度，等等，这些都是暂时症状，只要多休息，适当增加营养，症状 1 周内会消失。

造血的主要原料是蛋白质、铁、维生素 B_{12} 和叶酸等,这些原料在普通饮食里都有,不必特别去多吃。献血后适当地吃些瘦肉、鸡蛋、豆制品、新鲜水果和蔬菜等,可促使血液成分恢复更快,但忌暴食,亦不要饮酒。

七、献血相关法律法规

1998 年 10 月 1 日,《中华人民共和国献血法》正式实施,从此确定了我国的无偿献血制度。上海市结合本市实际,制定了《上海市献血条例》,并于 1998 年 10 月 1 日正式实施,2010 年 9 月 17 日和 2021 年 11 月 25 日进行了两次修正。

附:《上海市献血条例》

上海市献血条例

(1998 年 9 月 22 日上海市第十一届人民代表大会常务委员会第五次会议通过,根据 2010 年 9 月 17 日上海市第十三届人民代表大会常务委员会第二十一次会议《关于修改本市部分地方性法规的决定》第一次修正,根据 2021 年 11 月 25 日上海市第十五届人民代表大会常务委员会第三十七次会议《关于修改〈上海市献血条例〉的决定》第二次修正)

第一章 总 则

第一条 为保证本市医疗临床用血需要和安全,保障献血者和用血者身体健康,发扬人道主义精神,促进社会主义物质文明和精神文明建设,根据《中华人民共和国献血法》和其他法律、行政法规的规定,结合本市实际情况,制定本条例。

第二条 在本市行政区域内的单位和个人适用本条例。

第三条 本市依法实行无偿献血制度。

本市提倡十八周岁至五十五周岁(以下称适龄)的健康公民自愿献血。

单位和公民应当自觉参与献血活动。

第四条 各级人民政府及有关部门应当采取措施广泛宣传献血的意义,普及血液和献血的科学知识,开展预防和控制经血液途径传播的疾病的教育。

广播、电影、电视、报刊等新闻媒介应当开展献血的社会公益性宣传。

各类学校应当将血液和献血的科学知识纳入健康教育的课程或者开设专题讲座。

第二章　机构及其职责

第五条　市和区人民政府领导管辖范围内的献血工作,负责制定和下达年度献血计划,保证献血工作经费,统一规划并负责组织、协调有关部门共同做好献血工作。

第六条　市卫生健康部门是本市行政区域内献血工作的主管部门,其主要职责是:

(一)拟订本市年度献血计划,督促、检查献血计划的实施;

(二)制定献血、采血、供血、医疗临床用血的管理制度和技术规范;

(三)负责本市采集、提供医疗临床用血的机构(以下简称采供血机构,指血液中心和中心血站)的设置审批工作;

(四)负责本市与外省市的血液调剂工作;

(五)负责献血、采血、供血和医疗临床用血的监督管理;

(六)实施奖励和处罚。

第七条　区卫生健康部门负责管辖范围内献血的监督管理工作,其主要职责是:

(一)根据本市年度献血计划,拟订本区的年度献血实施计划,安排、指导和督促献血实施计划的落实;

(二)负责本区所属的采供血机构采血、供血的监督管理;

(三)负责献血、医疗临床用血的监督管理;

(四)实施奖励和处罚。

第八条　市和区卫生健康部门设立的血液管理机构,承担管辖范围内献血、采血、供血和医疗临床用血的日常管理工作。

第九条　发展改革、财政、教育、公安、市场监管、人力资源社会保障、规划资源、住房城乡建设、广播电视、电影、新闻出版、文化旅游等部门应当按照各自职责,协同做好献血工作。

第十条　本市各级红十字会依法参与推动献血工作。

第三章　献血管理

第十一条　市卫生健康部门根据全市的医疗临床用血需求量和适龄公民人数,拟订本市年度献血计划,报市人民政府批准后下达至区人民政府。

区卫生健康部门根据市人民政府下达的年度献血计划,拟订本区的年度献血实施计划,报同级人民政府批准后,下达至各单位(包括中央和外省、市、自治区在本市的单位,下同)和乡、镇人民政府、街道办事处。

第十二条 各单位应当动员和组织本单位的适龄公民(含外来务工人员)参加献血,保证本单位年度献血计划的完成。

乡、镇人民政府、街道办事处应当动员和组织本地区内无工作单位的适龄公民(含外来暂住人员)参加献血,保证本地区年度献血计划的完成。村民委员会、居民委员会应当配合乡、镇人民政府或者街道办事处开展献血工作。

第十三条 有工作单位的公民,可以由所在单位组织献血,也可以凭本人有效身份证件直接向所在单位或者居住地的区血液管理机构登记献血,其献血量计入所在单位的年度完成献血数。

无工作单位的公民,可以由居住地的乡、镇人民政府、街道办事处组织献血,也可以凭本人有效身份证件直接向居住地的区血液管理机构登记献血,其献血量计入所在地区的年度完成献血数。

公民可以凭本人有效身份证件直接到采供血机构设置的采血点或者流动采血车献血,其献血量可以计入所在单位或者地区的年度完成献血数。

第十四条 本市鼓励国家工作人员、现役军人和高等学校在校学生率先献血,为树立社会新风尚作表率。

现役军人率先献血的具体办法,由市人民政府会同驻沪部队按照国家有关规定另行制定。

第十五条 市或者区血液管理机构指定的采供血机构或者医疗机构对献血的公民必须免费进行必要的健康检查,对检查合格者发给献血健康检查合格证明。

采供血机构和医疗机构对献血的公民进行献血健康检查时,必须核对公民的有效身份证件。

第十六条 采供血机构对献血者每次采集血液量一般为二百毫升,最多不得超过四百毫升,两次采集间隔不少于六个月。

第十七条 采供血机构应当向献血者发给国务院卫生健康部门制作的无偿献血证书。

第十八条 区血液管理机构应当向完成年度献血计划的单位和乡、镇人民政府、街道办事处,发给市卫生健康部门制作的完成献血计划证书。

第十九条 禁止非法组织他人出卖血液。

禁止雇佣他人冒名献血。

禁止伪造、涂改、出租、买卖、转借完成献血计划证书或者无偿献血证书。

第四章　采血和供血

第二十条　本市实行采血、供血许可制度。

未经市卫生健康部门批准，任何单位和个人不得从事采血、供血活动。

第二十一条　采供血机构是不以营利为目的的公益性组织。

设置采供血机构，必须向市卫生健康部门提出申请，由市卫生健康部门按照国家有关规定审批。对符合执业条件的，发给采供血机构执业许可证。

采供血机构必须按照采供血机构执业许可证核定的执业范围从事采血、供血活动，并为献血者提供各种安全、卫生、便利的条件。采供血机构在执业场所以外设置采血点或者配备流动采血车，应当报市卫生健康部门备案。

第二十二条　采供血机构采血时应当核对献血公民的有效身份证件和献血健康检查合格证明。

采供血机构采集血液必须严格遵守有关操作规程和制度，采血必须由具有采血资格的医务人员进行，并使用符合国家标准的一次性采血器材，用后必须销毁。

采供血机构应当根据国家和本市规定的标准，保证血液质量。采供血机构对采集的血液必须进行检测，未经检测或者检测不合格的血液，不得向医疗机构提供；对血液的检测、分离、包装、储存、运输，必须符合国家规定的卫生标准和要求。

采供血机构应当按照市血液管理机构批准的医疗临床用血计划，及时向医疗机构供血。

第二十三条　采供血机构无法及时提供急救所需血液的，必须向市卫生健康部门报告。实施急救的医疗机构可以临时采集血液，但必须严格遵守采血操作规程和制度，确保采血、用血安全。

第二十四条　无偿献血的血液必须用于临床，不得买卖。采供血机构和医疗机构不得将无偿献血的血液出售给单采血浆站或者血液制品生产单位。

第五章　医疗临床用血

第二十五条　本市实行公民个人储血、家庭成员互助、单位互助和社会援助相结合的用血制度。

在本市献血的公民（以下称本市献血者）有优先用血的权利。

第二十六条　公民医疗临床用血时，医疗机构按照国家规定的标准收取用于血液的采集、储存、分离、检验等费用。

本市献血者及其近亲属、配偶的父母按照下列规定，减免上款规定的费用：

（一）本市献血者自献血之日起五年内医疗临床用血的，按献血量的五倍免费用血；自献血之日起五年后医疗临床用血的，按献血量等量免费用血；

（二）本市献血者自献血之日起五年内，其近亲属、配偶的父母需要医疗临床用血的，按献血量等量免费用血。

第二十七条　医疗机构应当根据医疗临床用血的需要，拟订医疗临床用血计划，报医疗机构所在地的区血液管理机构审核同意，并经市血液管理机构批准后安排医疗临床用血。

市卫生健康部门可以根据本市供血的情况，对医疗机构临床用血计划进行调整。

第二十八条　医疗机构应当到市血液管理机构指定的采供血机构领取血液，并严格遵守血液储存管理制度。

医疗机构应当按照国家规定对医疗临床用血进行核查。未经核查或者经核查不符合国家规定标准的血液，不得用于医疗临床。

第二十九条　医疗机构医疗临床用血应当执行输血技术规范，遵循合理、科学的原则，积极推行成分输血和自身输血，不得浪费和滥用血液。

第六章　奖励与处罚

第三十条　对下列单位和个人，市或者区人民政府和红十字会给予表彰奖励：

（一）无偿献血累计一千毫升以上的个人；

（二）连续三年超额完成年度献血计划的单位；

（三）在无偿献血宣传、教育工作中成绩显著的单位和个人；

（四）在医疗临床用血新技术的研究和推广中成绩显著的单位和个人；

（五）其他为献血、采血、供血和医疗临床用血工作做出显著成绩的单位和个人。

第三十一条　伪造、涂改、出租、买卖、转借完成献血计划证书或者无偿献血证书的，由市或者区卫生健康部门没收该证件，并处以五百元以上五千元以下的罚款。

雇佣他人冒名献血的，市或者区卫生健康部门对单位处以一万元以上五万元以下的罚款，情节严重的，处以五万元以上十万元以下的罚款；对个人处以一千元以上五千元以下的罚款，情节严重的，处以五千元以上一万元以下的罚款。

第三十二条 违反本条例规定,有下列行为之一的,由市或者区卫生健康部门予以取缔,没收违法所得,可以并处一万元以上五万元以下的罚款;情节严重的,处以五万元以上十万元以下的罚款;构成犯罪的,依法追究刑事责任:

（一）非法采集血液的;

（二）出售无偿献血的血液的;

（三）非法组织他人出卖血液的。

第三十三条 采供血机构违反操作规程和制度采集血液,由市或者区卫生健康部门责令改正;给献血者健康造成损害的,应当依法赔偿,对直接负责的主管人员和其他直接责任人员,依法给予处分;构成犯罪的,依法追究刑事责任。

采供血机构对医疗临床用血的检测、分离、包装、储存、运输,不符合国家规定的卫生标准和要求的,由市或者区卫生健康部门责令改正,给予警告,可以并处一千元以上一万元以下的罚款。

采供血机构向医疗机构提供不符合国家和本市规定标准的血液的,由市或者区卫生健康部门责令改正;情节严重,造成经血液途径传播的疾病传播或者有传播严重危险的,限期整顿,对直接负责的主管人员和其他直接责任人员,依法给予处分;构成犯罪的,依法追究刑事责任。

第三十四条 医疗机构的医务人员违反本条例的规定,将不符合国家规定标准的血液用于患者的,由市或者区卫生健康部门责令改正;给患者健康造成损害的,应当依法赔偿,对直接负责的主管人员和其他直接责任人员,依法给予处分;构成犯罪的,依法追究刑事责任。

第三十五条 拒绝、阻碍卫生执法人员依法执行职务,扰乱献血工作秩序,违反《中华人民共和国治安管理处罚法》的,由公安部门依法处罚;构成犯罪的,依法追究刑事责任。

第三十六条 卫生健康部门作出行政处罚,应当出具行政处罚决定书。收缴罚款和没收财物时,应当出具市财政部门统一制发的专用票据。

罚没款全部上缴国库。

第三十七条 当事人对行政部门的具体行政行为不服的,可以依照《中华人民共和国行政复议法》或者《中华人民共和国行政诉讼法》的规定,申请复议或者提起诉讼。

当事人对具体行政行为逾期不申请复议,不提起诉讼,又不履行的,作出具体行政行为的部门可以申请人民法院强制执行。

第三十八条 卫生健康部门的工作人员玩忽职守、滥用职权、徇私舞弊的，由其所在单位或者上级主管部门依法给予处分；构成犯罪的，依法追究刑事责任。

第七章 附 则

第三十九条 在本市的外国公民、华侨、香港特别行政区居民、澳门特别行政区居民和台湾地区居民可以凭有效身份证件参加献血；需要医疗临床用血的，参照本条例有关规定执行。

第四十条 本条例施行前在本市无偿献血的公民，本人需要医疗临床用血的，按照本条例的规定减免相关费用。

第四十一条 本条例自 1998 年 10 月 1 日起施行。1989 年 1 月 28 日上海市第九届人民代表大会常务委员会第六次会议通过的《上海市公民义务献血条例》同时废止。

参考文献

[1] 顾小弟. 大学生健康教育[M]. 上海：上海浦江教育出版社有限公司, 2016.